"中国人权：理论与实践"丛书

构建人类命运共同体与全球人权治理

◎ 中国人权研究会 编

五洲传播出版社

图书在版编目（CIP）数据

构建人类命运共同体与全球人权治理 / 中国人权研究会编. – 北京：五洲传播出版社, 2018.6（2020.1重印）

ISBN 978-7-5085-3954-6

Ⅰ.①构… Ⅱ.①中… Ⅲ.①人权 – 研究 Ⅳ.①D082

中国版本图书馆CIP数据核字（2018）第127684号

构建人类命运共同体与全球人权治理

著　　者	中国人权研究会
责任编辑	高　磊
封面设计	杨婧飞
制　　作	北京翰墨坊广告有限公司
出版发行	五洲传播出版社
地　　址	北京市海淀区北三环中路生产力大楼B座7层
邮政编码	100088
电　　话	010 – 82005927　82007837（发行部）
网　　址	www.cicc.org.cn　www.thatsbooks.com
印　　刷	中煤（北京）印务有限公司
开　　本	787mm×1092mm　1/16
印　　张	14.75
字　　数	300千
版　　次	2018年6月第1版
印　　次	2020年1月第2次印刷
定　　价	48.00元

前 言

2017年1月18日,习近平主席在日内瓦万国宫发表《共同构建人类命运共同体》的演讲,提出"构建人类命运共同体"这一重大理念。同年10月,习近平总书记在中共十九大报告中呼吁"各国人民同心协力,构建人类命运共同体"。一段时期以来,"构建人类命运共同体"重大理念得到国际社会热烈响应,被联合国大会、安全理事会、人权理事会等载入相关决议。"构建人类命运共同体"已成为国际人权话语体系的重要组成部分,为推进全球人权治理朝着公正合理的方向发展发挥了重要作用。

"构建人类命运共同体"重大理念着眼于解决全球性人权问题,从人类文明进程和世界未来走向的高度赋予全球人权事业发展新的内容,体现了将中国自身发展同世界共同发展相结合的全球视野和宽广胸怀,表明了中国应对人类共同挑战、创造全人类美好生活的大国担当,对完善国际人权治理具有重要启示。"构建人类命运共同体"重大理念,强调世界上每个国家和每个国家的人民都享有自由、平等的权利,享有充分的发展机会;强调以共同发展保障人权,秉持共商共建共享精神,推动经济全球化朝着更加开放、包容、普惠、平衡、共赢的方向发展;强调以相互尊重保障人权,充分尊重各国尤其是发展中国家自主选择的发展道路;强调以和平安全保障人权,坚持以对话解决争端、以协商化解分歧,努力为各国人民创造优良的安全稳定环境,建设持久和平的世界;强调以可持续发展保障人权,倡导绿色、低碳、循环、可持续的生产生活方式,坚持环境友好,保护好人类赖以生存的地球家园。

2017年,中国人权研究会举办多次以"构建人类命运共同体"为主题的国际和国内会议，就该重大理念中蕴含的人权内涵进行深入阐释和解读。3月8日，在联合国人权理事会第34次会议期间，中国人权研究会与中国常驻日内瓦联合国代表团在日内瓦万国宫共同举办"共同构建人类命运共同体：全球人权治理的新路径"主题边会。6月8日，在南开大学举办"构建人类命运共同体与全球人权治理"理论研讨会。6月14日，在联合国人权理事会第35次会议期间，中国人权研究会与中国常驻日内瓦联合国代表团在日内瓦万国宫共同举办"构建人类命运共同体与人权"国际研讨会。9月13日，在联合国人权理事会第36次会议期间，中国人权研究会与荷兰阿姆斯特丹自由大学跨文化人权中心在日内瓦万国宫共同举办"构建人类命运共同体与发展权的实现"主题边会。通过举办这些会议，推动了对"构建人类命运共同体"重大理念的研究，特别是其人权内涵的研究，宣介了中国人权观和近年来中国人权事业取得的巨大成就，引导国际社会加深了对人类命运共同体重大理念的理解和认识。

此次将上述几次会议的论文进行筛选并编辑出版，以期推动更多读者关注并研究这一具有重要历史意义的中国方案，为推动全球人权治理朝着更加公正合理方向发展，发出中国声音，贡献中国智慧。

常　健

2018年2月

目 录

导 论 1
   "构建人类命运共同体与全球人权治理"理论研讨会开幕式致辞 / 向巴平措 2
   构建人类命运共同体与全球人权治理 / 崔玉英 6
   经济全球化新阶段和人权事业发展新机遇 / 李君如 10
   构建人类命运共同体的人权意义 / 鲁广锦 19

一、人类命运共同体的人权意蕴 23
   建设人类命运共同体是人权理论的新发展 / 刘海年 24
   充分实现人权是构建人类命运共同体的终极目标 / 李步云 32
   人类命运共同体蕴涵的人权发展新理念 / 刘 杰 36
   人类命运共同体对人权理论的贡献 / 何志鹏 40
   人类命运共同体理念对人权观念的发展 / 陈佑武 46
   "人类命运共同体"——对包容性的呼吁
        / Mi Jung van der Velde & Hérix Joël Vasquez Feliz 51

二、构建人类命运共同体的机遇与挑战 55
   人权与发展结合的国际趋势与挑战 / 夏清瑕 56
   构建人类命运共同体与尊重世界文明多样性——全球人权治理中的一个基础性问题
        / 郝亚明 65
   人权法制化与推动全球人权治理的新机遇 / 毕颖茜 72
   构建人类命运共同体与发展权利的实现 / Julie Fraser 80
   构建人类命运共同体与国际法 / 迟德强 83
   构建人类命运共同体与发展权的实现 / 齐延平 87

三、人类命运共同体与全球人权治理变革 91

构建人类命运共同体与全球人权治理体系变革 / 陈须隆 92
构建人类命运共同体对全球人权治理的影响 / 罗艳华 97
构建人类命运共同体及其对全球人权治理的启示 / 常　健 103
"人类命运共同体"语境下的国际人权保障机制 / 李红勃 108
互嵌式人类共同体及人权的全球治理 / 刘　明 112
为国际人权共同愿景而改变"差异的话语":国际秩序的改变与实现人权的机遇
　　/ Stacey Links 128

四、构建人类命运共同体的中国理念与实践 133

中国积极引领国际人权治理 / 柳华文 134
本于华族,融入世界:中国人权保障的"五化" / 张万洪 140
反贫困与人类命运共同体建构——中国的贡献、经验与难题 / 郑若瀚 146
构建人类命运共同体与消除贫困 / 许　尧 152
妇女的发展权与人类命运共同体 / 陆海娜 157
人类命运共同体与可持续发展——以中国的"社会保护底限"实践为核心
　　/ 李满奎 160
全球治理现代化视域中的人类命运共同体:中国的理论表达与实践 / 钱锦宇 166

五、构建人类命运共同体与各国人权的实现 171

构建人类命运共同体与各国发展权的实现 / 李云龙 172
从"和平共处五项原则"到"构建人类命运共同体" / 郑　戈 176
发达国家在医学研究中对发展中国家人民健康权利的保障义务 / 满洪杰 185
构建人类命运共同体与人类环境权保障 / 唐颖侠 199
中东的发展权利和实现发展权利的障碍 / Reem Sheikh Qasem 214
构建人类命运共同体和实现发展权:非洲角度的一些思考
　　/ Serges Djoyou Kamga 217
构建人类命运共同体:国际人权体系的归宿 / Tom Zwart 225

导　论

"构建人类命运共同体与全球人权治理"理论研讨会开幕式致辞

◇ 向巴平措*

  由中国人权研究会、中共天津市委宣传部共同主办的"构建人类命运共同体与全球人权治理"理论研讨会,今天在南开大学开幕了。在此,我谨代表中国人权研究会,对会议的召开表示热烈祝贺!对各位专家学者和各位同志踊跃参会表示诚挚欢迎!同时,我也想借此机会向长期致力于人权研究的专家学者和同志们表示衷心感谢!

  本次研讨会聚焦"构建人类命运共同体与全球人权治理"这一主题,深入探讨习近平总书记提出的"构建人类命运共同体"理念对推动全球人权治理的理论价值和现实影响,我认为是一件非常有意义的事情。

  党的十八大以来,以习近平同志为核心的党中央,高瞻远瞩,运筹帷幄,从我国的基本国情和复杂多变的国际形势出发,准确把握人类前途命运和时代发展大势,深刻洞察中国与世界关系的新变化,统筹国内国际两个大局,以积极进取的姿态开展中国特色大国外交,提出了一系列推动全球治理的新主张、新倡议、新理念和新思想。今年1月,习主席在联合国日内瓦总部演讲时,系统而深刻地阐述了"共同构建人类命运共同体"这一重大时代命题,引起各方热烈反响和国际社会广泛共鸣。习主席提出的构建人类命运共同体理念,不仅为应对当前全球性挑战指明了方向,也为加强和改善全球人权治理提出了中国方案。

---

* 向巴平措,十二届全国人大常委会副委员长,中国人权研究会会长。

宇宙只有一个地球，人类共有一个家园。各国人民生活在共同的家园，拥有共同的命运。使"人人得享人权"，并使人人享有充分的人权，这是生活在共同家园中的各国人民的共同愿望。构建人类命运共同体，就是要使生活在共同家园中的各国人民，通过平等发展、和平发展、合作发展，实现共赢共享。因此，构建人类命运共同体，是积极推进世界人权事业健康发展的应有之义，为加强和改善全球人权治理找到了一条可供选择、可资利用而且不可多得的崭新路径。

——习主席提出的构建人类命运共同体理念，蕴含着丰富的人权内涵。一方面，构建人类命运共同体体现了人权的价值追求。构建人类命运共同体，既是人类向善的一种美好表达，也是人类社会追求文明进步的本质要求，具有很强的道义力量，能够形成强大的感召力。构建人类命运共同体这一重大理念所蕴含的民主、自由、平等、公平、正义等思想、观念和主张，与人权这一伟大名词的崇高价值追求是完全一致的，反映了全人类的共同愿望。另一方面，构建人类命运共同体重大理念也体现了人权发展的时代精神。构建人类命运共同体所要求建设的一个持久和平、普遍安全、共同繁荣、开放包容、清洁美丽的世界，正是当今世界人权事业发展在生存权、发展权、健康权、和平权、安全权、环境权等方面的具体表现，反映了世界人权事业发展更加朝着全面、协调、平衡、包容、可持续的方向发展。

——习主席提出的构建人类命运共同体理念，将推动全球人权治理朝着公正合理的方向发展。千百年来，人类社会为实现尊重和保障人权，为使人人享有充分人权，进行了不懈的奋斗，也取得了巨大成就。但我们也清醒地看到，当今世界不公正不合理的现象仍然普遍存在，国际人权保障举步维艰。局部战乱冲突时有发生，恐怖主义、难民危机、气候变化等非传统安全威胁持续蔓延，发展不平衡、不协调、不可持续依然突出，人权政治化倾向有所上升，美西方国家依然奉行人权双重标准并推行人权霸权，人类各项基本权利的保障仍面临严峻挑战。国际社会已有的治理模式和人权保障机制等已难以充分保障各国人民基本人权。在这一背景下，构建人类命运共同体理念，为解决当今国际社会存在的诸多严重问题提供中国方案，是负责任的表现，体现了中国的大国担当。从整体和长远的角度看，构建人类命运共同体理念对于发展和完善全球人权治理，推动国际人权事业健康、可持续发展有着重大指导意义。

——习主席提出构建人类命运共同体理念，极大地提升了我国的国际人权话语权。多年来，国际人权话语权被美西方国家把持，国际人权舆论基本一边倒。今年1月习主席在联合国日内瓦总部发表演讲后，"构建人类命运共同体"理念立即得到国际社会的普遍赞誉和热烈反响。有舆论认为，"中国提供了一种'新的可能'，这就是摒弃丛林法则、不搞强权独霸、超越零和博弈，开辟一条合作共赢、共建共享的文明发展新道路。这是前无古人的伟大创举，也是改变世界的伟大创造。"[1] 也正是在这一背景下，习近平主席提出的"构建人类命运共同体"理念已三次被载入联合国相关决议，使其成为国际人权话语体系的重要组成部分。

同志们，习主席提出的构建人类命运共同体理念，是中国智慧，也是中国方案，已经在"一带一路"建设中得到了实践，并且取得了重大成果。我们相信，在以习近平同志为核心的党中央的坚强领导下，随着"两个一百年"奋斗目标和中华民族伟大中国梦的实现，构建人类命运共同体理念必将不断化为现实，中国必将为人类作出更大的贡献。

中国人权研究会作为专门从事人权理论研究、对外交流交往、人权宣传和舆论引导等工作的全国性社会团体，我们一定要牢记使命、不负重托，倍加珍惜这样一个伟大的时代赋予我们的历史使命，抓住机遇，乘势而上，不断开拓人权研究和人权宣传工作新局面。

当前，我们的工作重点就是要阐释好、解读好、宣传好构建人类命运共同体理念。一方面，要深入学习以习近平同志为核心的党中央治国理政的新理念新思想新战略，深入阐释和解读构建人类命运共同体的丰富人权内涵，力争多出成果、出好成果，不断丰富完善中国特色人权理论体系。另一方面，要深入解读构建人类命运共同体对推动全球人权治理的重大意义，为全球人权治理朝着更加公正合理方向发展提出中国方案。希望中国人权研究会各位理事、全国各人权研究机构以及广大人权学者积极参与，向国际社会积极宣介中国的人权理念和发展成就，努力以中国人权观影响世界。

---

[1] 英国剑桥大学教授马丁·雅克语，参见赵焱等："中国方案为世界注入正能量"，《人民日报》2017年3月13日03版。

我相信，本次研讨会的举办，必将进一步加深大家对构建人类命运共同体理念的认识，提升对构建人类命运共同体人权意义的理解，努力推动全球人权治理朝着公正合理和于我有利的方向发展。

预祝本次研讨会取得圆满成功！谢谢大家！

构建人类命运共同体与全球人权治理

◇ 崔玉英[*]

2017 年 1 月，习近平主席在联合国日内瓦总部发表《共同构建人类命运共同体》的重要演讲，系统阐述了人类命运共同体重大理念，为改革和完善全球治理指明方向，为人类实现更好发展提供中国方案。今天，我们在南开大学举办"构建人类命运共同体与全球人权治理"研讨会，目的在于深刻阐释构建人类命运共同体重大理念的人权内涵，引导国内外加深对该理念的理解和认知，推动全球人权治理朝着公正合理的方向发展。首先，我代表中央宣传部、国务院新闻办公室，对会议的召开表示热烈祝贺！向出席研讨会的各位领导和专家学者表示欢迎！向会议主办方中国人权研究会和天津市委宣传部，以及承办方南开大学人权研究中心表示衷心感谢！在这里，我还要特别感谢天津市委市政府包括人大对这次会议的高度重视和支持。刚才向巴平措会长在致辞中就构建人类命运共同体重大理念蕴含的人权内涵，及对推进全球人权治理的重要意义作了深刻的阐述，并就如何加强对构建人类命运共同体理念的研究提出了要求，希望大家认真学习领会，很好地贯彻落实。

党的十八大以来，以习近平同志为核心的党中央提出了一系列治国理政的新理念新思想新战略，这其中包括不断发展完善人类命运共同体理念。随着 2012 年党的十八大报告正式提出"倡导人类命运共同体意识"，到 2013 年 3

---

[*] 崔玉英，时任中央宣传部副部长、国务院新闻办公室副主任，中国人权研究会副会长。此文为"构建人类命运共同体与全球人权治理"理论研讨会开幕式上的主旨讲话稿。

月习近平主席在莫斯科国际关系学院演讲中首次提出"命运共同体"理念,习近平总书记在国内外多个场合深刻诠释"命运共同体",向世界传递对于人类文明走向的中国判断。2015年9月,在联合国成立70周年系列峰会上,习近平总书记全面阐述了打造人类命运共同体的主要内涵——建立平等相待、互商互谅的伙伴关系,营造公道正义、共建共享的安全格局,谋求开放创新、包容互惠的发展前景,促进和而不同、兼收并蓄的文明交流,构筑尊崇自然、绿色发展的生态体系,形成了"五位一体"的构建人类命运共同体的总布局。

当前,国际金融危机阴云未散,局部战乱冲突时有发生,恐怖主义、难民危机、气候变化等非传统安全威胁持续蔓延。面对国际上出现的逆全球化现象及全球治理危机,构建人类命运共同体理念的提出具有特殊重要的意义。构建人类命运共同体理念植根于五千年源远流长的中华文化,借鉴人类文明优秀成果,顺应了当今世界潮流与历史大势,契合世界各国人民求和平、谋发展、促合作、要进步的共同诉求,符合全球治理改革要求。构建人类命运共同体理念坚持以人为本,体现了应对人类共同挑战、创造全人类美好生活的责任担当;构建人类命运共同体理念着眼促进各国利益高度融合,同亲诚惠容的周边外交理念一脉相承,与周边国家及区域层面的命运共同体建设稳步推进;构建人类命运共同体理念倡导构建以合作共赢为核心的新型国际关系,着眼寻求各方利益的最大公约数,使其成为中国向世界提供的重大理念,在国际社会获得了越来越多的认同和赞誉。

如今,"构建人类命运共同体"重大理念已相继被载入联合国决议、联合国安理会决议、联合国人权理事会决议,成为国际人权话语体系的重要议题。构建人类命运共同体理念从人类社会发展整体性和相互依存的角度思考世界人权事业的发展,倡导建立更加公正合理的国际人权治理体系,开拓了全球人权治理的新路径,占据了国际价值正义制高点。

一是构建人类命运共同体理念为推进全球人权治理提供了新方案。构建人类命运共同体、实现共赢共享是解决全球治理难题的中国方案,也是推动完善全球人权治理的中国方案。全球人权治理的目标是促使各个国家尊重、保护和促进人权的实现。构建人类命运共同体理念直指阻碍人类社会发展进步和国际人权领域"治理赤字"的顽疾,用坚持主权平等作为促进和保护人权的根本,主张各国有权自主选择发展道路和社会制度，不能借人权干涉内政；用对话协商促进和保护人权，防止将人权问题政治化；用合作共赢应对各种全球性人权挑战，通过务实合作加强人权能力建设；用交流互鉴的包容精神，尊重不同文明的多样性，推动不同文化交流对话、和平共生、和谐共处；用共建共享卸下以邻为壑的"篱笆"，提倡包容与可持续发展，打造共同发展的平台，有效落实2030年可持续发展议程，满足各国人民对美好生活的热切向往。

二是构建人类命运共同体理念引领人权理论新发展。构建人类命运共同体理念，拓展了传统的人权发展视野，超越了西方自由主义人权观的局限，立足世界整体性发展，谋求全人类的共同福祉，对人权理论的发展产生积极的指引作用。构建人类命运共同体理念体现了各项人权相协调的原则，是个人权利与集体权利的统一，是政治、经济、文化、社会、环境等各领域各层次基本权利的统一，是生存权、发展权、和平权等的统一；构建人类命运共同体理念体现了人权普遍性和特殊性相统一的原则，主张把握人类利益和价值的共性，既蕴含着对和平、发展、公平、正义、民主、自由等人类共同价值的基本追求，也包含着尊重各国在不同文化、社会、制度以及发展阶段中所表现出的特殊性和多元性；构建人类命运共同体理念体现了人权的可持续发展要求，强调实现全面协调与可持续发展，着力解决发展中国家贫困、疾病、环境恶化等发展问题以及发达国家中收入分配不均等问题，能够满足各个国家的发展诉求。构建人类命运共同体理念体现了人权共建共享的精神，意味着世界各国都是平等发展、互相尊重的主体，必须超越单边主义，实现各国和各国人民共享和平安全、共享发展成果、共享价值与尊严。

三是中国以人权领域实际行动践行人类命运共同体理念。党的十八大以来，以习近平同志为核心的党中央带领全党和全国人民，成功开辟了中国特色社会主义新实践新局面新境界，走出了一条符合中国国情的中国特色人权发展道路，以实际行动践行人类命运共同体理念，为全球人权治理提供了新的路径，对形成更加公正合理的国际人权新秩序起到了积极推进的作用。中国在肩负起维护地区和平与稳定的重大艰巨责任的同时，始终秉持平等互信、包容互鉴、合作共赢的精神，全面深入参与国际人权合作，积极致力完善全球人权治理，推进国际人权事业健康有序发展。在国际人权共识的达成、国际人权标准的制定、国际人权观念的演进、国际人权条约机制的运行等各方面，中国都发挥了无可替代的建设性重要作用，彰显了负责任大国的风采。构建人类命运共同体是一份责任，以此为指引，中国积极向国际社会提供一系列富有建设性的公共产品，为"共商共建共享"的全球治理理念注入新动力。共建"一带一路"倡议就是中国为世界提供的一项充满东方智慧、实现共同繁荣发展的方案，是构建人类命运共同体的伟大探索和实践，彰显了我国在全球治理和国际合作中的引领作用，对于推动各国人权事业的发展也将起到深远的影响。

四是用构建人类命运共同体重大理念指导做好人权理论研究和宣传。构建人类命运共同体理念，是以习近平同志为核心的党中央统筹国内国际两个大局提出的重大理念和重大倡议，是对外话语体系创新的经典之作。我们要认真学习领会总书记关于人类命运共同体的历次重要讲话精神，深刻把握其内涵，领会其精髓要义，更加自觉地以重要讲话精神为指导做好人权理论研究和宣传工作。人权理论研究工作者要加强对人类命运共同体理念的系统研究，通过参与马工程课题项目、申请国家社科基金课题、举办理论研讨会等方式，使人类命运共同体的人权内涵更加系统化、科学化，将推进全球人权治理的话语权牢牢掌握在我们自己手里。要深刻认识人类命运共同体理念的重大理论意义和实践价值，充分运用专业知识优势，在报刊、网络等各种媒体平台多撰写发表文章，多接受媒体采访，多参加各类国际研讨会，积极宣介其对完善全球治理的重大意义，特别是中国对推进全球人权治理的重大贡献，努力提升中国人权话语权。下周我们准备在联合国人权理事会第35次会议期间，与驻日内瓦代表团共同主办"构建人类命运共同体与人权"国际研讨会，就是要积极利用联合国等多边场合进行宣介，提升我在人权领域的影响力。

同志们，习近平总书记指出，"构建人类命运共同体是一个美好的目标，也是一个需要一代又一代人接力跑才能实现的目标。"[1]在共创人类美好未来的历史征程中，希望大家以高度的政治责任感和历史使命感，锐意进取，扎实工作，有所作为，努力做好构建人类命运共同体这一重大理念的阐释和宣介工作，为党的十九大胜利召开营造良好舆论氛围。

---

1 习近平："共同构建人类命运共同体——在联合国日内瓦总部的演讲"，2017年1月18日，《人民日报》2017年1月20日02版。

经济全球化新阶段和人权事业发展新机遇

◇ 李君如*

纵观天下大势,当前经济全球化以及与此相联系的世界格局多极化正面临着重大的历史转折点,各个国家、各个经济体在相互依存、共同发展中构建人类命运共同体正成为时代的课题,中国和世界的人权事业包括形成合理的全球人权治理机制也由此面临着重大的历史机遇。这里,以"经济全球化新阶段和人权事业发展新机遇"为题,谈三点认识。

一、经济全球化面临的挑战对人权事业提出的新要求

研究人权事业的发展,必须联系国情和国际形势的发展,联系国内和国际两个大局。我们必须认识到,经济全球化和人权事业发展有着密不可分的关系。从一般意义上来说,经济全球化有两个重要的支点,一是市场经济,二是人权。反过来,研究人权事业的发展,也要联系市场经济和经济全球化的走向。

经济全球化由来已久,可以追溯到第一次工业革命和资本主义在全球的扩张。马克思、恩格斯在《共产党宣言》中对此有深刻的分析。经济全球化伴随着资本在全球的流动和拓展,此起彼伏,经历了一轮又一轮高潮和低潮。我们今天在这里讨论的"经济全球化",指的则是发端于上世纪70年代的新一轮

---

* 李君如,中国人权研究会副会长、中央党校原副校长。

经济全球化。这一轮经济全球化经历了近40年的发展，现在面临着严峻的挑战，这种态势对人权事业的发展提出了什么要求，这是我们首先要思考和研究的。

这一轮经济全球化，是以美国等西方发达国家为主导，以跨国公司在全球的拓展为特点，以信息化技术在经济社会广泛应用为支撑的。回顾这一轮经济全球化发展的历史，一言以蔽之，40年经济全球化，40年经济大发展；40年经济全球化，40年问题大积累。习近平总书记曾经指出，经济全球化是历史大势，促成了贸易大繁荣、投资大便利、人员大流动、技术大发展。本世纪初以来，在联合国主导下，借助经济全球化，国际社会制定和实施了千年发展目标和2030年可持续发展议程，推动11亿人口脱贫，19亿人口获得安全饮用水，35亿人口用上互联网等，还将在2030年实现零贫困。这充分说明，经济全球化的大方向是正确的。当然，发展失衡、治理困境、数字鸿沟、公平赤字等问题也客观存在。作为经济全球化"领头羊"的美国，到底是以"美国优先"即美国利益"优先"，还是以全球利益"优先"，它很纠结。再看其国内，垄断资本为了追逐利润最大化，导致实体经济空心化，致使国内出现严重的就业问题；导致投机资本借助虚拟经济快速进入市场，使一些人一夜暴富，加剧了两极分化。诸如此类问题加剧了社会底层和一部分中产阶级的不满，推动贸易保护主义和民粹主义盛行起来。这些问题在美国和一些发达国家统统暴露和爆发出来，影响波及世界。英国脱欧也好，美国、法国大选发生的争论也好，都表明这些问题不容忽视。

这些问题是怎么造成的？应该看到，这些问题是主导这一轮经济全球化的美国等西方发达国家在追求资本利润最大化和全球霸权主义的过程中形成的，而不是经济全球化本身带来的。我们注意到，在美国等西方发达国家主导的这一轮经济全球化中，存在着两对他们自身难以克服的基本矛盾：本国利益和全球利益的矛盾；本国的资本利益和人民利益的矛盾。可以说，过去近40年经济全球化中出现的所有问题，都是由这两个基本矛盾造成的。这在美国等西方发达国家主导下，难以完全避免。但是，这并非意味着经济全球化的终结或逆转，而是呼唤着经济全球化新阶段的到来。

针对这样的问题，习近平总书记提出了两个带有根本性的指导思想：一是构建人类命运共同体；二是坚持以人民为中心。习近平总书记提出要"构建人类命运共同体",不仅指明了经济全球化继续前进的方向,而且提出了新阶段经济全球化运行的基本原则。这是化解本国利益和全球利益矛盾,推动经济全球化健康发展的重大理念和重要原则。与此同时,"坚持以人民为中心"的发展思想,就可以更好地利用资本的力量来造福人民,而不能听凭资本利益损害人民利益。这是破解经济全球化中第二个基本矛盾的根本出路和重要思想。也就是说,经济全球化将在"构建人类命运共同体"和"坚持以人民为中心"这两个思想指导下,进入一个新阶段。

这个新阶段,一是各个国家携手共同推进,发展中国家将在其中发挥重大作用,而不是美国等西方发达国家主导;二是进一步推进创新发展,特别是重视虚拟经济和实体经济相结合的"新实体经济"的发展,而不是"虚""实"分离而让投机经济牟利;三是进一步发挥互联网、集装箱航运、高速公路、高速铁路、现代金融支付工具的作用,从技术上支撑把海洋和内陆打通的全方位经济全球化,而不只是从大西洋到太平洋的海洋经济全球化;四是在完善全球治理体系过程中对金融及其衍生品严格监管,而不是任其自由放任;五是发展成果能够为广大人民群众带来实惠获得感,在实现联合国 2030 可持续发展议程中加大脱贫减贫力度,而不只是让少数人一夜之间暴富。显而易见,在"构建人类命运共同体"和"坚持以人民为中心"这样全新思想理念指导下的经济全球化,既不是重起炉灶,也不是过去的简单重复,而是一种提升。因此,我们认为,经济全球化出现的问题并不意味着经济全球化的终结或逆转,而是要求我们直面矛盾和问题,推动经济全球化进入新阶段。

可以相信,这种在"人类命运共同体"和"以人民为中心"思想指导下的经济全球化,不仅会进一步完善市场经济,而且会进一步完善人权的理论和实践。

二、"构建人类命运共同体"是人权事业发展的新机遇

面对着当今世界和平与发展浩浩荡荡的发展大势及其遇到的新挑战,习近平总书记说:"让和平的薪火代代相传,让发展的动力源源不断,让文明的光芒熠熠生辉,是各国人民的期待,也是我们这一代政治家应有的担当。中国方

案是：构建人类命运共同体，实现共赢共享。"[1] 构建人类命运共同体，是世界市场经济和经济全球化发展的必然要求和客观趋势，也是人权事业发展的新机遇。

我们知道，在经济全球化进程中，由于市场经济的作用，各个国家、各大经济体之间已经形成了多层次的利益交汇点；并在这样的利益交汇点基础上，形成了"你中有我、我中有你"的利益共同体。现在的问题是：是拓展这样的利益共同体，还是削弱这样的利益共同体？这关系到人类的前途和命运。习近平总书记提出要"构建人类命运共同体"，就是要在利益共同体的基础上，根据共商、共建、共享的原则，进一步形成经济社会发展和生态保护中共生共荣的人类命运共同体。这一构想，顺应了世界市场经济和经济全球化发展的客观要求。

2017年1月18日，中国国家主席习近平在联合国日内瓦总部的演讲中，全面系统而又精辟地论述了"构建人类命运共同体"这一时代命题。他首先回顾了最近100多年的世界历史，指出上世纪上半叶以前，人类遭受了两次世界大战的劫难，那一代人最迫切的愿望，就是免于战争、缔造和平。上世纪五六十年代，殖民地人民普遍觉醒，他们最强劲的呼声，就是摆脱枷锁、争取独立。冷战结束后，各方最殷切的诉求，就是扩大合作、共同发展。他说："纵观近代以来的历史，建立公正合理的国际秩序是人类孜孜以求的目标。从360多年前《威斯特伐利亚和约》确立的平等和主权原则，到150多年前日内瓦公约确立的国际人道主义精神；从70多年前联合国宪章明确的四大宗旨和七项原则，到60多年前万隆会议倡导的和平共处五项原则，国际关系演变积累了一系列公认的原则。这些原则应该成为构建人类命运共同体的基本遵循。"[2]

令人高兴的是，"人类命运共同体"这样全新的思想理念已经为联合国和世界上许多国家所接受。2月27日至3月24日在日内瓦万国宫召开的联合国人权理事会第34次会议期间，3月1日，中国代表140国发表题为"促进和保护人权，共建人类命运共同体"的联合声明，阐述人类命运共同体重大理念及其对推动国际人权事业发展的重要意义，引起广泛共鸣。人类命运共同体包

---

[1] 习近平："共同构建人类命运共同体——在联合国日内瓦总部的演讲"，2017年1月18日，《人民日报》2017年1月20日02版。
[2] 习近平："共同构建人类命运共同体——在联合国日内瓦总部的演讲"，2017年1月18日，《人民日报》2017年1月20日02版。

含的主权平等、对话协商、合作共赢、交流互鉴、绿色发展等理念深入人心，受到各方认同和支持。3月23日通过的关于"经济、社会、文化权利"和"粮食权"两个决议，明确表示要"构建人类命运共同体"。这是人类命运共同体重大理念首次载入联合国人权理事会决议，标志着这一理念成为国际人权话语体系的重要组成部分。由此决定了，在"人类命运共同体"下推进经济全球化和世界多极化必将从多方面对世界人权事业的发展提出新的要求。为此，就要研究人权与国家主权、人权与国际法、人权与国际关系民主化、人权与人道主义援助等重大问题。

首先是人权与国家主权的关系。多年来，西方一些国家以"人权高于主权"为由干涉别国内政。这种观点和做法，实质是否认国家主权是一种集体人权，把个人人权与集体人权割裂开来，结果造成了新的更大规模的人权灾难。习近平主席在日内瓦指出："主权平等，是数百年来国与国规范彼此关系最重要的准则，也是联合国及所有机构、组织共同遵循的首要原则。主权平等，真谛在于国家不分大小、强弱、贫富，主权和尊严必须得到尊重，内政不容干涉，都有权自主选择社会制度和发展道路。在联合国、世界贸易组织、世界卫生组织、世界知识产权组织、世界气象组织、国际电信联盟、万国邮政联盟、国际移民组织、国际劳工组织等机构，各国平等参与决策，构成了完善全球治理的重要力量。"[3] 毫无疑问，各个主权国家之间会有矛盾和冲突，按照"人类命运共同体"的思想，我们应该把功夫下在沟通协商、政治谈判上，而不是单方面施压上。习近平主席在日内瓦强调指出："新形势下，我们要坚持主权平等，推动各国权利平等、机会平等、规则平等。"[4] 也就是说，在"人类命运共同体"原则下，我们要在坚持集体人权平等的条件下，去解决各个主权国家内部的个人人权平等。

第二是人权与国际法的关系。国际法，本来就是维护和保障各国主权和人权的基石。战后，各国以联合国宪章为基础，就政治安全、贸易发展、社会人权、科技卫生、劳工产权、文化体育等领域达成了一系列国际公约和法律文书。习近平主席在联合国日内瓦总部的演讲中指出，各国有责任维护国际法治权威，

---

[3] 习近平："共同构建人类命运共同体——在联合国日内瓦部总部的演讲"，2017年1月18日，《人民日报》2017年1月20日02版。

[4] 习近平："共同构建人类命运共同体——在联合国日内瓦部总部的演讲"，2017年1月18日，《人民日报》2017年1月20日02版。

依法行使权利，善意履行义务。他强调指出："法律的生命也在于公平正义，各国和国际司法机构应该确保国际法平等统一适用，不能搞双重标准。"[5] 也就是说，一方面，在处理国际关系问题时，包括在处理国际关系中的人权问题时，必须坚持按照国际法办事的原则；另一方面，为了维护国际法的权威，维护各个国家的主权和人权，必须确保国际法平等统一适用，不能搞双重标准。这是在"人类命运共同体"的思想理念下维护国际法，在国际关系中尊重主权、保护人权的基本要求。

第三是人权与国际关系民主化的关系。多年来，国际社会盛行的是霸权主义和强权政治，发展中国家人民不能掌握自己的命运。要维护和保障各个国家的主权和人权，必须推进国际关系民主化，不能搞"一国独霸"或"几方共治"。习近平主席在日内瓦指出："世界命运应该由各国共同掌握，国际规则应该由各国共同书写，全球事务应该由各国共同治理，发展成果应该由各国共同分享。"[6] 要构建人类命运共同体，必须坚持国际关系民主化。

第四是人权与人道主义援助的关系。尊重和保障人权，内在地包含了要弘扬人道主义的要求。但是，在当今世界，以人道主义援助为名，干涉别国主权，侵犯别国人民的人权，已经成为全世界诟病的一大问题。习近平主席在日内瓦明确指出："面对频发的人道主义危机，我们应该弘扬人道、博爱、奉献的精神，为身陷困境的无辜百姓送去关爱，送去希望；应该秉承中立、公正、独立的基本原则，避免人道主义问题政治化，坚持人道主义援助非军事化。"[7] 构建人类命运共同体，需要的是不加任何条件的真正的人道主义，而不是让一个主权国家成为附庸的虚假的人道主义。

在这四个关系中，第一个关系即人权与国家主权的关系是基础，其他三个关系都是由此派生出来的。人权与国家主权的关系，实质是要正确对待和处理好个人人权与集体人权的关系问题。人权包括个人人权，也包括集体人权，我们不能把个人人权与集体人权割裂开来，甚至对立起来，而要正确地处理这两

---

[5] 习近平："共同构建人类命运共同体——在联合国日内瓦部总部的演讲"，2017年1月18日，《人民日报》2017年1月20日02版。

[6] 习近平："共同构建人类命运共同体——在联合国日内瓦部总部的演讲"，2017年1月18日，《人民日报》2017年1月20日02版。

[7] 习近平："共同构建人类命运共同体——在联合国日内瓦部总部的演讲"，2017年1月18日，《人民日报》2017年1月20日02版。

者之间的关系。我们应该认识到，一个没有国家主权即集体人权的公民，他的个人人权是得不到保障的，更谈不上要享受个人人权；但同时也要指出，一个享有国家主权即集体人权的公民，他的个人人权不一定会得到尊重和保障。因此，一个完全意义上的"人类命运共同体"，应该是国家主权即集体人权能够得到尊重和保障，个人人权也能够得到尊重和保障的人类命运共同体。

我们强调，在经济全球化新阶段要奉行"构建人类命运共同体"和"坚持以人民为中心"这两个根本的思想理念，这两个思想理念是不能分割的。只有在构建人类命运共同体的过程中，始终坚持以人民为中心，才可能避免顾此失彼，才能把集体人权和个人人权作为一个统一的整体来加以对待和处理。也就是说，第一，我们要尊重各个国家的主权即集体人权，不以人权为名干涉别国内政，主权国家之间有矛盾应该通过协商谈判来解决；第二，各个国家公民的人权本质上是各个国家的内部事务，应该由各个国家自己解决，国际社会要干预必须经过联合国授权；第三，各个国家都必须把尊重和保障人权作为本国的宪法原则，并向本国公民普及人权知识，依法惩处任何违反和践踏人权的行为；第四，各个国家推进人权事业发展都要从本国国情和社会发展阶段的客观实际出发，国际社会要尊重各个国家维护本国公民人权的实践；第五，国际社会要把维护和平权和发展权作为重要人权，把惠及各国人民的发展权作为首要的基本人权；第六，各国要广泛开展人权对话和交流，争取最大程度达成符合和平与发展的时代主题的人权共识。可以说，这是经济全球化新阶段构建人类命运共同体进程中，对世界和中国人权事业提出的新要求。

正是在这样的意义上，我们说构建人类命运共同体不仅是推进经济全球化进入新阶段的必然要求和客观趋势，而且是世界和中国人权事业发展的新机遇。

三、抓住经济全球化新阶段新机遇推动全球人权治理

在经济全球化新阶段构建人类命运共同体的进程中，要抓住世界和中国人权事业发展的新机遇，其中一个极其重要的任务，就是要从今天变化了的世界实际出发，探索和推动全球人权治理。

习近平主席在日内瓦的演讲中指出："大道至简，实干为要。构建人类命

运共同体，关键在行动。"[8] 他为此强调，国际社会要从伙伴关系、安全格局、经济发展、文明交流、生态建设等方面作出努力，构建人类命运共同体。根据他的思路及其提出的基本原则，我们在构建人类命运共同体的过程中，应该抓住经济全球化新阶段的新机遇，努力推动全球人权治理形成制度化、规范化、程序化的合理机制。

一要形成人权对话协商机制。去年在杭州召开的G20峰会提出，人类文明多样性是世界的基本特征，也是人类进步的源泉。世界上有200多个国家和地区、2500多个民族以及多种宗教。不同历史和国情，不同民族和习俗，孕育了不同文明，使世界更加丰富多彩。文明没有高下、优劣之分，只有特色、地域之别。文明差异不应该成为世界冲突的根源，而应该成为人类文明进步的动力。当今世界，国与国之间，国内民族之间、教派之间，矛盾和冲突还不少。而在这些矛盾和冲突中，最受伤害的是平民百姓。要化解纷争和矛盾、消弭战乱和冲突，就需要完善对话协商机制和手段。国家之间要构建对话不对抗、结伴不结盟的伙伴关系。大国要尊重彼此核心利益和重大关切，管控矛盾分歧，努力构建不冲突不对抗、相互尊重、合作共赢的新型关系。尤其是大国对小国要平等相待，不搞唯我独尊、强买强卖的霸道。在人权问题上，由于各个国家的历史文化不同，社会制度和意识形态不同，社会发展阶段不同，各国对人权的认识和重点各不相同，也会发生这样那样的矛盾和冲突。为了构建人类命运共同体，化解各国在人权问题上的认知矛盾和行为冲突，同样需要建立或健全对话协商机制。我们现在同一些国家或地区开展的人权对话，取得了很好的经验，可以进一步拓展和完善。

二要形成人权经验共享机制。在人权问题上，我们已经认识到，没有最好，只有更好。因此，各个国家在人权事业发展上取得的经验，都是人类文明的瑰宝，都应该得到重视和肯定。这几年，在应对禽流感、埃博拉、寨卡等疫情方面，在世界卫生组织引领下，各国加强疫情监测、信息沟通、经验交流、技术分享，取得了很好的经验。在反恐斗争中建立的全球统一战线，也为各国人民撑起了安全伞。这些方面，已经包括了人权领域加强合作的经验。事实上，各

---

[8] 习近平："共同构建人类命运共同体——在联合国日内瓦部总部的演讲"，2017年1月18日，《人民日报》2017年1月20日02版。

国在尊重和保障人权方面各有所长、经验不少，这些经验都应该得到尊重、推广和共享。比如，世界上许多国家对于中国脱贫的经验非常重视。为了构建人类命运共同体，我们应该进一步形成以联合国为主体的多种形式、多个平台的人权经验共享机制。

三要形成人权政策协调机制。在推进"一带一路"建设中，有一个很好的经验，这就是习近平总书记提出的"对接"思想。这种"对接"思想的实质，就是强化各个国家之间的政策协调。在我们提出共建"一带一路"倡议后，沿线国家由于种种复杂的原因，有的心存疑虑，有的怕打破地缘政治的平衡，有的怕在盟友或朋友间"选边"。针对这种情况，我们指出"一带一路"并不是要另起炉灶、推倒重来，而是实现战略对接、优势互补。因此，我们同有关国家协调政策，包括同俄罗斯提出的欧亚经济联盟、东盟提出的互联互通总体规划、哈萨克斯坦提出的"光明之路"、土耳其提出的"中间走廊"、蒙古提出的"发展之路"、越南提出的"两廊一圈"、英国提出的"英格兰北方经济中心"、波兰提出的"琥珀之路"等发展战略或发展规划进行协调对接。各方通过政策协调对接，实现了"一加一大于二"的效果。在人权领域，各国也各有自己的政策。我们要秉持合作共赢的思想，从根本上改变人权领域以老大自居、一味指责别国人权政策的傲慢做法，在尊重各个国家人权政策的基础上，积极探索形成人权政策的协调机制，找到最多契合点，寻求最大公约数，建设各国人权事业共同推进发展的世界新格局。

习近平主席在日内瓦演讲中说："构建人类命运共同体是一个美好的目标，也是一个需要一代又一代人接力跑才能实现的目标。中国愿同广大成员国、国际组织和机构一道，共同推进构建人类命运共同体的伟大进程。"[9] 在"人类命运共同体"的思想指导下，构建全球人权治理机制，推进世界人权事业的发展也是一个漫长的奋斗过程。我们认为，各个国家，不论是发达国家，还是发展中国家，都应该为此而努力。联合国人权理事会应该在形成全球人权治理机制方面，包括在人权对话协商、人权经验共享、人权政策协调方面，发挥更重要的作用。

---

9 习近平："共同构建人类命运共同体——在联合国日内瓦部总部的演讲"，2017年1月18日，《人民日报》2017年1月20日02版。

构建人类命运共同体的人权意义

◇ 鲁广锦[*]

2017年1月,中国国家主席习近平在联合国日内瓦总部发表演讲,系统提出并深入阐述了构建人类命运共同体这一重大命题。自那时起,在过去的将近半年时间里,"构建人类命运共同体"迅速成为国际社会广泛传播的热点话题,得到各方好评和积极响应,并多次被载入联合国文献之中,成为有重大影响的国际话语。

今天,中外专家学者和有关人士一起在这里举行"构建人类命运共同体与人权"研讨活动,无疑是一件很有意义的事情,我愿借这个机会与大家就"构建人类命运共同体的人权意义"作些交流。

千百年来,人类为"免于匮乏,免于恐惧",实现"人人得享人权",进行了不懈奋斗,取得了巨大成就。毫无疑问,今日之世界,是人类社会发展史上人权得到尊重和保障最好的时期,这是人类文明进步的重大成果。然而,人们不愿看到却又难以回避的问题是,当今世界,人类社会发展和人权保障依然面临诸多威胁和挑战。

——国际社会至今未能防止、减少和解决冲突,持续的战争使极端主义、恐怖主义的暴行愈演愈烈,酿造出令人震惊的苦难,迫使全球数百万人逃离家园。

---

[*] 鲁广锦,中宣部人权事务局局长、中国人权研究会秘书长。此文为作者在联合国"构建人类命运共同体与人权"国际研讨会上的致辞稿。

——反全球化不仅使人类社会发展面临重大的倒退，而且使民族主义、民粹主义大行其道，并对基本人权保障造成严重威胁。

——发展不平衡、不协调、不可持续依然突出，目前全球仍有8亿多极端贫困人口，在发展中国家，36%以上的人口每天生活费不足3.1美元，一半以上15岁以下的儿童生活在贫困状态中。

——环境污染非但没有得到很好解决，而且给人类发展带来的负面影响日益明显，全球气温每天都在变暖，《巴黎协定》落实举步维艰。

怎样解决这些问题？解决这些问题的途径和方法如何？这些为一段时期以来世界各国和国际社会所高度关注，人们为此进行思考，并提出解决之策。中国国家主席习近平提出的构建人类命运共同体理念，就是针对这些问题而作出的中国思考，就是为世界各国人民的人权得到更好保障提出的中国方案，充分体现了中国智慧。

构建人类命运共同体理念，顺应了经济全球化发展大势，以解决全球性问题为基本指向，坚持对话协商、共建共享、合作共赢、交流互鉴、绿色低碳的原则，提出建设一个持久和平、普遍安全、共同繁荣、开放包容、清洁美丽的世界。这是处于大发展大变革大调整时代人类社会的共同认知取向和价值追求，使全球人权发展步入新境界，为改善全球人权治理指明了方向。

人权是一个历史的概念，也是一个发展的概念。人权的概念是如此，人权的实践也是如此。习近平主席几年前就指出：人权没有最好，只有更好；人权只有进行时，没有完成时。构建人类命运共同体理念，从时空维度对人类整体进行关怀，将"你""我"变成"我们"，更加强调世界上每个国家和每个国家的人民都享有平等的权利和机会，都是全球治理的平等参与者。这一理念站在全球化视域认识世界人权事业的发展，既坚持了人权的普遍性原则，又强调了人权的差异性；既坚持了人权的价值正义，又突出了人权的时代内涵。这一理念超越了传统人权观，树立了"全人类的共同命运"的新标尺，体现了人权发展的时代精神。

——构建人类命运共同体理念，更加注重人权的全面发展。这一理念既重视个人权利，又重视集体权利；既重视公民权利和政治权利，又重视经济、社会、文化、环境等各项权利；既重视生存权、发展权，又重视和平权、安全权。

可见，构建人类命运共同体，就是寻求当今世界人权保障的"最大公约数"，构建保障人权实现的统一体。

——构建人类命运共同体理念，更加注重人权的共同发展。共同发展是构建人类命运共同体的本质所在，以共建共享为目标。共建是构建人类命运共同体的基本路径。唯有世界各国共同努力，方能共同应对全球性问题，使治理成果惠及全人类。共享是构建人类命运共同体的落脚点。各国和各国人民应公平分享全球治理的成果和收益，共享和平安全，共享发展成果，共享价值与尊严。

——构建人类命运共同体理念，更加注重人权的包容发展。世界上有200多个国家和地区、2000多个民族，还有多种宗教，不同历史和国情，不同民族和习俗孕育了灿烂而多样的文明。在全球化时代，不应试图以一种文明去框定丰富多彩的人类生活，而应坚持不同文明兼容并蓄、互相尊重、取长补短、共同进步，让文明交流互鉴成为推动人类社会进步的动力和维护世界和平的纽带。

——构建人类命运共同体理念，更加注重人权的可持续发展。人类发展是整体的、相互依存的，也是可持续的。在全球化时代，挑战层出不穷，风险日益增多。构建人类命运共同体理念着眼于命运共同体的持久未来，倡导绿色、低碳、循环、可持续的生产生活方式，坚持共同攻克经济增长乏力、恐怖主义、难民危机、重大传染性疾病、气候变化等人类面临的各类难题，实现永续发展。

——构建人类命运共同体理念，更加注重人权的合作发展。当今世界，存在着发展失衡、治理困境、数字鸿沟、公平赤字等问题，由于各国利益、目标、战略和举措的不同，使各国间易于发生冲突甚至陷入双输的"囚徒困境"。对待前进中的问题，需要正视并积极设法解决，但不能因噎废食。走贸易保护主义等"逆全球化"的路子，其结果只能是损人不利己。应秉持合作精神，摒弃丛林法则，超越零和博弈，以合作达到共赢。

中国是构建人类命运共同体理念的倡导者，也是这一理念的坚定推进者和实践者。中国在坚持走符合国情的人权发展道路、不断取得本国人权发展新成就的同时，也为维护世界和平、促进共同发展，为推进世界人权事业的发展作出了自己应有的贡献。

中国国家主席习近平提出的共建"一带一路"的重大倡议，是中国为世界提供的一项充满东方智慧、实现共同繁荣发展的方案，也是中国人民和各国人民为构建人类命运共同体而展开的一场伟大实践。现如今，"一带一路"逐渐从理念转化为行动，从愿景转变为现实，建设成果丰硕。4年来，100多个国家和国际组织积极支持并参与其中，各国政策协调不断加强，一大批合作项目加速推进，复合型基础设施网络正在形成，沿线产业合作形成良好势头，相关国家的人民已经从中得到了实惠。

中国的发展得益于世界，而发展了的中国又为世界的发展作出了重大贡献。截至2016年底，中国累计对外提供援助4000多亿元人民币，向69个国家提供医疗援助，派遣60多万援助人员，为120多个发展中国家落实千年发展目标提供援助。时至今日，中国经济对世界经济的贡献率仍高达30%，依然是牵引各国共同发展的火车头。中国自1990年参加联合国主导的维和行动，迄今共派出3.3万余人参与联合国维和行动，目前共有2600多名维和人员在联合国10个任务区执行维和任务，是联合国安理会常任理事国中派出维和人员最多的国家。

中国为实现联合国人类发展目标作出重大贡献。中国坚定支持《联合国千年发展目标》的落实，已经实现或基本实现13项千年发展目标所确定的指标。中国有效组织实施了"迄今人类历史上最快速度的大规模减贫"。世界银行的数据显示，1981年至2015年，中国累计减少贫困人口7.28亿，这一数字比拉美或欧盟的人口还要多，而同期世界其他脱贫人口仅有1.52亿。中国积极推动国际社会达成并实施2030年可持续发展议程，发布了实施2030年可持续发展议程的中方立场文件和国别方案。中国率先制定并实施应对气候变化国家方案，认真履行《联合国气候变化框架公约》，并以实际行动推动《巴黎协定》的达成和生效。中国国家主席习近平指出，"构建人类命运共同体是一个美好的目标，也是一个需要一代又一代人接力跑才能实现的目标。"[1] 当前，人类社会正处在一个大发展大变革大调整时代，国际社会应携起手来，共同创造机遇、克服困难、应对挑战，努力构建人类命运共同体，让世界充满和平与安宁，让人人得享人权！

---

[1] 习近平："共同构建人类命运共同体——在联合国日内瓦部总部的演讲"，2017年1月18日，《人民日报》2017年1月20日02版。

一、人类命运共同体的人权意蕴

建设人类命运共同体是人权理论的新发展

◇ 刘海年[*]

内容摘要：构建人类命运共同体是习近平对人权理论的新发展。这一理念是以马克思主义为指导，传承中国优秀历史文化，总结中国特色社会主义建设经验，放眼当今世界，对人类前途命运深入思考提出的。其基本点是：维护国家主权和平等地位；维护世界和平与安全；坚持经济合作共同发展；坚持不同文明交流互鉴、兼容并蓄；建设生态文明，实现绿色发展。它的实现不可能不遇阻力，但面对诸多共同利益和危机，人们互相依存程度空前加深。各国人民一定能心灵沟通，形成共同价值，进而推动其政府与国际社会达成共识，并逐步建立相关规则，进而将这一科学理念变成现实。

关键词：人类命运共同体；共同利益与挑战；心灵沟通；共同价值。

习近平同志关于"构建人类命运共同体"的论述，适应了形势的发展，进一步指明了国际人权事业发展的愿景，是对人权理论作出的新贡献。

一

"构建人类命运共同体"，这一目标中的"人类"，包括个人也包括集体，是对人权主体——人的全面概括。"命运"，按传统理解，是指人的生死、贫

---

[*] 刘海年，中国社科院荣誉学部委员，中国社会科学院人权研究中心名誉主任、教授，中国人权研究会顾问。

富、祸福、苦乐等遭遇;"共同体",此处指人类共同生活在"地球村",各项人权共同享有,蕴涵平等特质;"构建"或称"建设",则是说对人类命运要采取积极举措,按人民对美好生活的向往,促其往好的方向发展。构建人类命运共同体虽未直接出现"人权"一词,但其目标的逐步实现,将使国际人权保障事业在《联合国宪章》《世界人权宣言》的基础上,推向更美好的新阶段。

本来,人权是在世界近代历史上由启蒙思想家针对"神权"唱响的。在资产阶级革命过程中,将其作为动员人民反对"神权"和"王权"的口号。至少在当时,他们宣传的人权主体和客体还是较为普遍的。但是,当资产阶级掌握了国家政权,便对人权概念在实践中进行了无情阉割。不仅通过法律限制了昔日反封建斗争中的同盟者——广大工人和劳动人民的政治、经济和文化权利,甚至连本阶级妇女的权利也部分予以剥夺。至于黑人、土著人和殖民地、半殖民地的人民,在他们的人权字典里则不被视为人。只是经过长期斗争和演变,在部分经济发展较先进的国家,人权的范围才逐步扩大。

回顾人权的历史沿革,无论是人权的主体或客体的范围,都是由狭窄向广阔领域延伸,而这种延伸是经过血与火的洗礼,数千万人民付出了生命的代价才缓慢实现的。正因为如此,1945年制定的《联合国宪章》开宗明义写道:"欲免后世再遭今代人类两度身历惨不堪言之战祸,重申基本人权,人格尊严与价值,以及男女与大小各国平等权利之信念,创造适当环境,俾克维持正义,尊重由条约与国际法其他渊源而起之义务,久而未懈,促成大自由中之社会进步及较善之民生,并为达此目的力行容恕,彼此以善邻之道,和睦相处,集中力量以维持国际和平及安全。"[1] 其后,1948年联合国大会通过的《世界人权宣言》,遵照《宪章》精神,在序言中写道:"鉴于对人权的无视和侮蔑已发展为野蛮暴行。这些暴行玷污了人类的良心……因此现在大会发布这一世界人权宣言,作为所有人民和所有国家努力实现的共同标准。"[2] 在总结人类历史发展经验基础上制定的《联合国宪章》和《世界人权宣言》,传递的精神是伟大的,当时的确振奋人心,点燃了人们享有和平、安全与人权的希望。

---

[1]《联合国宪章》,1945年6月26日订于旧金山,引自董云虎、刘武萍:《世界人权约法总览》,四川人民出版社1990年版,第928—929页。
[2]《世界人权宣言》,联合国大会1948年12月10日通过,引自董云虎、刘武萍:《世界人权约法总览》,四川人民出版社1990年版,第960—961页。

但是，事实并未像人民期望的那样发展。一些西方殖民宗主国，不甘心放弃对亚非和拉美等广大殖民地的统治。美国等一些国家在世界各地争夺势力范围，妄图推行自己的价值观和制度模式，称霸世界。其行为一旦遭到反抗，或兵戎相向，或经济、军事制裁、封锁，结果是局部战争、武装入侵和武力威胁连续不断。其中有些居然是打着维护和平与人权的旗号，绕过联合国进行的。迄今在北非、西亚等海湾国家，战火仍在燃烧，美丽的和平家园成为废墟，数十万和平居民死于非命，千百万人民扶老携幼背井离乡逃往他国，成为难民。这种境况不仅使被战争直接摧残的国家人民遭受苦难折磨，而且也影响了欧亚等国的和平与安全，催生了"伊斯兰国"、宗教极端势力等国际恐怖组织的出现和扩展。世界经济发展趋缓，数亿人的贫困问题、发展问题不能更好地集中精力解决，不能说与这种局面没有关系。

正是在这种形势下，为了坚持《联合国宪章》的基本精神，实现联合国千年发展目标，按照《世界人权宣言》和国际人权公约的规定，更好地促进人权事业发展，习近平同志代表中国共产党和中国政府响亮地提出了"构建人类命运共同体"的理念。

二

习近平同志在其系列讲话中对这一理念的基本点作了系统阐释。

其一，构建人类命运共同体，要维护国家主权和平等地位。国家是人类命运共同体的重要成员。历史事实证明，国家没有主权，人民就不可能享有人权。《联合国宪章》指出：大小各国平等权与男女平等权均为基本人权，其人格尊严（国家称国格）均为不可或缺的权利，均应受到尊重。此后，联合国《发展权利宣言》进一步强调："发展机会均等是国家和组成国家的个人的一项特有权利。"[3] 这说明维护国家主权及平等地位和尊严，对于维护人权具有特殊重要性。根据《联合国宪章》和相关国际人权文献，习近平强调各国应该尊重彼此主权、尊严、领土完整，尊重彼此发展道路和社会制度，尊重彼此核心利益

---

3 《发展权利宣言》，联合国大会 1986 年 12 月 4 日通过，引自董云虎、刘武萍：《世界人权约法总览》，四川人民出版社 1990 年版，第 1365 页。

和重大关切。国家之间应建立对话而不对抗、结伴而不结盟的伙伴关系。其间世界或有一些地方和国家间的矛盾发展成热点问题,要坚持政治解决,着力斡旋调解,坚持公道正义,否则动辄诉诸武力,只会造成更严重的人权危机。

其二,构建人类命运共同体,要维护和平与安全。和平权是一项重要人权。每一个人、每一个国家和全人类,均享有和平生活的固有权利。强调和平的重要性,是由于它是国家和人民享有各项权利的保障。联合国三大支柱中最活跃的一个就是它的安全理事会。维护和平与安全,除按《联合国宪章》与和平共处五项原则处理好国家之间的关系,还要十分重视打击以"伊斯兰国"、极端组织等为代表的恐怖主义,防止大规模杀伤性武器扩散,防止和打击跨国犯罪以及防治恶性传染病蔓延等危害和平与安全的其他因素。习近平同志提出要对和平权进行深入思考,就是要求我们同时应高度重视危及和平与安全的新因素并采取相应对策。

其三,构建人类命运共同体,要坚持经济上合作共赢、共同发展。发展是硬道理,是解决包括保障各项人权在内的一切问题的钥匙,是享有其他各项人权的基础。中国视生存权和发展权为首要人权。人权的客体是权利,权利是利益的法律表达形式和道德诉求。在一个共同体内,为使经济健康发展,具有可持续性,发展成果共享,就"要摒弃零和游戏、你输我赢的旧思维,树立双赢、共赢的新理念,在追求自身利益的同时,兼顾他方利益,在追求自身发展的同时,促进共同发展"。[4] 正如联合国《发展权利宣言》指出的,各国有义务在发展和克服发展障碍中进行合作,着眼于权利平等、相互依赖。针对世界实际存在的各国发展不平衡的状况,《宣言》呼吁采取持久行动,促进发展中国家迅速发展。刚刚在北京结束的 2017 年"一带一路"国际合作高峰论坛,正是在这一原则下,对世界各国采取开放方针,加强同沿线国家的合作,加强对发展中国家尤其是欠发达国家的支持,成为推动世界经济发展、建设人类命运共同体的实际步骤。

其四,构建人类命运共同体要坚持不同文明兼容并蓄、交流互鉴。大千世界,不同种族、不同民族、不同文化、不同宗教信仰等不同文明的群体并存。其间

---

[4] "迈向命运共同体 开创亚洲新未来——习近平出席博鳌亚洲论坛 2015 年年会开幕式并发表主旨演讲",《人民日报》2015 年 3 月 29 日 01 版。

有共同点，也有差异和矛盾，甚至曾发生战争，但从人类文明进程的长河来看，基于人的善良本性和对美好生活的向往，共同点是基本的、主要的。不同文明没有优劣之分，只有特色之别。那种怀着自身优越感，鼓吹"文明优越论"，只看不同文明之间的矛盾，并断定其间必然发生冲突的观点，未免过于短视和悲观。只要以建设人类命运共同体的理念为指引，促进不同文明、不同发展模式间交流对话，在交流中相互借鉴、取长补短、共同发展，就能"以文明交流超越文明隔阂、文明互鉴超越文明冲突、文明共存超越文明优越，推动各国相互理解、相互尊重、相互信任"。[5] 届时，整个世界不同文明将汇聚成各具特色、和谐相处、五彩纷呈的命运共同体。

其五，构建人类命运共同体，要加强生态文明建设，实现绿色发展。人与自然的关系是人类社会最基本的关系。自然界是人类社会产生、存在和发展的基础与前提。人与自然是相互依存、相互联系的整体。保护自然环境就是保护人类，建设生态文明就是造福人类。环境权与发展权已被视为第三代人权。中华传统文化历来强调"天人合一"，所谓"人法地、地法天，天法道、道法自然"。[6] 正如习近平同志指出："我们要认识到，山水林田湖是一个生命共同体，人的命脉在田，田的命脉在水，水的命脉在山，山的命脉在土，土的命脉在树。"[7] 针对工业化进程中大气、水、土壤污染的情况，他强调："要像保护眼睛一样保护生态环境，像对待生命一样对待生态环境，推动形成绿色发展方式和生活方式。"[8] 对于防治气候变暖，在联合国召开的巴黎会议上，他呼吁："携手构建合作共赢、公平合理的气候变化治理机制"，"实现更高水平全球可持续发展。"[9] 空气无国界，海洋、大江河与多国相连，人类要生存，承载人类的地球要长期在宇宙中遨游，就要十分注意地球的生态环境。

上述各项均属重要人权。各项人权是不可分割、相互依存的，伤及或忽视任何一项，都将对人类命运造成危害，必须十分认真对待、珍惜。

---

5 习近平在"一带一路"国际合作高峰论坛开幕式上的演讲，2017年5月14日，引自《人民日报》2017年5月15日03版。
6 《老子·第十三章》
7 《十八大以来重要文献选编》（上），中央文献出版社，第507页。
8 习近平在参加青海代表团审议时的讲话，2016年3月10日，引自《人民日报》2016年3月11日。
9 习近平：《携手构建合作共赢、公平合理的气候变化治理机制——在气候变化巴黎大会开幕式上的讲话》，2015年11月30日，人民网：http://politics.people.com.cn/n/2015/1201/c1024-27873625.html。

三

习近平同志提出的构建人类命运共同体的理念，植根于源远流长的中华文化，立足于时代历史潮流，反映中国特色社会主义制度发展的要求。中华文化是五千年中华文明的血脉，"仁"、"和"理念贯穿其中：诸如"仁者，人也"[10]，"仁者，爱人"[11]，"天生万物，唯人为贵"[12]；人与人之间，人与自然之间"和为贵"[13]、"和则安"[14]；为了发展，要"和而不同"[15]，要"协和万邦"[16]。正是这种"仁"、"和"理念，成为中华民族在历史发展的每一个关键时刻团结奋进和与世界人民友好往来的精神支撑及情结。

在近现代历史上，即使在一些严峻的时刻，这种精神依然有强烈表现。辛亥革命中，孙中山先生提出"联合世界上以平等待我之民族，共同奋斗"，希望实现"天下为公"、"世界大同"。毛泽东主席在长征途中遥望巍峨昆仑写道："而今我谓昆仑，不要这高，不要这多雪，安得倚天抽宝剑，把汝裁为三截，一截遗欧，一截赠美，一截还东国。太平世界，环球同此凉热。"[17]这首词是文学语言，但作者的宽广胸怀、豪迈气概跃然纸上。虽是在严酷的战争环境中，他仍期待太平世界，将昆仑带给人间的美好与全球人民共享。新中国成立时，毛泽东提出中华民族要自立于世界民族之林，对人类作出更大贡献。新中国建立不久，面对帝国主义武装侵略和对亚非人民的武力威胁，我国与印度、缅甸等国一起，首提和平共处五项原则，为国际社会所肯定。20世纪60年代，中国人民节衣缩食挤出经费，支援非洲国家人民，建成了坦赞铁路，为世人佳话美誉。

中国共产党十一届三中全会确立的改革开放方针，进一步激发了人民建设中国社会主义的积极性。我国从自身经济发展和对外交流中增强了实力，也对世界发展作出了贡献。经济社会发展是互动的，世界好，中国才能好；中国好，

---

10 《礼记·中庸》
11 《孟子·离娄下》
12 《列子·天瑞》
13 《论语·学而》
14 《周礼·冬官·车舟人》
15 《论语·子路》
16 《尚书·尧典》
17 《毛泽东诗词集》

世界才更好。进入新世纪，我国提出全面建设小康社会，建设和谐社会，建设和谐世界。在持续发展中，虽然中国已是世界第二大经济体，但由于人口众多，国民人均收入尚在第80位左右。尽管如此，中国却为国际和平与人权事业作出了巨大贡献。截至2016年，中国累计对外提供4000多亿元人民币援助，向69个国家提供医疗援助，是联合国安理会常任理事国中派出维和警察人员最多的国家。正是在不断发展的过程中，习近平同志以马克思主义历史唯物论为指导，提出建设中华民族共同体，构建人类命运共同体，实现人的全面发展。

人的解放和全面发展为共产主义者所向往，是人权建设的重要目的。在无产阶级解放与全人类解放、个人解放与社会解放、个人发展与集体发展的关系上，马克思主义指出，无产阶级只有解放全人类，自己才能获得解放；"要不是每一个人都得到解放，社会本身也不能得到解放"[18]；"只有在集体中，个人才能获得全面发展其才能的手段，也就是说，只有在集体中才可能有个人自由。"[19] 这里的"集体"是指在工人阶级和人民大众掌握了政权的国家。在我国，党中央提出"四个全面"战略布局，正是为了实现人的全面发展，享有充分人权。习近平同志提出构建人类命运共同体，包括不同民族文化、不同社会制度的国家。这个共同体建设，依前述各项举措逐步推进，必然会将国际人权保障事业推向新的发展水平。

构建人类命运共同体的理念是美好的，但通向美好目标的道路绝非撒满玫瑰花瓣的坦途。一些经济、政治、文化、军事有优势的国家，一些靠占有别人劳动成果脑满肠肥的人，是否愿与所有国家和人民"命运共同"？不容过于乐观。一些国家对某些地区武装入侵的暴行还在继续，一些国家仍在对另一些国家的发展进行遏制，也有国家对别的国家暗中使绊子，还有一些人操纵媒体公开唱衰别国推行的建设性举措。这些都表明，道路不仅漫长，而且将会历经坎坷。对此，我们必须要有清醒认识。不过，现实早已越过刀耕火种，各国之间鸡犬之声相闻、老死不相往来的封闭时代。相互之间物资、文化、人员交往，也不是靠驼队、马帮、牛车和帆船做工具。现代的交通和通信网络，大大拉近了人们之间的距离。

---

18 《马克思恩格斯选集》第3卷，第332页。
19 《马克思恩格斯选集》第1卷，第82页。

社会经济和平发展带来的双赢、共赢利益，应对战争、大规模杀伤性武器扩散、国际恐怖主义、国际犯罪、恶性疾病蔓延、气候变化和其他人为的、自然的灾害等共同危机，促使人们相互依存程度空前加深，人与人之间更紧密的联系是大势所趋。作为构建人类命运共同体理念的倡议国，我们的任务就是与各国、各地区沟通民心，形成共同价值。在此基础上，与各国政府达成共识、建立新规，并尽可能推进规则实施。我国是一个幅员辽阔、人口众多的统一的多民族国家，作为这个理念的倡议国，党中央提出的"打造中华民族共同体"指导思想已付诸实施，开启的"一带一路"建设也已成功地运行。这些都为构建人类命运共同体奠定了良好基础。只要我们以坚韧不拔的精神与各国人民携手努力，构建人类命运共同体的历史性目标一定能够实现。

充分实现人权是构建人类命运共同体的终极目标

◇ 李步云*

摘要：习近平同志提出的构建人类命运共同体这一奋斗目标，肯定了人类存在"共同价值"。构建人类命运共同体，充分实现全人类的人权，是国际社会所有组织和世界各国政府的共同职责所在。中国在构建人类命运共同体中作出了杰出贡献。以充分实现人权为终极目标的人类命运共同体一定能够成功，因为人类一定有它的共同价值追求。

关键词：人类命运共同体；人权；人本主义

自习近平同志提出"构建人类命运共同体"这个科学命题和目标以来，深得国内外学术界的高度评价。我国学术界对这一科学命题及目标开展深入研究义不容辞。本次会议决定从人权角度对它开展研究也很有意义。

要论证本文提出的命题的科学内涵，必须从"什么是人权"开始。简单说，人权就是人的权利。笔者的学术定义是："人权是人作为人依据其自然属性和社会本质所应当享有的权利。"权利的基础是"利益"。权利就是依据正义原则所认可、依靠一定"权威"（包括国家的社会组织和人的道德等力量）所支撑和保障的人应当享有的利益。更通俗一点说，每个人生活在这个世界上都希望自己活得好、活得幸福，物质和精神生活都很充实，自己的各种正当需求和

---

* 李步云，中国社会科学院荣誉学部委员，广州大学人权研究院院长、教授，中国人权研究会顾问。

利益都能够得到满足。所有这些需求和利益都是属于"人权"的范畴，因此，充分实现人权，自然成为人类命运的终极目标，这也是1991年中国政府第一份人权白皮书开头语所说"人权是一个伟大的名词"的全部意义所在。

构建人类命运共同体，充分实现全人类的人权，是国际社会所有组织和世界各国政府的共同职责所在。在过去的半个多世纪里，联合国为此作出了重大贡献，围绕和平与发展这两个时代主题，联合国做了许多卓有成效的工作。其实，和平就是最大的人权问题。战争和动乱必然给人类的生命权、人身健康权、财产权等带来极其严重的损害。国家经济发展落后，人民贫困是人类面临的最为普遍和严重的生存权、发展权得不到必要保障的这一首要人权的缺失。联合国为和平与发展所作的贡献，各国人民对此是肯定的。

中国在构建人类命运共同体中所作出的杰出贡献，在全球范围内是举世公认的。在过去的半个世纪里，全世界的脱贫人口中，十个有九个是中国人，即使在全球面临经济停滞和衰退的年代里，中国经济的发展为全球经济的发展所作出贡献超过30%。中国的维和部队在国际上得到的肯定和表彰，没有任何国家能与之相比。中国一贯奉行的和平共处的外交政策，经得起任何人的吹毛求疵。中国提出和主导实施的"一带一路"倡议，不仅使沿线国家和人民得到了实实在在的利益，还得到了世界各国和人民的一致点赞，成为构建人类命运共同体发展战略与目标的一个极为重要的范式。

但是，毋庸讳言，虽然和平与发展是当今世界的主题，但许多国家还存在国内战争和动乱。少数国家基于意识形态和民族利己主义的目的，依然在充当世界宪兵，肆意干涉他国内政。国际恐怖主义势力仍然严重威胁着各国民众的安全。由于历史的原因，现代发达国家和发展中国家在经济发展水平和人民生活水平方面的差距仍然太大，民族矛盾以及宗教信仰不同而引起的对立依然很广泛而严重。因国家政治制度及意识形态的差异而引发的矛盾和斗争还很普遍，所有这些都成了构建人类命运共同体的障碍和需要消除的社会因素。这也正是提出构建人类命运共同体这一科学命题和奋斗目标的重大理论和现实意义所在。习近平同志提出构建人类命运共同体这一奋斗目标时，肯定了人类存在"共同价值"，这也是这一理想能够实现的思想基础。这一论断的提出，首先在中国近年来思想界就有很强的针对性和理论价值。如果人类没有共同的价值追求，人类命运共同体的构建也就没有必要和可能。我们坚信，以充分实现人权为终极目标的人类命运共同体一定能够成功，是因为人类一定有它的共同价值追求，否则就不会有"人类"这一伟大的称谓。学者的任务是去发现有利于保障"充分实现人权"这一类命运的终极目标的价值观，揭示其科学内涵，并弘扬和传播其价值意义。笔者认为，"人本"同"和谐"这两种价值观应当也完全可以成为充分实现人权这一终极目标，并为全人类所共同接受的价值追求。而正是这两种价值观在全球范围内的发扬光大，中国可以作出它最重要和杰出的贡献。因为，在具有五千年悠久历史的中国曾为人类文明史所作出的贡献中，"人为本"与"和谐"理念是其最重要的内容。而在当代，中国共产党领导人民为实现中华民族伟大复兴的中国梦和"解放全人类"的崇高理想的实践中，最重要的价值追求也正是"以人为本"和"社会和谐"。

古代中国的"民本主义"（也即人本主义）思想极为丰富。例如，"民可近，不可下，民惟邦本，本固邦宁"[1]；"民为贵，社稷次之，君为轻"[2]；"君者舟也，庶人者水也，水可载舟，亦可覆舟"[3]。这些精辟思想的提出，和古代西方人本主义的出现基本是同一个历史时期。古希腊的普罗泰格拉曾说："人是世间万物的尺度。"[4] 两者的表述尽管有差异，但其本质是完全一致的。

近代以来，马克思主义继承和发展了这份人类历史上最重要的文化遗产，将人本主义作为自己的重要组成部分，成为社会主义核心价值观的基础、出发点和落脚点。正如马克思和恩格斯所明确指出的，他们理论的出发点是从事实际活动的人[5]。"人是人的最高本质"，"人的根本就是人本身"[6]；"人就是人的世界，就是国家、社会"[7]。在中国共产党所构建的中国特色社会主义理论中，"人本主义"价值观占有十分重要的地位。中共十六大即已提出："以人为本"是科学发展观的"本质"，即"发展为了人民，发展依靠人民，发展成果由人民共享"。党的十八大以来，习近平同志又对"人本主义"作了新的

---

[1]《尚书·五子之歌》
[2]《孟子·尽心下》
[3]《荀子·王制》
[4] 周辅成主编：《西方伦理学名著选编》（上册），商务出版社，1996年，第27页。
[5]《马克思恩格斯选集》第1卷，人民出版社1995年版，第73页。
[6] 同上，第9页。
[7] 同上，第1页。

概括和发展，即倡导"人的主体性"原理。主体是相对于客体而言，这一原理表明：世上的一切，都是客体，都是为人而存在，包括国家、法律、政党、政策等都是为人民谋幸福、谋福利而设置的，否则它们都没有存在的必要。这种人民的主体性原理就像一根红线，贯穿在他的治国理政的全部内容之中。作为一名哲学社会科学工作者，笔者曾在《法的人本主义》一文[8]中提出了始终"坚持与切实实现以人为本的原理和原则，是现代人权保障和法律制度的根基"。人本主义原理应包括以下十条内容：（1）人的价值高于一切；（2）人是目的，而不是手段；（3）人是发展的中心主体；（4）促进人的全面发展；（5）崇尚和彰显人性；（6）坚持人的独立自主；（7）尊重人的首创精神；（8）权利优位于义务；（9）权利优位于权力；（10）尊重和保障人权。这十条中，前九条观念形态和行为准则形态的要求最后都应落实在最后一条：充分实现人权。因为"以人为本而不尊重维护和实现人的利益，那就是一句空话"。

现今世界，矛盾与对抗、战争与动乱如此之多，另一个需要倡导与实现的价值追求就是"和谐"。西方哲学重"分"、重"个体"，东方哲学重"和"、重"集体"。正如哲学大师季羡林曾说的："三十年河东，三十年河西，西方文明中心论应该结束了，世界的未来，东方哲学应该主导世界。"[9]他讲的有一定的道理。笔者曾略作修改，认为：东西文明的相互融合是未来世界发展的大趋势，但实际作用更大的是东方文化。

人本主义与和谐理念是中国古代文明两颗璀璨的明珠。"天人合一"的宇宙观、"世界大同"的社会理想、"和为贵"的处世原则、"己所不欲，勿施于人"的伦理精神，曾为人类文明作出过重大贡献。今日韩国国旗的八卦图，就是源自中国。这些和谐理念，也是解决当今世界种种矛盾冲突的根本出路和构建未来人类命运共同体的价值基础。

---

[8]《法学家》2010年第1期。
[9] 参见季羡林：《禅和文化与文学》，商务印书馆国际有限公司，1998年。

人类命运共同体蕴涵的人权发展新理念

◇ 刘 杰*

摘要：人类命运共同体是中国为世界和人类发展贡献的全新理念，不仅对世界和人类的未来提出了富有远见卓识的中国理念和中国方案，也蕴涵着丰富的人权发展新理念和新内涵，为世界人权发展和中国的人权事业指明了新的方向，充分体现了习近平总书记的高瞻远瞩，必将受到国际社会的普遍接受和欢迎。

主题词：人类命运共同体；人权；新理念

人类命运共同体是习近平总书记倡导的人类社会发展进步的全新理念，也为人类的人权事业提供了强大的思想引领。按照联合国社会发展委员会第55届会议主席菲利普·查沃斯的说法，"构建人类命运共同体理念体现了中国人着眼于维护人类长远利益的远见卓识"[1]。无疑，人类命运共同体是一个内涵丰富的宏大构想，在人权发展的意义上，它至少在三个方面提供了富有普遍价值的新理念和解决世界人权发展难题的新方案。

---

* 刘杰，上海社会科学院人权研究中心主任，中国人权研究会常务理事。
1 顾震球："'构建人类命运共同体'理念体现中国维护人类长远利益远见卓识——访联合国社会发展委员会第55届会议主席菲利普·查沃斯"，2017年2月19日，人民网：http://world.people.com.cn/n1/2017/0219/c1002-29091358.html。

一、"人类":超越传统的人权发展视野

在西方传统的人权理念中,"人"是孤立的个体存在,人权在本质上就是保障个人的权利,这一有"人"无"类"的偏狭理解忽视了人的类存在属性,极大地窄化了人权保障的视野和路径。只有超越个体的"人"及其人权观念而强调共同存在的"人类",人权的观念才能得到重塑和重构,真正适应时代的要求。

大致而言,以人类为视野的人权观念至少孕育着如下三个方面的新的人权理念:第一,人权不仅是个体性的权利,更是群体性的权利;不是某些个人、某些群体、某些国家抑或某些国家集团独有的权利,而是所有人、所有群体、所有国家共同享有的权利。在保障人权的方式上,当然也就不能固守单一的特定经验和路径,更不应用单一性取代与群体性相伴生的多元选择。第二,人权是社会性的权利,人是社会存在物,人在社会生活中分工合作、互联互帮、互惠互利,相互之间的权利和义务因而也有着不可分割的互动相关性。不是少数人的权利得到实现就意味着所有人的权利都得到了实现,相反,享有更高权利保障水平的国家和人有义务向那些权利保障水平较低的国家和人民提供支持和帮助,而不是一味地加以居高临下的指责乃至干预,导致人权状况进一步恶化。第三,人权是基于文明衍进而内化于所有人内心的共同的精神价值。它铸就了守望相助、天下同心的人类观念,注定了尊重和保障人权的共同理念。

基于"人类"理念之上的权利观,对人权的保障理念也随之需要不断创新,树立合作、开放、包容、互鉴、共赢的时代价值,不同国家和人民平等享有发展人权的权利,也有平等选择人权发展道路的权利,形成人类社会共同推动人权发展的合力,共同谋划人类社会人权发展的新未来。

二、"命运":直面人权发展的新现实

习近平总书记指出:"人类生活在共同的家园,拥有共同的命运,人类历史始终在不同民族、不同文化的相知相遇中向前发展。"这一新命运观一方面凸显了人权发展的历史新机遇,意味着人类战胜人权发展中存在困难的手段从

来没有今天这样丰富；另一方面也不回避和平赤字、发展赤字、治理赤字等制约人类社会人权发展的结构性难题，促使人类需要以历史的视野、全球的视野来谋划人权发展未来。在不同国家彼此依存、全球性挑战此起彼伏的今天，各国要对接彼此的人权发展政策，在人权事务务实的合作中更好地保障人权。

一方面，人类只有一个地球，在全球化、信息化高速发展的时代，人类的联系和交流日益变得空前的便捷和频繁，"每一个国家都通过与其他国家保持多样性关系在国际社会上共存，从而实现各自的成长，这样的时代已经到来。……置身国际社会，必然要与其他国家保持千丝万缕的联系。命运共同体的重要性也就不言而喻了"[2]。在多层次、多向度的相互依存状态下，不同国家早已形成一荣俱荣、一衰俱衰的新态势，命运高度契合。

另一方面，人类社会面临着空前的共同挑战。世界经济疲弱，低增长、低利率、低贸易和低均衡的态势成为不少国家的通病；贸易保护主义盛行，贸易壁垒成为导致2008年以来全球贸易减少一半以上的重要原因；南北贫富差距明显，8亿人生活在极端贫困之中；恐怖主义在全世界蔓延的势头难以遏制。面对人权发展的诸多困境，人类的命运更加休戚相关。

三、"共同体"：为人权发展提供新规则和新方案

当今，人类社会处于大发展大变革大调整的历史转折时期，人权发展的态势也呈现出新的特点，需要人们不断探索新方式，提出新的解决方案来加以有效应对。正如习近平总书记所言，"敢于走前人没有走过的路，敢于抢占国内国际创新制高点。要把握创新特点，遵循创新规律，既奇思妙想、'无中生有'，努力追求原始创新，又兼收并蓄、博采众长，善于进行集成创新和引进消化吸收再创新。"在这一方面，共同体的命题就是对于人权未来发展贡献的中国经验。在共同体的理念下，人权的发展需要根据时代的需要不断更新规则，少数国家把持人权话语权的状况需要得到彻底的改变。更为重要的是，在日益复杂严峻的挑战面前，全球贫困、污染治理、打击恐怖主义、防止核扩散等人权发

---

[2] 福田康夫：" 交融智慧摆脱困境"，记者田泓、贾文婷采访整理，《人民日报》2015年3月26日。

展中面临的严重问题都要求人们树立和强化共同体意识，提出解决问题的新思路和新方案。在这一方面，中国的"一带一路"倡议做出了示范和表率。

当然，上述理解只是对人类命运共同体蕴涵的丰富人权精神的一种碎片式解读，在整合的层面上，它还孕育着对世界人权发展的理念、路径、方式、制度、规则、运作的全局构想。经由联合国决议体现的广大联合国会员国的普遍认同，已经彰显出它对全球人权治理的创制性贡献。

人类命运共同体对人权理论的贡献

◇ 何志鹏*

内容提要：人类命运共同体观念是中国对于国际社会的一个新的贡献，它不仅意味着在国际政治的诸领域采取积极合作的措施，更意味着时刻以人权为念，以人类的幸福与持续发展为归依。它不仅在国家的集体人权、和平权、发展权、环境权方面提供了更为坚实的思想基础，而且在人权的体系结构和人权的实现方式上都确立了更符合时代精神的标准和尺度。人类命运共同体的理念从人权的内容和程序上为国际合作与共商共赢建构了新高度。

关键词：人类命运共同体；人权；国际政治；文化多样性

"构建人类命运共同体"是中国政府、中国新一代领导人在新世纪提出的世界图景理念。因为这一理念提倡的是"人类"的命运共同体，而不是"国家"的命运共同体，所以是一个人本主义的、人类中心的理念。由此，它不仅涉及国际关系与世界政治，而且必然对于我们深入地认识人权、把握中国特色的人权观念、形成新时代的人权思想具有重要的指引意义。具体可以从人权的特定种类、人权的体系化认知和人权的实现途径三个方面来予以认识。

---

* 何志鹏，吉林大学人权教育与研究中心执行主任，吉林大学法学院、公共外交学院教授，博士生导师，中国人权研究会常务理事。

一、人类命运共同体观念对于具体人权种类的深入和强化

首先，从政治秩序上讲，人类命运共同体就是要充分考虑人类的共同生活环境、共同的资源需求，并为此搭建形成一个国际政治的共商机制，通过国际民主、国际协商形成一个更为良好的治理结构，并在实现国家集体人权的前提下促进国际政治体制的发展。原有的国际联盟以及作为其继承者和升级版的联合国体系都是在这一框架之下的初步设计。但是，这些设计过去曾经显露出一系列缺陷，现在也仍然存在着诸多问题。比如，一些大国会利用自己的强势、优越状态对小国进行欺压；一些大的利益集团会对小国家的利益采取忽视和无视的态度。这样的方式被人们称为"民主赤字"，显然是不利于人类共同命运的建设和实现的。从这个意义上说，人类命运共同体的观念就是要求各国之间更为重视国家的集体人权，注重民主和协商的政治体系，而拒斥大国霸权的行为。

从战争与和平这个国际社会长期的主题看，人类命运共同体意味着从和平的角度去形成国际秩序的理念，从而也就意味着维护人们的和平权。中国古代的思想家墨子就曾经提出过"兼爱"和"非攻"的观点，他非常明确地指出了战争所可能带来的对人民生活和社会发展的负面影响，进而提出要实现和平，而尽量避免战争，特别是那些具备侵略性的不正义战争，这些论述对于当今的国际秩序而言仍然具有启示性。如果我们将这样的思想应用在人权领域，那就是要求将和平权的理念提升为制度，通过规则、组织和运转形成有效的国际良好秩序。这种和平的权利不仅从国家的层次上，而且从个人的层次上都应当有机会有效地得到认可，并通过更为妥当的国际法律制度而予以支持。例如，国际社会能够对侵略的界定达成一致，并通过有效的法律手段制止侵略；国际社会能够能有效地建立和完善对于侵害全人类共同利益的行为的刑事审判和惩罚措施，从而有效地维护全人类的共同安全。

其次，从经济建设与增长的模式上讲，人类命运共同体的理念在很大程度上揭示了国家与个人发展权的重要地位，特别是代表了在更为广阔的意义上去理解发展的权利，使得发展的权利与发展的制度结合起来，形成一个良好的国际政治经济新秩序，用这样的秩序来切实落实、保障和实现世界各国人民的发展权。经济发展是一个相互依存、相互构建、相互支持的体系，一个国家不可

能脱离其他国家的利益而单独发展。因而，试图构建人类命运共同体，就必须注重人类的发展权，特别是贫困国家、贫困地区的发展权。以人权的方式看待发展，并以发展的视野去对待人权；将人权与发展的手段与国际社会的合作机制结合起来。具体而言，就是要避免国家之间的保护主义行为，特别是通过精致的法律技术主义，为本国保护自身的利益、影响他国利益的政策和措施作出支持的行动；而是将世界各国看成一个彼此依托、彼此合作、共同发展的大市场。在这样的人类共同国际经济命运前提之下，去考虑如何形成和发展国际经济交往的新规则、新机制、新手段。

在这个方面，中国所开启的"一带一路"倡议可以被视为是塑造命运共同体的一种尝试。在这个体制之下，中国旗帜鲜明地提出了欢迎各国乘中国发展的快车、搭中国发展的便车，这显然是对传统的制度经济学的一种反思，是国际人权领域的一种新观念新发展。

再次，从生态的意义上讲，人类命运共同体意味着对人类环境权的高度重视。人类命运共同体支持着可持续发展的理念，人在很大程度上意味着我们必须充分认识并严肃面对人类的共同家园、人类面临的共同风险。所谓人类的共同命运在很大程度上就是人类所面临的环境与生态的风险，也就是德国著名社会学家乌尔里希·贝克所提出的自然意义上的国际风险社会。在这样一个全球风险社会之中，人们必须有所选择，为了我们共同的未来而进行努力，这种努力不仅仅要注意增长的极限，在经济上追求可持续的方式，而且要谨防以各种其他的理由冲击人类在发展进程中的中心位置。为了应对这样的风险社会局面，人类必须充分合作，保障人类经济与社会行为保持环境友好的状态，而不鼓励涸泽而渔。同样，人类的制度设计也不能走向另一个极端，也就是片面维护动植物甚至无生命体的利益，而不考虑人的核心意义。

这种以人类命运为考虑起点的保护环境观、这种注重可持续发展的理念在中国古代智慧之中就已经呈现出来。无论是在《周礼》《史记》的古代制度记述，还是在《管子》《荀子》等先秦诸子的思想阐释之中，都体现出对节制的生活方式的向往、支持和肯定，这样就能够保证人类在环境和资源面前保持克制温和与谦卑的态度，而避免强势的人类中心主义给环境带来的巨大压力。坚持人类命运共同体的思想，就能够避免不可持续发展模式给世界带来的灾难性影响，导致人类不可持续的未来和共同的悲剧命运，这实际上是从环境权的角度维护人类生存发展的基本维度。

二、人类命运共同体观念对于人权的体系化认知

人类命运共同体概念的提出及其内涵的不断澄清，不仅有助于对国际人权法和国内人权法各项具体权利类型的深化理解和更为清晰的制度构建，而且有助于权利的体系化、通盘性认知。人类命运共同体的思路具有深刻的人权内涵，其所强调的当然包括传统意义上的人权，如公民权利和政治权利、经济社会文化权利，但是在更广阔的意义上意味着对新兴人权的强调和整合。人类命运共同体的观念不仅可以支撑很多具体的人权类型与需求，并进而使之在国际法律文本中正当化、法律化，更重要的是，它有助于将上述权利作为一个整体予以研讨，更体现了这些新兴人权之间的相互依存、彼此促进的关系。

虽然 1993 年《维也纳宣言和行动纲领》确实提出了所有的人权之间都是相互依赖的关系、每一个项权利都不可或缺的观点，但是这个观点并没有得到充分的论证和深入的阐发。在人权的主体、不同内容指向的人权之间存在冲突的背景下，试图说明人权的相互依赖性、不可或缺性、不可区分性是很难确立的。因而，我们必须更为有效地说明权利之间的位阶关系及其在一个体系中的相互作用。当我们明确了"人类命运共同体"这样一个发展目标和价值指向，就更有可能在一个大的目标背景之下认知各项权利之间的关系，也就是如何为了人类的共同命运、为了建构起一个全人类的共同未来而配置这些权利；如何在权利存在冲突的时候构成一个有机的整体，由此，选择、取舍的原则和方式就较为清晰和明确。从这个意义上讲，人类命运共同体无疑为我们认知人权的深化和体系提供了一个非常重要的指针。这是人类命运共同体观念对于人权理论体系化的思想贡献。

三、人类命运共同体观念对于人权实现方式的指引

人类命运共同体的理念意味着在宽容、谅解和互利的维度上去推进人权。从文

化的意义上讲,对于人类命运共同体的强调,意味着在人权的话题上,应当以宽容和理解的态度对待其他人、其他国家、其他文化,避免甚至抵制一些国家所采取的文化霸权方式。所谓命运的共同体,一个非常基本的要求就是确立一种同舟共济、守望相助的态度,将自己的生存与他人的生存看成相互促动的因素,而不是相互竞争的因素。中国古代的经典著作《论语》中记录了一段孔子的话:"夫仁者,己欲立而立人,己欲达而达人。"这句话的意思是说,所谓仁爱之人,就是自己决定对人建立仁爱之心,别人才会对你仁爱;自己决定对人豁达和宽容,别人才会对你豁达和宽容。这样,就能够以尊重和包容的心态去看待其他国家的发展路径。如果没有一种宽容和谅解的精神,则人类的争斗绝无穷尽,国家之间的欺压与斗争也无从结束,人权也就无法真正实现。不应当把某些文化单方面的人权观念视为世界共识,更不适于将本文化支持的人权思想视为唯一的正版的人权观念,而将其他的人权观念都视为错误的、盗版的人权观念。人类命运共同体的思想要求我们从更为广阔的历史文化传统上去理解人权。基于这样的思想,我们就能够在人权的内涵中突出中国因素、亚洲因素,而非仅仅注重欧美因素;同样也能够在人权的实现路径上突出中国经验、北京共识,而不能仅仅考虑西方经验、华盛顿共识。应当在彼此宽容、彼此尊重的基础上相互协调合作,形成人权的包容观念、包容秩序,而不至于仅仅考虑一些国家的思想意志;更要反对将人权视为一种打压其他国家文化、形成本文化圈的小集团、维护本意识形态圈片面利益的工具。

人类命运共同体意味着对人权话语的重新梳理和阐释,一方面要注意到人权的共性,同时也要注意到人权的差异性,不能够以人权为理由去进行国际政治上的权力争夺,也不能以人权为借口对其他国家进行干涉和打击,而必须建立在平等协商的基础之上,建立在主权和内政原则的基础之上去建立和发展国际社会体制。只有在这样的前提下,才能形成良好的国际人权秩序,也才能够真正实现人类共同的命运,形成一个良好的国际国内人权秩序,使得人类的共同命运成为可能。

四、结论

人类命运共同体的思想深深地植根于人类早期的文化之中,并持续地被哲人们思考。从孔子的天下大同、康德的永久和平，到罗尔斯的万民法、哈贝马斯的世界城邦，人类智慧一直在追求共同命运的观念上不懈探索；从维也纳和会建立的欧洲协调机制、巴黎和会构筑的国际联盟到旧金山会议塑成的联合国，人类实践长期在实现共同和平的道路上孜孜以求。人类只有一个地球，要想真正做到可持续发展，就必须彼此照应、通过共商共建的方式追求互利共赢。而在追求和建设人类命运共同体的时候，人们会坚持和坚定人本主义的理念，并且最终实现人权。总之，人类命运共同体是一个以人的命运为起点、以人为价值尺度、以人的幸福为目标的思想，对于一国的人权道路和世界的人权道路有着重要的宏观指导意义。

人类命运共同体理念对人权观念的发展

◇ 陈佑武*

摘要：人类命运共同体理念的提出适逢其时，为人权观念的发展提供重大历史契机，赋予了人权观念新的时代内涵，主要表现在：在人权主体上强调人类整体，在人权内容上强调共同安全与共同发展，在人权本质上强调共同利益与共同价值，在人权实现上强调共同义务与共建共赢。

关键词：人类命运共同体；人权；人类整体

理念引领观念的发展，理念的不同往往导致观念的分歧。人类命运共同体理念对人权观念的发展将产生积极的指引作用。人权本身并不是一个故步自封和一成不变的观念，而是随着世界各国社会、政治、经济、文化的发展而发展，并且随着社会文明形态或意识形态的差异而有所不同。自文艺复兴以来，西方文明或资产阶级的意识形态曾在一个相当长的时间内对人权观念的发展曾起到过非常积极的作用，但其局限性也日益彰显。鉴于西方传统人权观念的片面性，人权在当代世界只有立足于人类社会生活自身的发展与新的共识的形成才能获得新的发展机遇，21世纪才会成为一个人权的世纪。就此意义而言，人类命运共同体理念的提出适逢其时，为人权观念的发展提供了重大历史契机。

---

* 陈佑武，广州大学人权研究院副院长、教授，中国人权研究会常务理事。

一、在人权主体上强调人类整体

在一个相当长的时间里,个体都是西方人权观念中人权主体的核心意涵,人权遍及所有个体是其人权普遍性观念的要旨所在。在马克思主义人权理论中国化的进程中,个体与集体及其二者的关系一直也是中国当代人权观念的主要内容之一。人类命运共同体理念的提出,发展和丰富了人权观念,人类是中国当代人权主体观念的基本立足点。正如马克思所指出,旧唯物主义的立脚点是"市民"社会,新唯物主义的立脚点则是人类社会或社会化了的人类[1]。因此,人类作为中国当代人权观念的起点,不仅是对人权主体观念的发展,也是人权唯物主义的发展。人权作为人类社会的权利是客观存在的,不是纯意识的,更不是以人的主观意识为转移的。这相对于过去长期将人权仅仅视为一种道德观念,或者仅仅从市民社会视角来理解人权的内容与方法来说都是巨大的进步,这是人类命运共同体理念对人权观念的发展,既揭示了中国当代人权观念的主体内涵,又展示了理解中国当代人权观念的基本路径与方法。在内容上,人类整体是人权的主体,既包括个体也包括集体,任何一方面都不能忽视,否则将造成在人权主体上对人权认识的失误,这是对西方人权观念进行反思与检讨的收获,也是对中国当代个体与集体人权主体理论的整体提升。在方法上,人类整体是对人权进行认识的逻辑起点与认知视野,人权从根本上就源自于人类整体,源自于人类社会在长期的生产与生活关系中所造就的人的社会属性与自然属性,而不是所谓的道德观念。这也是历史上人权问题上的唯心主义与唯物主义的根本分歧所在。综合而言,对人类整体认识的高度决定了人权观念的深度与广度。

二、在人权内容上强调共同安全和共同发展

在国际人权宪章之中,公民权利、政治权利与经济权利、社会权利、文化权利都是人权内容的重要组成部分。西方一些国家基于政治上的考量,长期在

---

[1]《马克思恩格斯全集》第3卷,人民出版社1995年版,第5、6页。

人权观念上守成不变、墨守成规、停滞不前，一直机械地奉公民权利、政治权利为人权之圭臬，无视或漠视经济权利、社会权利、文化权利作为人权存在的意涵、价值与地位。显然，西方一些国家的人权观念与国际人权宪章和国际人权事业的发展不是相向而行的，甚至背道而驰，成为人权在当代世界发展的障碍。改革开放以来，中国在人权事业的发展上解放思想，根据本国的基本国情提出问题与解决问题，有效地促进了中国人权事业的健康发展。尤其是1991年《中国的人权状况》白皮书发表以来，中国以生存权和发展权作为人权事业发展的基本立足点，推动经济社会全方位的发展，取得了举世瞩目的成绩。而自2011年《中国的和平发展》白皮书首次在政府文件中提出"命运共同体"理念，到2016年《发展权：中国的理念、实践与贡献》白皮书的发表，中国对于人权发展的思路日渐清晰，即中国的人权发展思路是立足于生存权和发展权，强调共同安全和共同发展，这是人类命运共同体理念在人权内容上的具体体现。这是因为，当代世界人类共同安全问题日益突出，攸关人类的生存与发展；而没有共同发展，局部的或片面的发展也有可能危及人类的安全与生存。如果说对生存权和发展权的重视是基于中国的基本国情，那么对于共同安全和共同发展的强调则是基于当代世界的基本状况。这表明，中国对于共同安全和共同发展的强调，已经超出中国或亚洲的地域范围，而是基于当代世界人类社会的整体考量，从人类的共同利益和共同价值出发所作出的战略判断与战略选择。

三、在人权本质上强调共同利益和共同价值

在人权本质上，西方传统人权观念是赤裸裸的利益观，是资本的人权，没有资本便没有人权。资产阶级这种人权观念的基本立足点是建立在压迫无产阶级与剥削无产阶级利益的基础之上。所谓"平等地剥削劳动力，是资本的首要人权"[2]就集中表达了这种意涵。西方一些国家不自我检讨，无视历史条件的深刻变化，现在仍然秉持并试图在全球推销这种人权利益观，自然遭到唾弃与批判。中国当代人权观念对西方人权观念的本质予以扬弃，一方面，承认利益

---

[2]《马克思恩格斯全集》第23卷，人民出版社1995年版，第324页。

与人权之间存在密切联系，另一方面，揭示了人权的正义本质，即只有受到正义理念支撑的利益才能被视为人权，并厘清了人权的利益与正义两个本质之间的内在关系。利益是人权的内在、方向与动力，而人权是利益的外表、保障与升华，人权与利益之间表里如一、内外结合、层次分明、不可分割；正义则是人权的基础、品质，而人权是正义的精华、诉求，人权与正义之间同源同宗、一脉相承、与时俱进、水乳交融。利益与正义是构成人权的两个基本成分，是决定人权本质的两个重要因素，也是推动人权进步的两翼。人类命运共同体理念则表明，并非所有的利益或所有的正义都是人权的本质，或者说人权本质在人类命运共同体理念的角度可以进一步反思。在利益的维度，正如马克思所言，人们为之奋斗的一切，都同他们的利益有关。[3] 但不同的个人有不同的利益、不同的国家有不同的利益，并不是所有利益都是我们的奋斗目标，只有共同利益才值得人们去追求。因此，人类命运共同体对于人权本质的贡献之一是对利益的发展，即对共同利益的强调。在正义维度，正义作为人权的本质是对道德观念的凝练与提升，体现了人权本质的价值内涵。人类命运共同体理念表明，人类的价值追求是多元的，只有共同价值才是值得承认与维护的。就正义而言，不同的个人与不同的国家也有不同的正义观念，只有体现人类共同追求的正义才必须捍卫。共同利益和共同价值表明了当代中国的人权追求与实现全人类人权的本质所在。

四、在人权实现上强调共同义务与共建共赢

自17、18世纪西方传统人权观念逐步形成以来，西方一些国家尽管在政治、经济、文化、社会等领域取得较大的发展，但在人权实现上他们并不是样板。一方面，他们在国内并没有充分实现其标榜的所谓人权，另一方面，他们不断强化对其他国家的殖民与侵略，对其他国家人权实现而言是巨大的灾难，中国就曾深受其害。这表明，西方传统人权观念尽管带给了西方国家发展与繁荣，但并没有给全人类带来福音，人们也没有从中发现未来的希望。因此，人

---

[3]《马克思恩格斯全集》第1卷，人民出版社1995年版，第187页。

类命运共同体理念的提出，一方面表明中国对待历史的宽容态度，另一方面为人类社会的人权实现提出了建设性方案，这是人类命运共同体理念对人权观念发展的重大贡献。在理论上，一般认为国家是人权实现的首要义务主体，因此人权实现的义务首先就是国家义务。以往都比较聚焦一个国家如何实现其人权义务，人类命运共同体理念的提出提升了聚焦国家的焦点与方式，即人权实现是各个国家的共同义务，各个国家之间应该采取共建共赢的方式促进人权的保障与实现。在国家存在的前提下，人类的人权实现绝非一国之功，而应是各国共同之责。各国应抛弃前嫌，在人权问题上携起手来，共同致力于人类社会人权事业的健康发展。因此，2017年1月，习近平在《共同构建人类命运共同体》的演讲中提出，坚持对话协商，建设一个持久和平的世界；坚持共建共享，建设一个普遍安宁的世界；坚持合作共赢，建设一个共同繁荣的世界；坚持交流互鉴，建设一个开放包容的世界；坚持绿色低碳，建设一个清洁美丽的世界。这是中国向世界提出的人权实现的新思路，是中国对于国际人权事业发展的巨大贡献。中国的"一带一路"倡议，在人权实践与行动上践行了人类命运共同体理念，也是人权的"一带一路"倡议，对于推动世界各国人权事业的发展将产生深远影响。总之，中国当代对人权实现共同义务与共建共赢的强调，是对人类社会共同安全和共同发展的有效回应，是为了捍卫世界各国人民的共同利益和共同价值，同时也是当代中国对人权观念的重大发展。

"人类命运共同体"——对包容性的呼吁

◇ Mi Jung van der Velde & Hérix Joël Vasquez Feliz*

摘要：联合国接受并采纳中国提出的"人类命运共同体"概念具有重大意义，并将产生深远的影响。这一举动表明，国际社会越来越承认中国对全球治理以及促进世界的和平与繁荣所作的巨大贡献。我们相信，中国提出的这个概念为全人类创造了希望和机遇。我们认为，"人类共同命运"这个概念涵盖了所有人类成员，尤其是那些急需帮助的人们。此外，它为我们和子孙后代开启了和谐的关系和双赢局面。因此，这个概念对于创造一个人类共同的未来、包容所有人类是至关重要的。中国有能力也有潜力成为国际舞台上的关键一员，与各国分享中国智慧，以解决关乎人类未来的重大问题。

关键词：人类命运共同体；无国籍人士；排斥

非常感谢诸位给我们这次机会，参加中国人权研究会在日内瓦人权理事会第三十五次会议期间组织的这个重要研讨会。

首先，我们要祝贺中国，特别是中共中央总书记、国家主席习近平。安全理事会第2344号决议已将"人类命运共同体"这一概念纳入其中。联合国接受并采纳中国提出的这一概念具有重大意义，并将产生深远的影响。

其次，我们对中国提出共同建设"一带一路"的倡议表示赞赏。中国引领

---

* Mi Jung van der Velde,荷兰海牙大学公共管理、法律和安全学院助理教授 Hérix Joël Vasquez Feliz,荷兰国家警察，法律翻译、研究员。

建立新型国际金融机构，对此我们非常欢迎。这是另一个重要里程碑，因为这一事实表明，国际社会越来越承认中国对全球治理以及促进世界的和平与繁荣所作的巨大贡献。

同时，通过提出"人类命运共同体"的概念，中国为解决关乎人类前途命运的重大问题向全世界贡献了中国智慧，提供了中国方案。这是一个基于合作共赢的理念，它将使全球治理体系更加公正、公平、合理，并最终建立人类命运共同体。它表达了中国希望建立一个和谐世界的愿望，在这个和谐的世界中，各国都意识到他们之间的共同利益，并为人类的命运承担共同责任。

我们相信，这个中国提出的概念将为全人类创造希望和机遇。我们认为，"人类共同命运"这个概念的内涵包括所有人类成员、各国的和谐关系以及当今世界和今后世世代代的共赢局面。

我们承认各国有权保护其境内的人民。然而不幸的是，在当今世界，一些人比其他人得到了更好的保护。联合国难民事务高级专员报告说：我们现在正在目睹人民前所未有的流离失所。世界各地约有6530万人被迫离开自己的家园。这其中有2100万难民，他们中一半以上年龄不超过18岁。此外，还有1000万人被剥夺国籍，（在许多情况下）无法享受基本人权，如教育、医疗保健、就业和迁徙自由。因此，无国籍、无证件的人们常常隐藏在我们社会的边缘，即便是满足基本生存需求都面临着诸多困难。没有这些东西，他们面临着贯穿一生的障碍和失望。

今天，我们要提请人们注意，全人类都应被包容进来，特别是那些有着迫切需要的人们。在我们生活的世界上，由于武装冲突或环境灾难，每天有近3.4万人被迫流离失所。因此我们认为，世界从来没有如此迫切地需要建立一个人类命运共同体。而由于以下原因，中国能够在满足这些需求方面扮演关键角色。

我们必须突出强调，中国高度重视履行社会、经济和文化方面的人权，并在脱贫方面有着亮眼且卓著的纪录。据联合国开发计划署介绍，中国在减贫方面取得了长足的飞跃，并达到了可持续发展目标中的标准。在过去30年里，中国带领5亿多公民脱离了极端贫困。这是一项了不起的成就。最重要的是，中国也为东亚和非洲的发展和扶贫作出了贡献。

因此，我们认为，中国提出的"人类命运共同体"概念是一个内涵丰富的概念，它能够创造全人类共享的未来，并且中国在其中将扮演重要的角色。

谢谢大家。

下面，我的同事 Joël Feliz 将为大家演讲，他将与大家分享我们在这个领域的所见所闻，而这些都是我们与许许多多无国籍人士和被排斥人士交谈时了解到的。

非常感谢诸位听取我们关于"人类命运共同体"这一概念的发现和看法。或许这听起来像是一个梦，但是，它不仅仅是一个梦想，因为我们有能力也有责任来实现它。

然而，我们（有时不自觉地）可能会自我创造一些阻碍我们实现"人类命运共同体"的障碍。我只有五分钟时间，所以我想提两个常见的障碍，它们几乎已经变得司空见惯，而且被我们所遗忘。我要谈的是"无证件或无国籍人士"以及"排斥"。

无证件和排斥是相互关联的，是一个国际性问题，因为这个问题在所有国家和民族都不幸地存在着。这是两个非常重要且有影响力的事情。首先，无证件导致这些人无法获得基本社会服务。正如之前我们已经提到的，这些困难包括就学、就医、就业、开立银行账户、买房甚至结婚、旅行，以及终止某项手机订阅，等等。这让父母和子女绝望，无论其自身还是他们的子孙后代。

我想分享一些我们在实地考察中采访的无证件人士的个人故事。这些人生活在农村和城镇，却仍然无国籍，这让他们内心痛苦，而这种痛苦我们从他们的眼中可以看到。只有当你真正体验过什么是痛苦，或者当别人将他们的痛苦与你分享时，你才能明白痛苦的真正含义。因此，我想分享这些无国籍人士的痛苦，让人们更多地认识到无国籍状态的后果。

例如，我们遇到过一位名叫阿多尼斯的年轻人，他年仅17岁，出生在多米尼加共和国，而他的祖父母来自海地。法律规定，他这样的情况不准上学。没有必要证件，他将不可能被允许踏入大学校门，即使他的水平达到了入学标准。他在拳击方面非常有才华，并获得了国际职业拳击俱乐部的报价。但是如你所知，没有证件，他就无法签署合同。阿多尼斯没有别的选择，只能以非法的身份生活，并可能成为现代奴隶制的受害者。

我要谈的第二个问题是"排斥"。排斥这个问题将影响我们所有人，理由很简单，因为在某些情况下，任何人都可以成为排斥的受害者。在许多地区我们都看到了社会排斥，就连欧洲也不例外。即使作为荷兰公民的我们，在欧洲也经常面临社会的排斥，因为我们并非西方移民。

这意味着当某人因为种族而被排除在外时，该行为是针对他所属的种族。作为一个人，你必须记住一件事情，那就是所有种族都是我们共有种族的一分子，这个共有种族便是人类。

我们支持"人类命运共同体"这一概念，是因为它关注全人类包容、和谐、共存的命运共同体建设，尊重并保护人权。

我们对中国提出这个全新的、促进人权和国际合作的全球方针表示尊敬。我们也相信，中国有能力也有潜力成为国际舞台上的关键一员，与各国分享中国智慧，解决关乎人类未来的重大问题。

我们坚信，当我们全心全意地参与其中并承担我们的责任时，人类命运共同体一定能够成为现实。因此，我们应该从自身做起，认识到问题的紧迫性，在国际层面对其给予重视，并在未来工作中付出更多。我们坚信自己可以：（1）放下过去；（2）活在当下；（3）以绝对的信心共同打造人类命运共同体。

因此，我们建议您在今晚回到酒店或在结束本次会议回家后，可以站在镜子前"三省吾身"。这三个问题，既可能针对您在本次会议期间的贡献，也可能关乎今后每天的日常工作。

（1）我足够坦诚吗？

（2）我是一个正直的人吗？

（3）我的所作所为是为了社会利益吗？

这三个问题应该用"是"来回答！

最后，我还有一个问题要问大家："在座有谁也意识到了这个问题的高度紧迫性，并将帮助我们给阿多尼斯这样的人们应得的面貌和身份？"

谢谢大家。

二、构建人类命运共同体的机遇与挑战

人权与发展结合的国际趋势与挑战

◇ 夏清瑕[*]

内容提要： 虽然人权与发展是联合国的两大主要议题，但二战以后，由于国际政治原因，人权与发展一直在各自道路上前行，缺少交集。冷战结束后，随着人类对人权与发展本质认识的逐步加深，人权与发展的发展轨迹开始向对方靠拢。经济学家阿马蒂亚·森以自由看待发展的理论为人权与发展相结合提供了理论基础。从联合国议题来看，人权与发展相结合的模式有两种，一种是发展权模式，即将发展看作人权大家族中的一员，发展权成为广大发展中国家谋求国际经济新秩序的诉求。另一种是立足人权的发展，即以人权引导发展，并将实现人权设定为发展的最终目标。这两种人权与发展相结合的模式都存在问题与挑战。

关键词： 人权；发展；发展权；立足人权的发展

一、人权与发展：从分离到靠拢

促进发展、保障人权和实现和平与安全是联合国的三大宗旨。《联合国宪章》指出，"促成国际合作，以解决国际间属于经济、社会、文化及人类福利性质之国际问题，且不分种族、性别、语言或宗教，增进并激励对于全体人类之人权及基本自由之尊重。"[1] "经济、社会、文化及人类福利"属于发展问题，

---

[*] 夏清瑕，南京财经大学法学院教授。
[1] 《联合国宪章》，1945年6月26日订于旧金山，载董云虎、刘武萍：《世界人权约法总览》，四川人民出版社1990年版，第929页。

"全体人类之人权及基本自由之尊重"属于人权问题。冷战时期,无论在理论上还是在实践中,人权和发展在各自的话语体系和发展轨迹里前行。在人权领域,以西方国家为主的人权议题侧重于公民权利和政治权利,以民主与自由反对以苏联为首的所谓社会主义制度中的强权与专制。在发展领域,无论是社会主义集团还是资本主义集团,其主要精力都在促进经济增长,实现国家现代化这一目标之上,较少涉及社会公平、公正和文化多样性等方面的内容。人权因其高度的政治敏感性,几乎在国际发展领域噤声。人权与发展的分离造成了各自的困境。人权领域的困境表现在,倡导民主与自由的政治家们不得不面对这样一幅画面:手中拿着选票却饿着肚子的发展中国家的人民。发展领域的困境在于,"朱门酒肉臭,路有冻死骨",发展不平等拉大了贫富差距。

冷战结束后,第三世界国家的普遍贫穷使得国际社会越来越认识到经社文权利对实现人的尊严的重要意义。缺乏人类生存的基本物质条件,如食物、健康、住房甚至干净的饮用水,得不到适当的教育,同样是对人的尊严的剥夺。人权领域挣脱意识形态藩篱,从只注重公民权利和政治权利转向关注与发展密要相关的经济、社会、文化权利。发展领域则围绕着发展的目标和最终目的,从二战后的经济增长发展观、综合发展观、可持续发展观、基本需求发展观发展到冷战后的能力发展观、人类发展观,发展的目标从物到人,从抽象的人到具体的人。随着人类对人权与发展本质认识的逐步加深,人权与发展的发展轨迹开始向对方靠拢。

二、人权与发展相结合的理论基础:以自由看待发展

讨论发展问题,首先要回答的是,发展的终极目的是什么?讨论人权问题,首先要问的是,怎样实现人权?这两个问题是人权与发展产生必然联系的根本所在。无论是经典马克思主义理论还是西方主流自由主义理论,他们讨论发展的侧重点可能不同,但没有人否认,发展的最终目的是实现人的自由和尊严,而人的自由和尊严也只有通过发展才能实现。正如经济学家阿马蒂亚·森所言,"人类发展的基本思想是使普通民众的生活富裕并享有更多自由,它在很多方面与人权宣言所表达的关切相同。促进人类发展和实现人权在许多方面拥有一

个共同的目标,并反映着促进一切社会中个人的自由、幸福与尊严的基本承诺。"[2] 森是从事人权与发展研究的重要理论家,他提出了"将发展看作扩展人民享有的实质自由的一个过程"的论断,这一论断包括两层含义:其一,发展的目的是什么;其二,自由指的是什么?在森看来,"经济增长不能够作为目的的本身来看待。发展必须更加关注提高我们所过的生活和我们所享有的自由"。[3] 自由则非传统意义上消极的自由,而是一个人的有可能实现的、各种可能的功能性活动组合,包括免受困苦——诸如饥饿、营养不良、可避免的疾病、过早死亡之类的可行能力,以及能够识字算数、享受政治参与等的实质自由。森从理论与实证两个角度清楚地阐释和厘清了人权与发展的深层关联性,为人权与发展的结合提供了理论基础,并因此推动了国际社会人权和发展在实践领域的一场革命。

三、发展作为一项人权

联合国的宗旨使其具有推动人权与发展相融合的比较优势。冷战后,联合国在其系列发展议程和人权议程中互涉对方的议题,其中,《维也纳宣言与行动纲领》被认为是发展与人权结合的里程碑式文件,该文件第一次明确表明,发展与尊重人权相互依存,相辅相成。在联合国的话语体系里,人权与发展结合有两种模式,一种是视发展为一项不可剥夺的基本人权;一种是将人权纳入发展之中,实现立足人权的发展。

发展权作为人权大家族中一员的出现,实际上来自发展领域的诉求。二战以后,发达国家主导着世界经济的发展,由于领土被侵占、人民被奴役、资源被掠夺,深受殖民主义、霸权主义和种族主义之害的亚非拉国家经济社会发展长期停滞不前,民众的基本人权遭受严重践踏。广大发展中国家认为,实现国家发展,在国际经济新秩序中谋求平等地位,是发展中国家必须解决的首要人权问题,发达国家应该对发展中国家的发展给予协作与资助。发展权出现的意义在于,一方面推动国际社会对发展中国谋求发展的认可,另一方面也开启了

---

2 《2000年人类发展报告》,第18页。该报告的第一章《人权与人类发展》由阿马蒂亚·森撰写。
3 阿马蒂亚·森(Amartya Sen)著,任赜、于真译:《以自由看待发展》,中国人民大学出版社,2002年,第62页。

在人权框架内阐释人类发展的新趋势。虽然发展权已经获得了世界绝大多数国家特别是发展中国家的认可，但国际社会（主要是发达国家和发展中国家两大阵营）关于发展权的内涵、发展权的主体、实现发展权的责任承担、发展权的执行机制等问题仍然存在广泛的争议，发展权的共识还有待进一步凝聚。

四、立足人权发展方针

立足人权发展方针（Human Rights Based Approach to Development，又译为基于人权的发展方法、立足人权发展路径等）最早由澳大利亚发展援助理事会在《正确的发展道路：立足人权的发展》的报告中提出。该报告认为，传统发展援助至少存在三个问题：第一，它专注于以最消极和惩罚性的人权条件，将公民权利和政治权利等同于人权，其结果必然是强调"法律和秩序"，这不足以全面实现发展的目标。第二，有关发展援助和人权之间关系的争论概念抽象，许多援助官员纠结于人权的定义，而实际上，国际人权法对什么是人权和国家义务有着明确的定义。第三，援助官员们满脑子的"援助管理"，与此同时却缺乏人权目标的持续性。为了解决援助制度的不足，需要重新构建发展与人权的关系。他们认为，人权不是与其他发展主题并行的发展方案的组成部分，发展应该是人权的一个子集。立足人权方针改变了民众、受援国政府和援助者的关系：民众从等待施舍或被动的受益人，变成了有尊严活着的权利拥有者；国家不再是援助的接受者或向民众提供服务的利益合作者，而是主要的义务承担者；国际援助者则从援助提供者或落实者，转变成帮助政府完成其义务的建议人和协助者。[4]

立足人权发展援助方针既是一种发展战略，又是一种发展方式，一经提出立即得到了国际发展界的积极响应，包括多边发展机构、双边发展机构和一些非政府发展组织纷纷采用这一发展方法。伴随着联合国人权主流化行动，联合国许多机构也开始采用"立足人权方针"。联合国儿童基金会率先采用以立足人权的计划来促进儿童与妇女发展，制定了《立足人权的计划编制方法指南

---

[4] Sidoti, Eric and Andre Frankovits, *The Rights Way to Development: A Human Rights Approach to Development Assistance*, Marrickville: Human Rights Council of Australia, 1995.

（1998—2004）》，要求儿童基金会所有国家合作计划的重点是实现儿童和妇女的权利。联合国开发计划署1998年出台了《将人权纳入社会可持续发展》的政策文件，强调保护和促进人权更适合像开发计划署这样的发展机构。开发计划署还和人权高专办合作实施了《人权加强方案》，以支持该署将人权纳入人类可持续发展的政策。联合国还将立足人权方针运用到共同国家评估（CCA）和发展援助框架（UNDAF）之中，用于分析一个国家的发展状况与关键发展问题，以便于联合国实施优先资助发展项目。

在人权与发展结合的多种路径中，"立足人权发展方针"被认为是最高也是最彻底的人权与发展融合的路径。"在最高级别的融合中，机构的使命被以人权重新定义，寻求构建一个更加结构化和全面的发展和社会变革方法。"[5]

然而，立足人权方针并没有统一的、明晰的概念框架及统一的实施方式，这对联合国机构在全球和地区特别是国家层面上的发展合作进程产生了影响。为此，2003年5月，联合国各机构发表了《联合国机构间对"立足人权发展合作方针"的共同理解》，就立足人权方针达成如下共识：作为一种新的发展合作方式，各机构均需遵循以下三个基本原则：（1）所有发展合作计划、政策与技术援助都必须促进《世界人权宣言》和其他人权条约中规定的人权。（2）人权宣言与其他人权条约制定的人权标准与原则是所有部门发展合作与方案的指南，并指导发展方案进程的所有阶段。人权原则是：普遍性和不可剥夺性，不可分割性，相互依赖性和内在联系；平等与非歧视；参与与包容；问责与法治。（3）发展合作项目要有助于提升"义务承担者"承担他们的责任的能力，同时也提升权利享有者去主张其权利的能力。

据此，立足人权发展方针大致可以理解为：（1）发展的目标，实现国际人权法所规定的相关人权。人权标准确定了发展预期成果的基准（成果的最低可接收度——最低限度的人权），划定了发展活动的"战场"。（2）发展的方式，用人权原则来规范、引导发展，确保发展朝着"正确"、可持续的方向行进。人权原则确定了实现结果之过程是可接受的标准（最低水准的行为、价值等），明确了发展行动哪些可为，哪些不可为，为发展划定了"游戏规则"。

---

[5] Peter Uvin, *Human rights and development*, Kumarian Press, 2004, p. 50.

（3）发展的目的是能力建设，包括权利人的能力和义务人的能力。

立足人权发展方针在其形成之始，就面临着巨大的挑战。有对其合法性的质疑，认为将立足人权方针运用到发展合作中，是用西方力量将其决策全球化，是文化帝国主义和新殖民主义；有对其合理性的质疑，怀疑它能否解决发展中国家卫生、教育等诸多发展问题；有对其可行性的质疑，认为如果没有实施这一工具，立足人权方针只能是"站在道德高地上"，或者它只是"发展界的新时尚"。[6] 批评者一针见血地指出，对于发展人而言，虽然他们认为人权重要，但他们并不期望可能对那些忍受贫困的人带来用处。[7]

该方法在实施中出现的种种问题，则带来了更多的挑战，既反映了这一发展方式本身存在的问题，也反映出人权与发展议题背后的政治风云。主要表现为：

第一，概念的模糊性、不确定性，造成各机构可以根据自己的理解以及机构的使命，同样号称运用立足人权方法，但结果却迥异。例如，世界银行与联合国儿童基金会对"水服务私有化"的做法就不同。世界银行"立足人权的水分享"项目通过市场化机制实现水权，而儿童基金会则强调政府在实现水权上承担重要责任。[8] 在与发展特别是减贫相关的核心政策文件中，各机构因其组织文化和意识形态上显著的差异，对有关人权的重要性的论述也存在差异，有的视人权为本质，有的视人权为工具。

第二，将立足人权发展方针片面地理解为通过解决人权问题来实现发展（主要是公民权利和政治权利）。实践中，发展机构在落实立足人权发展方针时产生了两种不同的发展趋向，一种趋向是立足于发展促进人权，另一种则是立足于人权实现发展。前者将发展作为促进人权的有效手段，没有发展就没有人权。后者则走入了以为通过实现人权（主要是公民权利和政治权利）就可以促进发展的传统怪圈，旨在促进经济社会发展的发展合作在发展的幌子下变成了鼓动民众对抗政府的手段和契机。在后者看来，立足人权发展方针被视作医治

---

[6] Peter Uvin, "From the Right to Development to the Rights-Based Approach," *Development in Practice*, Vol. 17, No. 4/5, 2007.

[7] Hugo Slim, "Making Moral Low Ground: Rights as the Struggle and the Abolition of Development," *The Fletcher Journal of Development Studies*, Vol. XVII, 2002.

[8] Andrea Cornwall and Celestine Nyamu-Musembi, "Putting the 'rights-based approach' to development into perspective," *Third World Quarterly*, Vol. 25, No. 8, 2004.

复杂的发展问题及解决发展机构面临的挑战的万能药方。行动援助国际（Action aid）2005—2010发展战略指出，该组织旨在解决不平等的权力关系，与此同时，也要深化对所在国社会与国家的责任，作为促进南北之间权力合理的一种途径。他们的立足人权方针的核心是支持权利人组织起来，主张他们的权利，要求义务人承担责任。动员民众和提升民众权利意识是他们支持权利人的主要策略；对责任人，则要求他们接受责任，揭露他们的违法行为和挑战他们。[9]

第三，发展援助变成了与所在地政府的对抗。立足人权的发展方针关注发展的不平等、不公正及其背后的权力和结构性问题，"如果说发展本质上是关于权力的，那么，保障权利就是结构变革、解决权力不平等和保护穷人的一种途径"。为了实现发展过程与发展结果的公平、公正，参与、赋权等成为有效的手段。因此，发展合作不可避免地面临与所在国或当地政府产生冲突，那么发展策略是合作还是对抗？Cornwall和Musembi指出，"人权话语中有一种将人权狭隘地理解为人类解放的观点，只注重民众的参与，忽视经济和分配问题；只注重法律而忽视社会、文化和宗教等问题。把民众解放成权利拥有者，并进而鼓励他们进行政治站队，这使得需要妥协和共享的发展目标更难以实现。"上述做法"锐化了发展的政治边界"（sharpens the political edges of development），将发展问题直接归结为政治问题。[10]Kingdoney等研究指出，一些非政府组织在运用立足人权方针时完全放弃提供服务的发展方式，而是致力于通过诸如基层网络建设、地方和国家游说、权力滥用记录、报告和各种宣传等方式，创建和加强地方问责机制。他们感兴趣的是对国家和政府的谴责而不是国家经济社会状况的改善。[11]

第四，以法律途径来解决发展问题。一种表现是无视所在地法律、文化乃至传统与习俗，将国际人权法标准强加于发展目标和发展内容。二是认为只要诉诸法律就能解决发展问题。例如，Gauri和Gloppen完全在法律框架下来理解立足人权发展方针，他们理解的该方针的四分析性要素全是法律层面的：（1）

---

[9] AAI 2004: Action Aid International strategy for 2005-2010 "Rights to End Poverty," http://www.actionaid.org/sites/files/actionaid/actionaid_international_strategy_2005-2010.pdf.

[10] Andrea Cornwall and Celestine Nyamu-Musembi, "Putting the 'rights-based approach' to development into perspective," *Third World Quarterly*, Vol. 25, No. 8, 2004.

[11] Shannon Kindornay, James Ron & Charli Carpenter, "Rights-Based Approaches to Development: Implications for NGOs," *Human Rights Quarterly*, Vol. 34, No. 2, 2012.

"全球遵守",即促使国家签署并遵守国际和区域人权条约承诺;(2)援助机构的人权政策和人权规则能加强各种各样的政府问责(如人权委员会、监察员、行政救济机制);(3)"权利对话"和"提升权利意识",即强化公民的主体性,引导公民认知他们是权利拥有者,支持非政府组织和社会活动(如倡议和人权教育);(4)基于宪法的法律动员,即强化经济、社会权利的法律诉讼。[12]

第五,缺乏统一的发展效益评估方式和标准。由于立足人权方针注重过程以及长期的结构性变化,技术性的、定量的清单式的评估方法无法捕捉到发展合作的长期影响,从而造成难以对发展方案或项目的效果进行评估。目前,关于该方针运用的成效的总结多是个案的、定性的、描述性的,这种评估方式无法测量其对促进发展的整体效益。

第六,缺少对国家之外的其他责任人的问责机制。立足人权发展方针强调国家是发展的主要责任人,国际社会、发展机构、私营部门和个人也是发展的责任人。国际人权法框架下,国家义务是法定的,而其他人的义务则只是道义上的。实践中,发展机构只向其资金捐助者负责,并没有一个发展项目受益人向多边发展机构、双边发展机构或非政府发展机构问责的机制。

五、人权与发展相结合的中国语境与实践

在全球人权与发展相融合的理论与实践中,中国并不是一个缺席者。

首先,创新、协调、绿色、开放、共享的发展理念是中国人对以人为本,全面、可持续发展的深化理解,蕴含着丰富的人权思想,体现了中国以经济、社会发展促进人权事业进步的发展思路和发展战略。

其次,在国际舞台上,中国逐渐明确了人类共同发展、共同安全及共担责任的人类命运共同体。从人权角度而言,"人类命运共同体"运用"和而不同"的中国智慧,替代冷战形成的"对立"性思维,强调相互依存性共同利益和尊重多样化,推动各国权利平等、机会平等、规则平等。从发展角度而言,人类

---

[12] Gauri and Gloppen, "Human Rights Based Approaches to Development: Concepts, Evidence, and Policy," Policy Research Working Paper 5938, World Bank, 2012. p. 4.

命运共同体强调共享发展、通过共同发展实现人权。值得特别强调的是，人类命运共同体强调发展的共同责任，解决了国际发展界一直争论不休的"谁是发展责任主体"的问题。在发展权框架中，发展中国家作为发展主体，要求发达国家提供帮助，建立一个国际经济新秩序。因此，在发展权框架中，发达国家成为促进发展中国家发展的义务主体，由于长期对殖民地的剥夺，造成发展中国家经济落后，人民生活贫困，发达国家有义务提供帮助。而在立足人权的发展方针中，发达国家对发展中国家的援助义务便从法律义务变成了道德义务，发达国家实际上规避了对全球发展承担的法律义务。人类命运共同体强调各国互相包容，加强合作，凝聚共识，积极作为，共同担当起应尽的责任。

构建人类命运共同体与尊重世界文明多样性
——全球人权治理中的一个基础性问题

◇ 郝亚明[*]

摘要： 人类命运共同体的视角指出，人类在人权问题上有着共同目标和共同利益，世界各国在全球人权治理上应该通力合作。文明多样性是人类命运共同体构建的现实基础，在全球人权治理过程中既要尊重这种现实基础，还应该善于利用这种现实基础。在人类命运共同体视角下推动全球人权治理的时候，如果不能妥善处理人类命运共同体与世界文明多样性的关系，忽视多元强求一体，则可能适得其反。

关键词： 人类命运共同体；全球人权治理；世界文明多样性

2017年1月18日，习近平主席在联合国日内瓦总部发表了题为《共同构建人类命运共同体》的主旨演讲，直面当今世界的诸多挑战和不确定性，提出了"构建人类命运共同体，实现共赢共享"的中国方案，受到国际社会各方的普遍欢迎与高度评价。"人类只有一个地球，各国共处一个世界"，人类命运共同体实质上表达的是一种人类社会合作共赢的理念。中共十八大报告中阐述人类命运共同体时将其内涵表述为"在追求本国利益时兼顾他国合理关切，在谋求本国发展中促进各国共同发展，建立更加平等均衡的新型全球发展伙伴关系，同舟共济，权责共担，增进人类共同利益"。[1] 人类命运共同体思想意味

---
[*] 郝亚明，南开大学人权研究中心研究员，周恩来政府管理学院副教授。
[1] 《坚定不移沿着中国特色社会主义道路前进 为全面建成小康社会而奋斗——在中国共产党第十八次全国代表大会上的报告》，2012年11月8日，中国网：http://news.china.com.cn/politics/2012-11/20/content_27165856.htm。

着整个人类在全球化、信息化时代已经成为一种日益紧密的共同体，只有确立人类命运共同体的中心地位，才能真正把握世界的本质和未来。人类命运共同体思想的主旨在于弘扬以和平、发展、合作、共赢的理念来超越不同国家、不同民族和不同宗教之间的隔阂、纷争和冲突，强调彼此之间要守望相助、弘义融利、心心相印、风雨同舟、命运共担，尊重世界范围内的多元文明和多彩文化，建设一个更具包容、更加美好的世界。2

一、人类命运共同体视角下的全球人权治理

"命运共同体"是近年来中国政府反复强调的关于人类社会的新理念。习近平总书记指出，国际社会日益成为一个你中有我、我中有你的"命运共同体"，面对世界经济的复杂形势和全球性问题，任何国家都不可能独善其身。当前国际形势的基本特点是世界多极化、经济全球化、文化多样化和社会信息化，不论人们身处何国、信仰何如、是否愿意，实际上已经处在一个命运共同体中。与此同时，一种以应对人类共同挑战为目的的全球价值观已开始形成，并逐步获得国际共识。这一全球价值观包含相互依存的国际权力观、共同利益观、可持续发展观和全球治理观。3 就全球人权治理而言，人类命运共同体的视角指出，人类在人权问题上有着共同目标和共同利益，世界各国在全球人权治理上应该通力合作。在人类命运共同体意识指导下进行全球人权治理，既是人权本质属性的客观要求，也是应对当前世界人权保障面临挑战的现实需要。

以人类命运共同体的意识推进全球人权治理是人权本质属性的要求。从人权的本质上来看，人权是人之为人所应该具有的权利。人权的保障与人类共同体的生存延续息息相关，是人类命运共同体自身的本质要求。尊重人的自由与尊严，保障人的生存与发展，不是特定国家、特定民族、特定文明的认识和需要，而是全体人类的共同关切。正是由于人权关涉的对象是跨越国家边界的人类，因此世界各国在人权问题上达成了一系列超越国家、民族、宗教、文化的共识。尊重和保障人权是全人类共同的事业，关系到全体人类的共同利益，必

---

2 赵可金："人类命运共同体思想的丰富内涵与理论价值"，《前线》2017年第5期。
3 曲星："人类命运共同体的价值观基础"，《求是》2013年第4期。

须具有人类命运共同体的意识。从这个角度来说，全球人权治理是全球治理的应有之义。

以全球视野去审视当今世界人权问题，当前全球人权问题体现出三大特性：

1. 全球人权问题的严重性。"人权困境"撞击着人类良知，全球近8亿人每天面临饥饿威胁，叙利亚、阿富汗等战乱地区百姓的生存权难有保障，难民危机、恐怖主义、排外情绪、种族主义、警察过度执法等问题此起彼伏、相互交织。整体而言，当前全球范围内人权问题依然较为严重，部分国家和地区甚至出现"人权危机"的苗头。

2. 全球人权问题的普遍性。由于历史和现实的差异，不同国家可能在人权保障的某些方面有些成绩和优势，同样也可能在人权保障的其他方面存在不足和纰漏。人权事业的发展是无止境的，不仅发展中国家存在人权问题，发达国家同样在人权问题上存在诸多挑战。正如人们经常所说的，在人权问题上没有最好、只有更好，没有一个国家的人权状况是完美的。在全球人权治理中，应该正视和承认世界各国都存在着各种不同人权问题的现实。

3. 全球人权问题的关联性。首先，一些全球性的问题影从根本上影响到人类的生存与发展。粮食安全、资源短缺、气候变化、网络攻击、人口爆炸、环境污染、疾病流行、跨国犯罪等全球非传统安全问题层出不穷，对国际秩序和人类生存都构成了严峻挑战。其次，从人权危机发生的原因来看，有些可能是全球性的，与人类社会自身的行为有关，如气候变暖、碳排放等的关联。再次，人权危机经常从国家、地区向全球范围内扩展。一个国家和地区的人权问题，不仅威胁到当地民众人权的保障，也会进一步演化成全球性的人权问题。

这些特性决定了人权问题的出路在于全球治理，也可以说是从国家治理转向全球治理，重视相互沟通、通力合作、相互促进，同舟共济，权责共担，增进人类共同利益。

二、全球人权治理中要正视世界文明多样性

习近平主席在日内瓦演讲中指出，"人类文明多样性是世界的基本特征，也是人类进步的源泉。世界上有200多个国家和地区、2500多个民族、多种宗教。

不同历史和国情，不同民族和习俗，孕育了不同文明，使世界更加丰富多彩。文明没有高下、优劣之分，只有特色、地域之别。文明差异不应该成为世界冲突的根源，而应该成为人类文明进步的动力。每种文明都有其独特魅力和深厚底蕴，都是人类的精神瑰宝。不同文明要取长补短、共同进步，让文明交流互鉴成为推动人类社会进步的动力、维护世界和平的纽带。"只有坚持交流互鉴，才能建设一个开放包容的世界。事实上，无论是十八大报告中，还是之后一系列关于人类命运共同体的阐述中，尊重世界文明多样性都被再三强调，一定程度上，后者被视作前者的基础与前提条件。习近平主席在阐述人类命运共同体的时候总是不断强调相互包容、交流互鉴的意义。正是因为我们是一个命运共同体，才更要重视相互尊重、相互支持、相互配合以争取到共赢共享。从这个角度来理解，两者之间的区分正是人类命运共同体的目标与人类命运共同体的路径之间的关系。文明多样性是人类命运共同体构建的现实基础，既要尊重这种现实基础，还应该善于利用这种现实基础。在全球人权治理的实践中，这样一种理念具有极为重要的现实价值。

如同在一个国家中要处理好多元与一体的关系一样，在通力合作推进全球人权治理的事业中，需要在构建人类命运共同体意识的同时，注意尊重世界文明多样性。在某种意义上，正视世界文明多样性是构建人类命运共同体的前提条件。十八大报告中提出，"包容互鉴，就是要尊重世界文明多样性、发展道路多样性，尊重和维护各国人民自主选择社会制度和发展道路的权利，相互借鉴，取长补短，推动人类文明进步。"

毋庸置疑，尽管人类社会在人权问题上有着共同的利益和共同的目标，但在具体的人权议题上还存在着诸多的分歧与对立。在全球人权治理中，有合作的一面，同样存在对抗和斗争的一面。人权有时被视作国际政治经济斗争的工具。在凝聚全球人权共识之时应该相互尊重，在通力合作进行全球人权治理之时应该相互包容。

世界文明多样性可能具体体现为不同的社会发展阶段、不同的历史文化背景、不同的国家发展道路选择、不同的文明价值体系。这种差异性可能对全球人权治理带来两大张力：一是人权理论内涵的差异；二是在人权保障路径上的选择差异。如果不能妥善处理这些分歧与对立，就有可能带来全球人权治理上的对抗与斗争，进而威胁到人类命运共同体的根本利益。这些分歧和对立不仅表现在主权和人权何者优先上，更表现在对人权本质和内涵的不同理解上。这些分歧导致了许多争论，形成了第一代、第二代、第三代人权的争议，形成了经济社会文化权利地位的争议，形成了集体人权和个体人权的争议，形成了国家人权保障路径的差异，形成了人权根本观念的差异。这些差异背后并不完全是现实的意识形态斗争的体现，也不完全是不平等国际政治格局的体现。在某种意义上，人权理论与实践上认识的差异，还是世界文明多样性的集中体现。因此，在人类命运共同体视角下推动全球人权治理的时候，如果不能妥善处理人类命运共同体与世界文明多样性的关系，忽视多元强求一体，则可能适得其反。

中国常驻联合国日内瓦办事处和瑞士其他国际组织代表马朝旭大使就完善全球人权治理、推进国际人权事业提出五点主张。[4] 一要坚持主权平等。根据《联合国宪章》的宗旨和原则，尊重各国主权和领土完整，尊重和维护各国人民自主选择社会制度和发展道路的权利，推动国际关系民主化，反对各种形式的强权政治。二要坚持多边主义。发展和完善联合国人权机制，确保其公正、客观、建设性、非选择性地开展工作，同等重视各类人权，推动各方求同存异，凝聚共识，为国际人权事业发展注入强劲动力。三要坚持互利合作。坚持不冲突不对抗，相互尊重，通过对话交流增进了解，缩小分歧，通过合作取长补短，推动各国人权事业发展。摒弃唯我独尊心态和公开施压做法，防止人权问题政治化和双重标准。四要坚持开放包容。尊重世界文明多样性，不同文明应和谐共处、交流互鉴、兼收并蓄、共同进步。国际社会应共同打击一切形式种族歧视。五要坚持和平发展。没有和平与发展，人权就成为无本之木。应致力于维护持久和平，实现共同发展，为促进和保护人权提供坚实基础。这五点主张就全面而深刻地体现了全球人权治理中对世界文明多样性的尊重，是构建人类命运共同体与尊重世界文明多样性两大原则在全球人权事务中相互平衡、相互支撑的典范论述。

2016年12月2日，由跨文化人权研究中心主办、南开大学人权研究中心

---

[4] "中国呼吁完善全球人权治理推进国际人权事业"，《人民日报》2017年3月21日第21版。

和荷兰人权研究院承办的"传统精神和文化价值观念与人权的本土源头"研讨会在南开大学举行。[5]跨文化人权研究中心的成员来自亚洲、非洲和欧洲各国，其成立宗旨是推动不同文化间在平等和相互尊重的基础上开展人权交流，促进发展中国家在国际人权领域发出自己的声音。来自10多个国家以及国内各高校和机构的60多位人权专家学者参加了会议，与会专家学者分别就"人权的多元文化起源""不同宗教和社会文化中的人权源头""本土文化与当代人权"等话题进行主题发言和广泛交流。南开大学副校长、南开大学人权研究中心学术委员会副主任朱光磊教授在致辞中表示："众所周知，跨文化人权研究与交流具有重要的意义。人权作为各国人民共同追求的价值，本身就是跨文化交流、碰撞、妥协、包容的产物。只有处理好不同文化之间的特质和差异之间的关系，联合国促进和保护人权的各种机制才能具有更大的约束力。从这个意义上讲，好的人权观应当是考虑到文化差异的人权观。"专家们指出，"人权"不应仅仅是西方文化传统的"故事"和"历史叙事"，在亚洲、非洲等众多非西方国家的本土文化传统和宗教传统中，同样蕴含着滋养人权理念的文化要素。南开大学人权研究中心副主任常健教授就指出，人权的理念是根植于不同的文化之中的，无论是中国的佛教、道教思想，还是伊斯兰教以及非洲的民族观念中，都可以找到人权的源头活水。为此他强调："人权理念从本质上来说应该是二战以后多元文化碰撞的一个结果。所以，如果人权理念在解读上脱离了多元文化的源头活水，那么人权理论的根基就会受到极大的限制，就会成为一种狭隘的地方观念。我们在解读人权文化、人权理念的时候，要特别注意防止单一文化的文化霸权主义，而应当提倡多元文化的互相碰撞、互相汲取，以此途径来丰富人权理念。"反对人权解读上的单一文化霸权主义，深入发掘和尊重不同文化传统中的人权资源，不仅有助于人权理念在不同文化中的传播和普及，而且有助于人权理念自身的丰富和发展。只有在各种不同文化传统的平等对话和交流中，才能形成真正的人权国际共识。

世界文明多样性带给全球人权治理的绝不仅仅只是张力，也会带来智慧和能量。重要的是，在全球人权治理过程中，不同文明、文化、理念、传统之间

---

[5] 国务院新闻办公室网站：《"第五届跨文化人权国际研讨会"在天津举行》，http://www.scio.gov.cn/zhzc/8/4/Document/1534187/1534187.htm。

应相互借鉴，相互包容，相互接受。

三、结语

  尊重世界文明多样性不仅是构建人类共同体的前提条件，也是其应有之义。在全球人权治理问题上，只有既通力合作，又包容互鉴，将构建人类命运共同体的理念与尊重世界文明多样性的意识结合起来，才能走出当前的困境、创造美好的未来。在全球人权治理中，不仅要追求共性，更要尊重差异，这样才能真正在人类命运共同体的感召之下促进全球人权事业的发展与进步。

人权法制化与推动全球人权治理的新机遇

◇ 毕颖茜[*]

摘要：国际治理与人权密不可分。国际社会要想得到持久和平发展，必须以人权为基石。由此，权利问题的国际治理越来越成为世界舞台上一个活跃的议题。推动全球人权治理，人权法律制度的发展必须先行。本文就国际和国内人权法制的发展作一陈述，并指出仅仅有人权法律制度还不足以实现人权治理，要将人权在多元文化的全球框架内协调发展，才能使人权的国际治理长效发展。

关键词：人权；法制；人权治理

全球经济的发展和政治对话的频繁，使得国际治理无可回避。进入21世纪以来，全球治理问题已经成为一个国际热点。联合国全球治理委员会在1995年的报告中将治理的概念作如此解释："治理是各种各样的个人、团体——公共的或个人的——处理其共同事务的方式的总和。这是一个持续的过程，通过这一过程，各种相互冲突和不同的利益可望得以调和，并采取合作行动。"全球治理的核心内容是健全和发展维护全人类安全、和平、发展、福利、平等的新的国际新秩序。其中，实现和保障人权是全球治理的重要组成部分。路易斯·亨金曾言："人权是我们时代的观念，是已经得到普遍接受的唯一的政治与道德观念。"[1] 尽管这一论断不免太过绝对，但它的确陈述了一个不争的事实，

---

[*] 毕颖茜，广州大学人权研究院讲师。
1 [美]路易斯·亨金：《权利的时代》，信春鹰等译，知识出版社1997年版，第1页。

即人权在国际社会中所起的作用不容小觑。权利问题的国际治理越来越成为世界舞台上一个活跃的议题。

国际治理与人权密不可分。可以说,国际社会要想得到持久和平发展,必须以人权为基石。如《世界人权宣言》指出的那样,"对人类家庭所有成员的固有尊严及其平等不移的权利的承认,乃是世界自由、正义与和平的基础。"而另一方面,要使全人类充分享有人权,必须建立国际新秩序。国际新秩序意味着国际合作,意味着为尊重和实现人权而共同努力。传统学说认为人权起源于西方。其实,不光欧美国家在人权问题上表现出积极和热情,亚洲学者对人权的国际治理问题也曾作出过精辟的预言,即"人权将对国际秩序的重构产生深远的影响"。[2]

人权,无论种类,离不开法律的支撑和保护。离开了法律,人权在很多情况下无外乎美好的词汇、空谈的口号,最终多半沦为无意义的概念而无法真正落到实处。因此,建立健全人权法律机制是实现人权全球治理的必然要求。本文仅从人权法制化的角度来谈人权治理的国际和国内发展。

一、国际人权法制的建立和完善

国际范围内广泛探讨人权国际治理问题在 1993 年的联合国世界人权大会上得到了最直接、最全面的彰显。然而,人权的国际法进程在这之前就已经蓬勃展开。第二次世界大战以后的历史表明,战后国际秩序的建立总是同人权的基本要求联系在一起。具体地讲,《世界人权宣言》和两个国际人权公约(即《经济、社会和文化权利国际公约》和《公民权利和政治权利国际公约》)为国际人权法的形成和人权问题在国际政治中的地位奠定了基础。[3] 1995 年的联合国蓝皮书将联合国人权制度的发展大致总结为四个阶段:《联合国宪章》和《世界人权宣言》的发表标志着国际人权制度的创立;从《世界人权宣言》到《经济、社会和文化权利国际公约》和《公民权利和政治权利国际公约》的通过是国际人权制度的完善阶段;人权两公约之后到 1993 年的维也纳世界人权

---

2 [日] 大沼保昭著,王志安译,《人权、国家与文明》,北京:三联书店,2014 年 3 月第 2 版。
3 转引自赵建文,"国际人权法的基石",《法学研究》1999 年第 2 期,第 106 页。

大会是国际人权制度的运转阶段;维也纳世界人权大会之后国际人权制度进入扩展阶段。[4] 具体而言,大量人权条约的签署使得人权国际治理的法律体系框架日趋完善。至2013年10月,联合国通过并已生效的核心人权条约共有9项,分别是:《消除一切形式种族歧视国际公约》《公民权利和政治权利国际公约》《经济、社会和文化权利国际公约》《消除对妇女一切形式歧视公约》《禁止酷刑和其他残忍不人道或有辱人格的待遇或处罚公约》《儿童权利公约》《保护所有移徙工人及其家庭成员权利国际公约》《残疾人权利公约》和《保护所有人免遭强迫失踪国际公约》。

上述人权文件作为国际人权治理的基石发挥着重要的作用。首先,国际人权文件许多规定获得国际习惯法的效力。例如,大量的国际文件宣称《世界人权宣言》具有法律约束力,国际法院的判决经常引用《世界人权宣言》的规定。其次,根据"条约必须遵守"的原则,国际人权文件对缔约国设定了义务,从而使得国际人权治理的任务被明确地赋予各国政府。具体而言,每项核心人权条约均建立了一个条约机构来监督缔约国履行条约的情况。此外,一些条约还通过任择议定书的形式,对条约机构监督缔约国的程序作出补充规定。这些条约机构通过审议国家定期报告、受理国家间指控、受理个人来文申诉、调查严重侵犯人权行为以及发表一般性建议或评论等,来监督缔约国履行人权条约义务的情况。

当今国际社会把尊重和保护人权作为一项基本的国家义务来对待。是否尊重和保障人权已经成为评价一国的指标之一。如前文所述,基本的人权保障国际法制框架已经形成。核心的国际人权文件得到了世界上绝大多数国家的承认或加入。但是,对于具体的保障人权的方式方法,国际社会尚且没有统一的标准。也就是说,虽然国际人权文件对于尊重和保护人权的基本问题给予了规定,但人权的具体落实在很大程度上取决于国内法的规定。即某一个具体的人权保护,是通过主权国家的国内法来规定的。国际人权法律文件,特别是国际人权公约,对各国的人权法制建设具有广泛和深入的影响。二战后,发达国家普遍将人权保护列入宪法原则,同时将社会、政治、经济和文化等多个问题纳入人

---

4 The United Nations and Human Rights (1945-1995), The United Nations Blue Books Series, Vol. VII, United Nations Publications, 1995.

权框架下探索解决方案。而这一进程,中国也正在进行中。

二、中国人权法制化进程

各国人权治理的基础在于与人权有关的法律制度。因此,各国人权法制建设的根本任务就在于完善本国的人权相关法律制度并保障其全面有效地被实践。今天的中国在进一步大力发展经济的同时,也在不断地进行政治调整,其中法治建设被放在重要位置。而在这种制度建设的过程中,就包括通过法律制度保障权利。目前,我国与人权有关的法律制度正在得到逐步健全和完善。这既包括国家根本大法宪法的人权保障的完善,也具体可以从实体和程序两个方面得以印证。这其中,有几个特别引人注目的例子:一个是"尊重和保障人权"入宪;一个是2012年新刑事诉讼法中对于权利保护的加强;还有一个是刑法体系里大刀阔斧的死刑政策改革,包括最近几个刑法修正案中对死刑罪名的削减。

1. "人权"入宪

宪法是国家的根本大法,是公民权利的保障书。诚如列宁所言,"宪法是一张写着人民权利的纸。"要明确人权,宪法首先要将人权理念确立为基本原则。因为基本原则指导和贯穿整个宪法规范,所以将尊重和保障人权的理念列为宪法的基本原则,是宪法作为权利保障书的最基本要求。纵观目前世界各个国家的宪法体例,将人权原则赋予宪法的占绝大多数。有学者将其表现形式归纳为以下三种:一是明确规定基本人权的同时将具体权利予以规定;其二是不明文表述基本人权原则,但将公民基本权利加以规定,典型的体例如美国宪法;其三是确立人权基本原则,但对公民基本权利的规定不多,代表性的如法国宪法。[5] 2004年,"国家尊重和保障人权"载入宪法,成为我国宪法的一项重要原则。人权入宪标志着我国宪法立法进入一个新的阶段。这一做法与世界上绝大多数国家的实践相一致。

宪法的人权保障功能不仅仅体现在基本原则和指导思想上,它还对具体的

---

5 殷啸虎:《宪法学》,上海:上海人民出版社,2003年,第77—78页。

人权有保障机能。早在1919年德国《魏玛宪法》中，就对基本人权的宪法适用作出了规定。具体而言，该宪法第118条和第159条分别规定公民的言论自由和劳动结社自由不得因私法之规定而受到限制。这两条分别明确地对"言论自由"和"结社自由"两项基本的人权予以了保护。[6]我国宪法第33条对公民的基本权利作了概括性规定，之后的第34条到第50条是对基本权利的具体规定的表述。从这些条文可以读出，宪法对公民基本权利的规定涉及了选举权与被选举权，宗教信仰自由，人身自由不受侵犯、人格尊严不受侵犯、住宅不受侵犯，通讯自由，批评控告检举权、劳动权、休息权、受教育权等。此外，我国宪法还对一些群体的权利作出了单独的规定，如对于老年人、儿童、妇女、残疾人和少数民族等。除了第二章"公民的基本权利和义务"之外，我国宪法在其他地方对于权利的保障也有所涉及。例如第13条陈述的"公民的合法的私有财产不受侵犯"就是对公民财产权的保护。

充分保障人权是宪法的核心价值和内在要求。作为根本大法的宪法不断强化人权保障，无疑推动着一国法律制度在人权保障方面的进步。就我国而言，2012年新修订的《刑事诉讼法》以及刑法修正案（八）和（九）都在人权保障方面有显著的进步。

2. 人权的法律保障——以死刑问题为例

死刑的存废与制度设置状况是国际社会评判一国人权状况的指标之一，废除和限制死刑是当今国际社会死刑政策的发展方向和目标，越来越多的国际条约都对死刑废止与限制进行了明确规定。国际社会一些重要的人权文件，如《世界人权宣言》《公民权利和政治权利国际公约》《旨在废除死刑的〈公民权利和政治权利国际公约〉第二任择议定书》《〈欧洲人权公约〉关于废除死刑的第六议定书》，以及《〈美洲人权公约〉旨在废除死刑的议定书》等国际或区际人权文件都针对生命权保护的问题提出废除或限制死刑的要求。具体而言，1966年联合国《公民权利和政治权利国际公约》第6条明确规定，死刑只适用于"最为严重的犯罪"。1989年联合国《旨在废止死刑的〈公民权利和政

---

6 蔡定剑："中国宪法实施的私法化之路"，《中国社会科学》2004年第2期，第57页。

治权利国际公约〉第二任择议定书》第 2 条规定:"本议定书缔约国管辖范围内,任何人不得被处死刑。"同时,该条第 2 款还确立了"已经废止死刑的国家不得恢复适用死刑"这一重要原则。该议定书的规定进一步推动了全球废止死刑运动的发展。在国际人权法制的影响下,全球废除死刑国家的数量不断增加,死刑实际执行数不断下降。此外,死刑废止与否直接影响到国际刑事司法协助的开展,从而对国家间关系产生影响[7]。

1998 年,中国正式签署联合国《公民权利和政治权利国际公约》。该公约第 6 条对死刑问题作出规定,要求尚未废除死刑的国家将死刑限制在"极其严重的罪行"之内。虽然公约没有明确要求缔约国废除死刑,但限制死刑的适用直至逐步废除死刑已经是国际社会普遍认同的人权保障要求。近年来,我国在实体和程序两方面对死刑问题进行了改革。从刑法修正案(八)取消 13 个死刑罪名到刑法修正案(九)取消 9 个死刑罪名,我国限制死刑的立法进程已经启动。刑法修正案中对于死刑罪名的削减,使得我国死刑改革有了实质性的进展,也推动了人权事业的进步。

除了实体法上对死刑罪名的限制,我国对死刑的有关法律程序也进行了进一步的完善。这首先表现为最高人民法院收回死刑复核权。死刑复核程序是人民法院对判处死刑的案件进行复核所遵循的特别程序,有助于保障死刑适用的统一性和准确性,防止死刑的滥用或者错用。2006 年修改后的《人民法院组织法》第 13 条规定,"死刑除依法由最高人民法院判决的以外,应当报请最高人民法院核准",将死刑复核权收归最高人民法院。其次,2012 年修改的《刑事诉讼法》对死刑复核的程序作了进一步的规范。《刑事诉讼法》第 239 条规定,"最高人民法院复核死刑案件,应当作出核准或者不核准死刑的裁定。对于不核准死刑的,最高人民法院可以发回重新审判或者予以改判。"该条明确了最高人民法院死刑复核案件的处理结果,增加了死刑复核程序的透明度。此外,《刑事诉讼法》第 240 条第 1 款规定,"最高人民法院复核死刑案件,应当讯问被告人,辩护律师提出要求的,应当听取辩护律师的意见。"该条体现了对死刑被告人辩护权的基本尊重和保护。

---

[7] 韩玉胜、沈玉忠:"联合国国际公约对死刑的规定及中国的应对",《政法论丛》2008 年 3 期。

三、人权国际治理的实现：机遇和挑战

《世界人权宣言》序言明确指出，"发布这一世界人权宣言，作为所有人民和所有国家努力实现的共同标准。"[8]确立世界人民共同的人权标准不容易，而要真正实现这种标准更不容易。如何实现人权的国际治理？我们讲要有各国的政治决心和承诺，要有人权机构和人权人士的积极推动等，这些都是实现人权的外部保障。虽然外部保障特别是政治上的保障是十分必要和重要的，但是仅仅有外部的保障是不完备的。人权作为全球治理的目标，应该有其自身的实施机制。而法制建设无疑是这一机制的核心。近现代人权发展的历史经验表明，人权的保护和治理很大程度上依赖于人权法制建设。借鉴国际社会的人权治理经验，建立适合各国当前状况并与国际人权的基本要求和根本目标不相背离的人权治理机制，是实现人权国际治理的前提。

再好的制度建设如果不能很好地被践行，那不过是虚幻的口号和无法兑现的支票。《世界人权宣言》等一系列国际人权文件以及国内人权相关立法只是明确了人们的应有权利，要使这些权利在现实中真正实现，还需要多方的努力。这些努力既包括"通过国家和国际的渐进措施"，也包括需要"每一个人和社会机构经常铭记本宣言，努力通过教诲和教育促进对权利和自由的尊重"[9]。此外，衡量国际人权治理的标准，不应该仅仅是有多少国际人权文件和国内人权立法，也不仅仅是有多少国家签署了国际人权条约，而更多的是各个国家在人权保护方面采取了哪些有效措施，世界人民在多大程度上实际享有法定的各项权利。必须看到，在国际层面，各国虽然积极签署了国际人权条约，但在认真履行的实际行动中仍旧有懈怠和纰漏之处；在国内层面，虽然我们的宪法中写入了"尊重和保障人权"，但是从国家工作人员到全体人民的人权保障理念显然需要进一步增强。

最后需要指出的是：我们必须清楚地认识到全球人权治理不可回避。当在

---

[8]《世界人权宣言》，联合国大会 1948 年 12 月 10 日通过，载董云虎、刘武萍：《世界人权约法总览》，四川人民出版社 1990 年版，第 961 页。
[9]《世界人权宣言》，联合国大会 1948 年 12 月 10 日通过，载董云虎、刘武萍：《世界人权约法总览》，四川人民出版社 1990 年版，第 961 页。

"人类命运共同体"这一框架下讨论人权治理问题时,各国已经不能对他国的"人权指责"一味抵制和排斥。我们需要立足于各民族文明的卓越遗产,通过思想交流使得国际人权具有更多元化的阐释和发展,使得人权普遍性具有实质和现实的意义,使得人权在国际社会能够被更多民族、更广泛的社会、更多数的人群所理解和接受。这无疑是具有挑战性的事业,但这个挑战是国际人权对话能够进行的前提,是国际人权理念能够在各个国家避免"水土不服"的良药,更是国际人权治理得以合作的基础。

构建人类命运共同体与发展权利的实现

◇ Julie Fraser*

摘要：尊重世界文化多样性是人权承认的规范原则，也是一项务实的原则。在国际人权法律体系内容纳这种多元性，并不会损害而是增强其普适性，因为多元化让我们能够更有效率地通过不同的回响来应对当地面临的人权挑战。尽管世界拥有丰富的文化多样性，但也存在一些显著的共同性。而在人权方面，存在令人惊讶的相似性，也确实存在一整套所有人类都向往的核心人权。

关键词：人类命运共同体；人权；文化多样性；发展权利

对人类共同命运的愿景，最近由习近平主席在多个不同场合的演讲中提出并阐释，并得到更为久远的《世界人权宣言》的支持，后者为全世界各地的所有人奠定了原则和目标。《宣言》重申所有人类的尊严和平等，并提出人们实现美好生活的愿景所需的基本权利。尽管影响深远，但它并没有设想一致性。世界上 200 多个国家呈现出令人讶异的多样性，反驳着任何此类对一致性的假设。这并不是一个缺点，而是一种力量。在国际人权法律体系内容纳这种多元性，并不会损害而是将增强其普适性。

国际体系通过多种机制来容纳这种多样性。目前，人们普遍接受权利的普

---

* 荷兰乌特勒支大学法学硕士，博士候选人。

适性并不意味着在所有语境下的一致性,也不意味着其一致性的执行。[1]重要的是,其"和维持人权作为一种国际语言并不相矛盾",并创造出权利去中心化的方法,因为国际人权法律并未期望绝对的一致性。[2]这反映出中国文化珍视习近平主席所提及的"和而不同"的价值。尊重世界文化多样性是人权承认的规范原则,也是一项务实的原则。坚持认为世界人权的一致性是适得其反的,因为多元化让我们能够更有效率地通过不同的回响来应对当地面临的人权挑战。[3]

尽管世界拥有丰富的文化多样性,但也存在一些显著的共同性。研究人权的全球根据的人士会证实,在人权方面存在令人惊讶的相似性。[4]关于人类尊严的设想可以追溯到世界各地的文化,人权被不同的根据所支持。我们越来越清楚地认识到,人权与世界主流宗教和哲学传统是兼容的。[5]我们可以得出这样的结论:确实存在一整套所有人类都向往的核心人权。[6]

经济、社会和文化权利是这套权利的其中一部分。比如说,对于所有人类,健康权都是必不可少的。侵犯健康权可导致侵犯生命权——生命权是最根本的权利。这也适用于食物和水的权利。但是,尽管国际社会多次主张人类权利的不可分割性,经济、社会和文化权利依然是一组被忽视的权利,并在世界范围内被侵犯。发展,比如近年来在中国所看到的发展,对于享受许多这些权利具

---

[1] Yvonne Donders, "Human Rights: Eye for Cultural Diversity," Inaugural Lecture delivered upon the appointment to the chair of Professor of International Human Rights and Cultural Diversity at the University of Amsterdam on 29 June 2012, at 9; Cees Flinterman, "The Universal Declaration of Human Rights," 26 NETH. Q. HUM. RTS. 482 (2008); Eva Brems, "Reconciling Universality and Diversity in International Human Rights: A Theoretical and Methodological Framework and Its Application in the Context of Islam," 5 HUM. RTS. REV. (2004) 13.

[2] Koen de Feyter, "Treaty Interpretation and the Social Sciences," in Fons Coomans, Fred Grünfeld and Menno T. Kamminga (eds.), *Methods of Human Rights Research* (Intersentia 2009), p. 225; Koen de Feyter, "Localizing Human Rights," Institute of Development Policy and Management, Discussion Paper (January 2006), p. 9.

[3] Koen de Feyter, "Localizing Human Rights," Institute of Development Policy and Management, Discussion Paper (January 2006), p. 11.

[4] Advisory Council on International Affairs to the Dutch Foreign Ministry, *Universality of Human Rights and Cultural Diversity* (June 1998), at 16, available at http://www.aiv-advies.nl/contentsuite/upload/aiv/doc/aiv_04_eng_titel.pdf. "Although different cultures may appears to be radically distinctive and irreconcilable, they possess ideals from which universally-shared norms can be excavated." Makau Mutua, *Human Rights: A Political and Cultural Critique* (Uni Penn Press, 2002), at 74.

[5] Advisory Council on International Affairs to the Dutch Foreign Ministry, *Universality of Human Rights and Cultural Diversity* (June 1998), at 16, available at http://www.aiv-advies.nl/contentsuite/upload/aiv/doc/aiv_04_eng_titel.pdf.

[6] Bonny Ibhawoh, "Between Culture and Constitution: Evaluating the Cultural Legitimacy of Human Rights in the African State," *HRQ* 22 (2000), p. 838, 843.

有重要意义。发展权本身在1986年的《发展权利宣言》中得到国际性认可，也在后来更多的文件，比如联合国"千年发展目标"和"可持续发展目标"中占据优先地位。发展不一定是每个国家独自完成的任务，也是通过国际合作实现的任务。《经济、社会和文化权利国际公约》第2（1）条要求各国参与方"通过运用自身力量或者通过国际协作和合作，特别是采取经济和技术层面的措施，最大程度利用其可获得的资源，逐步地完全实现目前《公约》所认可的权利"。考虑到目前世界的互联性和我们所面对的类似气候变化和恐怖主义等国际问题，国际合作和援助非常重要。当今世界面临的任务非常艰巨，要求各个国家"团结一致，同舟共济"。

构建人类命运共同体与国际法

◇ 迟德强[*]

摘要："人类命运共同体"是习近平领导的中国政府基于对当前国际形势的清醒认识和深刻思考而提出的全新概念，这一概念已逐渐获得国际社会的认可，其中所包含的原则不仅与《联合国宪章》所载宗旨和基本原则相一致，而且体现了时代的特色和要求，把单一国家的命运与整个人类的命运联结起来，从而为《联合国宪章》所载原则注入了新的精神。"一带一路"则是践行"构建人类命运共同体"理念的有益尝试，不仅为国际经贸合作提供了有益的经验，也极大促进了现代国际法的发展。

关键词：人类命运共同体；国际法基本原则；"一带一路"

一、人类命运共同体概念的提出

2012年11月，习近平总书记在中国共产党第十八次全国代表大会报告中首次提出了"人类命运共同体"的概念。他认为，国际社会正日益成为一个相互依存、命运与共的"人类命运共同体"，面对错综复杂的国际形势和全球性问题，任何国家都不能独善其身。

"人类命运共同体"是习近平领导的中国政府基于对当前国际形势的清醒

---

[*] 迟德强，山东大学法学院副教授，山东大学人权研究中心研究人员。

认识和深刻思考而提出的全新概念。人类社会进入 21 世纪以来，国际形势越来越呈现出政治多极化、经济全球化、文化多元化和社会信息化的特点。与此同时，随着全球化的不断深入，各种全球性问题不断涌现，如全球金融危机、难民危机、恐怖主义、粮食安全、气候变化、环境污染、资源短缺、跨国犯罪、传染病流行、网络攻击等非传统安全问题，加上世界部分地区仍不断发生的武装冲突，对现存国际秩序构成了严峻挑战，甚至严重威胁着人类生存。如何应对这些挑战和解决这些全球性问题，成为摆在整个人类面前的紧迫任务。无论承认与否，整个人类已经处于一个命运共同体中。正是基于此，"人类命运共同体"的概念应运而生。

"人类命运共同体"的概念甫一提出，即引起国际社会的广泛关注，并逐渐成为国际社会的共识。2017 年 2 月 11 日，第 55 次联合国社会发展委员会以全体一致的方式通过决议，呼吁更多地支持非洲的经济和社会发展，该决议包含构建"人类命运共同体"的精神。这是"人类命运共同体"的概念首次被纳入联合国的决议中，反映了国际社会面对全球化的严峻挑战力图寻求中国"答案"的强烈意愿，也是中国对全球治理以及国际法的重大贡献。

二、"构建人类命运共同体"与国际法基本原则

"人类命运共同体"的概念具有深刻的理论基础，体现了中国政府对当前国际形势的清醒认识和准确把握，是中国政府针对解决和治理全球性问题提出的综合性方案，包含了新的国际权力观、共同利益观、可持续发展观和全球治理观，正逐渐为国际社会接受为一个新的全球价值观。

在国际法上，"人类命运共同体"是一个全新的概念，体现了中国主动运用国际法参与全球治理的决心和大胆尝试，是继 1954 年提出和平共处五项原则以来中国对国际法发展的又一次重大贡献。习近平主席 2017 年 1 月 18 日在日内瓦发表的《共同构建人类命运共同体》的主旨演讲中全面阐释了构建人类命运共同体的五项原则和宗旨：对话协商建设持久和平；共建共享建设普遍安全；合作共赢达到共同繁荣；交流互鉴实现开放包容；绿色低碳实现可持续发展。这些原则和宗旨不仅与《联合国宪章》所载原则和宗旨一致，而且体现了

二、构建人类命运共同体的机遇与挑战

时代的特色和要求，把单一国家的命运与整个人类的命运联结起来，把整个人类的利益置于国家利益之上，从而给《联合国宪章》所载原则注入了新的精神。

首先，构建人类命运共同体需要通过对话协商的方式，只有这样才能建设持久和平。尽管进入21世纪以来国际形势以及国际社会的结构发生了很大的变化，但主权平等原则依然是建立国家间正常关系、维持健康国际秩序的首要原则。国家不分大小、强弱、贫富，采取何种政治制度、经济体制以及文化差异，都是国际社会平等的一员，其领土完整和政治独立都应得到尊重。对于国际争端，只有通过对话协商的方式而非诉诸武力或威胁，才能使争端得到根本解决。

其次，构建人类命运共同体需要通过合作共赢的方式，唯如此才能实现共同繁荣。随着全球化的不断深入，全球性问题不断凸现。对于这些全球性问题，仅靠某一个国家或几个国家是无法获致最终解决的。例如，进入21世纪以来，恐怖主义在全球蔓延，"9·11"恐怖袭击造成的大量人员伤亡和财产损失不仅重创美国，也对整个世界经济造成严重冲击，但是仅靠美国打击恐怖主义则无法成功，只有依靠国际社会的合作，在反恐中不搞"双重标准"，才能彻底铲除恐怖主义的根源。再如，全球变暖和环境污染问题已经严重威胁到整个人类的生存，而该问题也只有各国在妥协中合作才有可能解决。国际合作原则作为国际法的基本原则，在解决全球性问题上尤其重要。国际关系中的零和博弈、以邻为壑、单边主义，把自己国家的利益置于其他国家及国际社会之上的做法，对整个人类有害无益。构建人类命运共同体必须合作共赢，才能实现共同繁荣。任何国家都不应被遗忘。目前，发展是各国的首要任务，每一国家都应积极参与到全球经济发展中并享受发展所带来的成果。这对发展中国家和最不发达国家尤其重要。因此，在制定国际贸易和投资规则时，应促使更多的发展中国家参与，倾听它们的声音并切实考虑它们的利益。应维护WTO规则，支持建立和加强一个开放、透明、包容和非歧视的多边贸易体制，贸易保护主义和孤立主义无助于共同繁荣。

第三，构建人类命运共同体必须交流互鉴，才能建立一个开放包容的世界。在构建人类命运共同体的概念中，特别强调文化的多样性和不同的文明应予以尊重。由于各国不同的历史、传统、国情、种族以及习惯，世界上存在着多元化的文化和文明。每一种文明都有其自身的吸引力和根基，构成人类共同的财

富。文明无孰高孰低之分。文明的多样性应成为推动世界前进的助推器而非国际争端冲突的源泉。人类命运共同体应容纳多样性的文明和文化。

三、从概念到行动："一带一路"倡议

2013年，中国发起了共同建设"丝绸之路经济带"和"21世纪海上丝绸之路"的倡议（简称"一带一路"倡议），开始将构建人类命运共同体的概念付诸行动。目前，"一带一路"倡议已得到100多个国家和国际组织的响应和支持。2017年5月，"一带一路"国际合作高峰论坛在北京举行，会议通过的联合公报详细列明了实施"一带一路"所要实现的目标、遵守的原则以及采取的措施。

"一带一路"倡议自提出并实施以来，取得了巨大的成绩。2014—2016年，中国同"一带一路"沿线国家贸易总额超过3万亿美元，中国对"一带一路"沿线国家投资累计超过500亿美元，中国企业已经在20多个国家建设56个经贸合作区，为有关国家创造11亿美元税收和18万个就业岗位。在国际金融危机尚未克服、世界经济持续低迷、各国经济处于滞胀状态的情况下，中国通过"一带一路"建设支持沿线国家推进工业化、现代化，满足各国提高基础设施水平的迫切需要，有利于激活沿线国家的增长潜能，从而稳定世界经济局势、促进全球经济增长，开创一个各国共同繁荣的新时代。

"一带一路"建设的实践，是中国践行"构建人类命运共同体"概念的有益尝试，不仅为国际经贸合作提供了有益的经验，也极大促进了现代国际法的发展。

构建人类命运共同体与发展权的实现

◇ 齐延平[*]

摘要： "人类命运共同体"理念是中国为应对人类目前所面临的全球性挑战和困境而提出的全新理念，这一理念为人权提供了新的哲学基础，确立了人权建设的"协调统合观"、人权保障的"动态发展观"以及人权事业的"求同存异观"。发展促进人权，中国提出的"一带一路"倡议的宗旨就是各国合作发展、共建共享、共同繁荣，这不仅有助于各项人权的实现，也有助于人类命运共同体的构建。

关键词： 人类命运共同体；发展权；新人权观

联合国人权理事会第 34 届会议于 2017 年 3 月 21 日通过的《食物权》(A/HRC/34/L.21) 和《在所有国家实现经济、社会以及文化权利的问题》(A/HRC/34/L.4/Rev.1) 两份决议，首次载入了"构建人类命运共同体"这一源自中国文化的重大理念；第 35 届会议于 2017 年 6 月 20 日通过《发展对享有所有人权的贡献》决议 (A/HRC/35/L.33/Rev.1)，重申并确认了该理念，并首次将中国倡导的"发展促进人权"正式引入到国际人权进程中。人权理论体系、人权实践体系将发生历史性变革。

一、"人类命运共同体"理念是为应对人类当下面临的困境而提出来的

这些困境包括人口剧增及食物和水的短缺、环境污染与生态恶化、传统道

---

[*] 齐延平，山东大学人权研究中心主任，山东大学法学院教授、博士生导师，中国人权研究会常务理事。

德伦理体系解构与道德滑坡、社会碎片化分裂与区域对抗，以及亨廷顿教授预言的宗教与文明的冲突的蔓延与加剧。或许，我们还需要在困境的清单上加上后果不可预测的人工智能技术的发展这一项。信息和信息技术革命，正以前所未有的速度和深度重构人类的生存方式、生产方式、生活方式。大数据、云计算、人工智能技术发展突飞猛进，单靠个别人、个别国家应对这些技术发展带来的可能难以控制的不利后果是不难想象的。应对上述问题，需要人类命运与共、携手前行。

二、"人类命运共同体"理念为人权提供新的哲学基础

传统人权观是建立在西方本位、个体本位、自由本位基础之上的，在精神上是以人与人的对抗、人与国家的对立、人与自然的对立为出发点的。传统人权哲学在现实的国内问题和国际问题面前已捉襟见肘，需要开阔其根基、提升其立意、延展其关怀。

著名哲学家罗素早在上世纪30年代就曾指出白种民族迷恋于战争、掠夺和毁灭，欧洲人的竞争、开发、永无平静、永不知足以及破坏秉性正在将欧洲文明导向毁灭，唯一的出路在于借鉴东方智慧。中国"天人合一""和而不同"的文化，在漫长的发展进程中淬炼成为独特的世界观、宇宙观、人际关系、身心观，对外来文化和异域文化持平等尊重的态度，主张多元文化和平共处、沟通对话，为人权新哲学提供了中国智慧。

中国文化追求和而不同、相互包容、求同存异、共生共长，催生了"人类命运共同体"这一理念。这一理念谋求人与人的和美共荣，谋求族群与族群、宗教与宗教、国家与国家的和平共处，谋求人与自然的琴瑟和鸣。这一理念将人权从对立、对抗精神中解放出来，它将赢得更为深厚开阔的哲学基础。

第一，确立人权建设的"协调统合观"。"构建人类命运共同体"理念超越东方人权观和西方人权观、个体权利和集体权利、公民和政治权利与经社文权利的争论，要求各种观念从割裂对抗走向协调合作，要求各项人权彼此协调、均衡发展；无论是自由权，还是平等权，又抑或是同属于连带性人权的发展权、和平权、环境权，其目的都是"以人为本"，为了人的生存和发展，服务于人

的生存和发展，都需要获得均衡关注，需要协调统合。

第二，确立人权保障的"动态发展观"。"构建人类命运共同体"理念超越了东西方人权价值、标准、道路争论，凸显了人权的可持续发展要求。它不仅要求把握人类利益和价值的共性，而且要求把握人类自身和人类需求由少到多、由简到繁、由低级到高级、由旧质到新质的动态变化过程，动态地而不是静态地看待人权理论和实践。人权没有最好，只有更好。

第三，确立人权事业的"求同存异观"。"构建人类命运共同体"理念超越了西方人权观和非西方人权观的争论，跳出了自由主义的单一视野，立足于世界整体性发展，谋求全人类的共同福祉，它要求在尊重各国文化传统、社会制度、历史背景和不同发展阶段所表现出来的特殊性和多元性的同时，积极履行国际人权法义务，尊重和保障人权，满足人的现实基本需要，服务人的全面发展，服务全人类的共同进步。

三、实现更高层次的人权有赖于平等发展权的实现

发展促进人权，人类走出困境的唯一出路在于发展。发展本身是一项基本人权，发展又为整个人权实践提供新的视角。从国内看，发展的主体是人，发展的核心也是人。中国提出的新发展理念核心意旨在于：发展为了人民、发展依靠人民、发展成果由人民共享。从国际上看，国际冲突与争端的解决，国际环境与生态问题的解决，乃至宗教与文明冲突的舒缓与解决，均有赖于发展，核心是平等发展权的实现。中国提出的"一带一路"倡议之宗旨就是世界各国合作发展、共建共享、共同繁荣，这不仅有助于各项人权的实现，也有助于人类命运共同体的构建。

从这一高度上看待发展权，就不应将之视为上世纪六七十年代发展中国家针对发达国家就南北差距问题所提出的外交辞令，更不是发展中国家出于自身狭隘利益考虑而提出的人权工具。恰恰相反，这是我们在人类命运共同体基础上，在对人之本质和人之需求、对国际关系与国际和平、对人类命运与人类永续等问题深入思考的结果。人权是伴随政治文明、物质文明、精神文明的进步而进步、发展而发展的。

第一,公民权利和政治权利的保障与进步,本质上有赖于政治文明的发展与进步。自由主义者面对建立于资本主义体系之上的自由主义民主模式的胜利,曾断言历史已经终结,在面对当下英国脱欧纷争、美国大选震荡不断、宗教族群种族冲突升级、难民和移民问题凸显、保守主义、右翼势力抬头等棘手问题时,这一论断不攻自破了。公民权利和政治权利的实现与保障需要创新模式,需要开辟新的路径。

第二,经济、社会、文化权利的实现与进步,本质上有赖于物质文明的发展与进步。传统自由主义者也往往是人权原教旨主义者,常以固守自由权本位的第一代人权为荣,并以此确立人权的道德高地。在面对庞大的贫困数字、艾滋病蔓延、婴幼儿和产妇死亡率居高不下时,在面对众多国家因金融危机导致经济停滞衰退并进而导致冲突四起、生灵涂炭、教育医疗民生体系崩溃时,这一人权的道德高地也就瞬间坍塌了。20多年前,中国就曾提出过各项人权是相互联系、不可分割的,生存权是首要人权的主张。在理论上,各项人权没有孰轻孰重之分,但在特定历史时期,一定有优先解决的事项。在贫困这一历史性问题仍然困扰着国际社会的今天,实现免于贫困的权利就是人权的优先事项。今日中国集全国全社会之力实施脱贫攻坚、精准扶贫,以发展促进人权,就为世界所瞩目、所赞赏。

第三,国际人权事业的进步与发展,本质上需要在人类命运共同体基础上重新理解人类文明体系,在实现平等发展权基础上重构合作共赢的新型国际关系。继续放任无道德、无原则的资本逐利,世界经济不可能繁荣健康;继续实行强权政治和改头换面的新殖民主义,国际社会不可能和平安宁;继续推行西方文化优越论,人类文明不可能走出当下困境、实现永续发展;继续奉行西方中心主义的自由民主模式,人权作为近300年特别是战后人类文明发展的动力机制也将失去动力。任何一种文化都有其生命力与特色,并没有高低贵贱之分,我们主张以中国文化弥补传统人权、滋养传统人权、超越传统人权、开新传统人权,而不是压制与取代,更不是忽略其他文化。茨瓦特教授长期以来致力于人权实现载体理论以及跨文化人权问题的研究,非常令人赞赏。伊斯兰文明、印度佛教文明、拉丁美洲文明、非洲文明源远流长,我们在构建人类命运共同体的过程中,在推进人权进步事业的过程中,也需要从中汲取灵感、智慧与经验。

三、人类命运共同体与全球人权治理变革

构建人类命运共同体与全球人权治理体系变革

◇ 陈须隆*

内容提要：构建人类命运共同体的主张包含实然和应然双重含义。维护人权和促进人权的全球治理，是构建人类命运共同体的应有之义。构建人类命运共同体，其实也是在构建人权命运共同体。各方将通过携手构建人类命运共同体而全面推进全球人权治理水平。构建人类命运共同体对中国推动全球人权治理体系变革也具有多方面的指导意义，其中包括构筑以合作共赢为核心的人权治理伙伴关系网络。推进"一带一路"建设，是构建人类命运共同体的伟大实践，必将为推动全球人权治理体系变革提供新动力、新路径、新平台和最佳实践。

关键词：人类命运共同体；人权命运共同体；人权进步共同体；全球人权治理；"一带一路"

本文分为三个部分。一是从"实然"和"应然"两个角度来申明人类命运共同体的内涵，并指出人类命运共同体也是人权命运共同体，我们应该携手构建人人享有人权的人类命运共同体。二是阐释中国从多个层面推动构建"实现共赢共享"的人类命运共同体，同时也从多个层面推动全球人权治理体系变革。三是揭示"一带一路"建设对构建人类命运共同体和推进全球人权治理体系变革的价值与作用。

---

* 陈须隆，中国国际问题研究院国际战略研究所所长、研究员，中国人权研究会常务理事。

一、构建人类命运共同体的双重内涵及应有的人权治理之义

中国所提出的构建人类命运共同体的主张,包含了实然和应然双重含义。

"实然"是指客观事实和趋势,它不以人的主观意志为转移。构建人类命运共同体的"实然"是指,随着经济全球化的浪潮席卷整个世界和信息技术的突飞猛进,不管你愿不愿意,喜欢不喜欢,国家、民族、文明之间的相互联系、相互依存、相互影响日益增强,"一荣俱荣,一损俱损"愈发成为真实写照。这使世界各国人民愈发成为地球村的村民,并对人类所赖以生存的地球家园愈发认同和珍爱。同时,在气候变化、疫情传播、恐怖主义肆虐、大规模杀伤性武器扩散、网络安全威胁、国际金融危机、难民危机等全球性挑战面前,地球村的脆弱性和风险在上升,谁也无法单独应对,人类愈发进入安危与共、命运与共的时代。也就是说,人类的命运从未像今天这样如此紧密地联系在一起,这一客观趋势还会继续增强。

"应然"是指我们针对人类愈发结成一个命运共同体这一客观事实和趋势,本着对人类前途与命运高度负责的态度而应该作出的积极反应。一是要牢固树立人类命运共同体意识,提高自觉和自制,不做危害人类命运共同体的事情。二是要采取积极态度与举措,不断推进人类命运共同体的建设取得进展,确保人类拥有一个持久和平、持续发展、共同繁荣、普享人权的美好未来。

至于应该如何构建人类命运共同体,2017年1月18日,中国国家主席习近平在联合国日内瓦总部发表了题为"共同构建人类命运共同体"的演讲,提出了一整套的思路和办法,值得各方重视和落实。

需要特别指出的是,维护人权和促进人权的全球治理,是构建人类命运共同体的应有之义。从维护和增进人权的角度来看,我们所要共同构建的人类命运共同体一定是人人享有人权的命运共同体。从这个意义上讲,构建人类命运共同体,也是在构建人权命运共同体,各方将通过携手构建人类命运共同体而全面推进全球人权治理水平,都成为人权赢家,共享人权红利。

二、构建人类命运共同体对推进全球人权治理体系变革的意义

构建人类命运共同体，对中国对外关系和中国外交具有多方面的指导意义，主要可归结为两大方面。

一是中国要与各方结成联系紧密、共生共进、共担共享的命运共同体。在这一过程中，中外双方会结成平等相待、密切互动、全面合作的伙伴关系，深度打造利益共同体、发展共同体、安全共同体、责任共同体乃至人权进步共同体。

二是中国推动各方乃至整个国际社会通过共商共建共享，打造人类命运共同体。在这一过程中，中国将主动承担与自身国力相称的大国责任，及时提供优质公共产品，积极发挥引领作用，推进人权等各领域的全球治理。

就全球人权治理而言，构建"实现共赢共享"的人类命运共同体，对中国推动全球人权治理体系变革也具有多方面的指导意义。

中国将致力于构筑以合作共赢为核心的人权治理伙伴关系网络，并使之成为全球人权治理体系革新的重要组成部分。为构建"实现共赢共享"的人类命运共同体，中国主张坚持主权平等、和平和解、法治正义、开放包容和人道主义的原则和精神。而这也应是推进全球人权治理体系变革应坚持的基本遵循。这就要求各方反对各种形式的强权政治，摒弃唯我独尊心态和公开施压做法，避免将人权问题政治化和双重标准，共同打击一切形式的种族歧视。

中国将携手各方推动联合国人权机制不断发展和完善，确保其公正、客观、建设性、非选择性地开展工作，同等重视各类人权，推动各方求同存异，凝聚共识，为国际人权事业发展注入强劲动力。

在共同构建人类命运共同体的过程中，各方将增加理解、减少对抗，这有助于推进全球人权治理体系的良性变革。各方将更多地依靠充分的对话交流、经验共享和政策协调，加强共商共建，实现共赢共享，使人权在国际社会中得到更多的尊重和保护。

当下，全球人权治理正面临着"人权困境"的严峻挑战。全球近8亿人每天面临饥饿威胁，叙利亚、阿富汗等战乱地区百姓的生存权难有保障，难民危机、恐怖主义、排外情绪、种族主义、警察过度执法等问题此起彼伏，相互交织。唯有不断推进人类命运共同体建设，实现可持续安全与可持续发展，才能

克服"人权困境",从根本上改善全球人权治理状况。

三、"一带一路"建设为构建人类命运共同体和推进全球人权治理体系变革提供路径和动力

推进"一带一路"建设,是构建人类命运共同体的伟大实践,也将为推动全球人权治理体系变革提供新动力、新路径、新平台和最佳实践。

中国国家主席习近平在2013年提出共建"丝绸之路经济带"和"21世纪海上丝绸之路"的重要合作倡议。四年来,"一带一路"建设进展顺利,成果丰硕,受到国际社会的广泛欢迎和高度评价。2017年5月14日至15日,中国在北京成功主办"一带一路"国际合作高峰论坛。习近平主席在论坛上强调,"一带一路"建设把沿线各国人民紧密联系在一起,致力于合作共赢、共同发展,让各国人民更好共享发展成果,这也是中方倡议共建人类命运共同体的重要目标。他呼吁各方用实实在在的行动推动"一带一路"建设国际合作不断取得新进展,为构建人类命运共同体注入强劲动力。这表明,"一带一路"建设是沿线各国共同构建人类命运共同体的重要探索与实践。

我认为,"一带一路"倡议对构建人类命运共同体具有重大的现实和理论意义。如果说构建人类命运共同体提供了世界该往何处去的正确方向与宏伟蓝图,"一带一路"倡议则提供了切实可行的有效路径和具体方案。建设"一带一路"不仅带动大区域合作,推动打造中国自身的命运共同体、周边命运共同体、亚洲命运共同体、亚欧命运共同体,还通过示范效应、外溢效应、辐射效应和联动效应,促进中非命运共同体、中阿命运共同体、中拉命运共同体乃至整个人类命运共同体的建设。"一带一路"建设中所积累的联通、对接、交融、联动、合作、共治、普惠等成功经验与模式,可以提供具有示范意义的实践案例,并进而上升到理论高度,用来丰富和完善构建人类命运共同体理论体系。

在"一带一路"建设的伟大进程中,各方因为志同道合而携手同行,集众智众力,推动合作倡议落地生根,推动合作项目开花结果,扎实、稳妥地推进"政策沟通、设施联通、贸易畅通、资金融通、民心相通",将各国利益、责任和命运串联起来、并联起来,就会使"一带一路"建设不断取得成功,并为

构建人类命运共同体提供成功样板和强大助力。

北京"一带一路"国际合作高峰论坛取得若干成果，涵盖政策沟通、设施联通、贸易畅通、资金融通、民心相通五大类，共有76大项、270多项具体成果。其中很多成果都关系到人权发展和人权治理，包括：（1）中国政府将加大对沿线发展中国家的援助力度，未来三年总体援助规模不少于600亿元人民币；（2）中国政府将向沿线发展中国家提供20亿元人民币紧急粮食援助。向南南合作援助基金增资10亿美元，用于发起中国—联合国2030年可持续发展议程合作倡议。向有关国际组织提供10亿美元，共同推动落实一批惠及沿线国家的国际合作项目，包括向沿线国家提供100个食品、帐篷、活动板房等难民援助项目，设立难民奖学金，为500名青少年难民提供受教育机会，资助100名难民运动员参加国际和区域赛事活动。

"一带一路"国际合作高峰论坛将定期举办，并成立论坛咨询委员会、论坛联络办公室等。习近平主席宣布，中国将在2019年举办第二届"一带一路"国际合作高峰论坛。有关各方应更加重视并积极开发"一带一路"在改善人权和促进人权全球治理中的价值与作用，推动未来的"一带一路"国际合作高峰论坛取得更多更大惠及人权的成果。

构建人类命运共同体对全球人权治理的影响

◇ 罗艳华 *

摘要："构建人类命运共同体"的理念由习近平主席 2017 年 1 月在联合国提出后已经在国际社会产生了巨大反响，并被多次写入了联合国决议。人权领域是全球治理的一个重要领域，全球人权治理的过程早在人权原则被联合国确立之时就已经开始。构建人类命运共同体会对全球人权治理产生多方面的影响，主要表现在会进一步提升人权的重要性、会为人权概念的发展创造新契机、会使人权领域的国际规范得到进一步的加强和发展、会进一步促进人权领域的对话与合作、会使得人权的普遍性和特殊性更好地结合、会进一步推动中国对全球人权治理的积极参与等诸多方面。

关键词：构建人类命运共同体；人权；全球治理

"构建人类命运共同体"的理念是新时期中国为实现世界和平与发展而提出的行动方案。这一理念一经提出，就受到了国际社会的普遍关注和高度认同。"构建人类命运共同体"的理念内容丰富，会对很多领域产生深刻的影响，其中对于全球人权治理的影响也将是多方面的。

---

* 罗艳华，北京大学国际关系学院教授、博士生导师，中国人权研究会理事。

一、"构建人类命运共同体"理念的提出

2017年1月,习近平主席在日内瓦万国宫出席"共商共筑人类命运共同体"高级别会议,并发表了题为"共同构建人类命运共同体"的主旨演讲,引起了强烈反响。习近平主席提出的"构建人类命运共同体"理念包含主权平等、对话协商、合作共赢、交流互鉴、绿色发展等多方面内涵。

2月10日,联合国社会发展委员会第55届会议协商一致通过了"非洲发展新伙伴关系的社会层面"决议,"构建人类命运共同体"理念被首次被写入了联合国决议。3月23日,联合国人权理事会第34次会议通过关于"经济、社会、文化权利"和"粮食权"两个决议,"构建人类命运共同体"理念再次被写入了联合国决议。这标志着"构建人类命运共同体"这一理念已经受到国际社会越来越多的认同。

二、人权是全球治理的重要领域

全球治理是上世纪90年代提出的概念,主要指各国政府、国际组织、各国公民为最大限度地增加共同利益而进行的民主协商和合作,其核心内容是健全和发展一整套维护全人类安全、和平、发展、福利、平等和人权的新的国际政治经济秩序,包括处理国际政治经济问题的全球规则和制度[1]。

全球治理的要素主要有五个,即全球治理的价值、全球治理的规制、全球治理的主体、全球治理的对象以及全球治理的结果。其中,全球治理的价值是全球治理的倡导者在全球范围内所要达到的理想目标。全球治理的规制包括用以调节国际关系和规范国际秩序的所有跨国性的原则、规范、标准、政策、协议、程序。全球治理的效果指的是对全球治理绩效的评估。

全球治理的主体指的是制定和实施全球规制的组织机构。主要有三类:

(1)各国政府、政府部门及亚国家的政府当局;

(2)正式的国际组织,如联合国、世界银行、世界贸易组织、国际货币基金组织等;

---

[1] 俞可平:《全球治理引论》,PDF版,第26页,皮书数据库:http://www.pishu.com.cn/skwx_ps/databasedetail?SiteID=14&contentId=3274428&contentType=literature&type=&subLibID=,2017年3月18日访问。

（3）非正式的全球社会组织。

全球治理的对象包括已经影响或者将要影响全人类的跨国性问题。这些问题很难依靠单个国家得以解决，而必须依靠国际社会的共同努力。目前，各国学者提出的需要通过全球治理机制加以关注和解决的问题主要有这样几类：（1）全球安全，包括国家间或区域性的武装冲突、核武器的生产与扩散、大规模杀伤性武器的生产和交易、非防卫性军事力量的兴起等；（2）生态环境，包括资源的合理利用与开发、污染源的控制、稀有动植物的保护，如国际石油资源的开采、向大海倾倒废物、空气污染物的越境排放、有毒废料的国际运输、臭氧衰竭、生物多样性的丧失、渔业捕捞、濒危动植物物种的灭绝、气候变化等；（3）国际经济，包括全球金融市场、贫富两极分化、全球经济安全、公平竞争、债务危机、跨国交通、国际汇率等；（4）跨国犯罪，例如走私、非法移民、毒品交易、贩卖人口、国际恐怖活动等；（5）基本人权，例如种族灭绝、对平民的屠杀、疾病的传染、饥饿与贫困以及国际社会的不公正，等等[2]。

基于对全球治理概念和要素的如上解析，可以看出人权领域是全球治理的一个重要领域。根据全球治理的概念，可以认为全球人权治理的过程早在人权原则被联合国确立之时就已经开始了。

三、构建人类命运共同体对全球人权治理的影响

由于构建人类命运共同体的理念是中国提出的实现世界和平与发展的行动方案，因而会对很多领域产生广泛影响。其对全球人权治理的影响也将是多方面的，主要表现在：

1. 构建人类命运共同体会进一步提升人权的重要性，使得人权在国际社会更受重视

人权概念、人权原则和人权保护机制是人类文明发展的成果，是属于全人

---

[2] 关于全球治理的概念解析，参见俞可平：《全球治理引论》，PDF 版，第 13—18 页，皮书数据库：http://www.pishu.com.cn/skwx_ps/databasedetail?SiteID=14&contentId=3274428&contentType=literature&type=&subLibID=，2017 年 3 月 18 日访问。

类的普遍价值体现,因而也是人类命运共同体的核心价值体现。人权保障是构建人类命运共同体的重要组成部分。因此,构建人类命运共同体对于保障人权是有促进作用的。在构建人类命运共同体的过程中,人权在国际社会将会更受重视,人权的地位会不断得到提升。

2. 构建人类命运共同体会为人权概念的发展创造新契机

众所周知,到目前为止,在人权发展史上,已经出现了三代人权。

第一代人权指的是公民权利和政治权利,被称为"消极权利",强调保护公民的自由免遭国家的不当干预。主要包括生命权、人身自由权和安全权、私有财产权、选举权与被选举权,以及言论、出版、集会、结社自由和思想、良心、宗教自由,等等。第二代人权是经济、社会和文化权利,被称为"积极权利"。包括工作权、劳动条件权、同工同酬权、社会保障权、物质帮助权、受教育权、健康权,等等。第三代人权是集体人权,又称为"社会连带权利"。主要包括民族自决权、发展权、环境权、和平权等。

尽管第三代人权提出已经有半个多世纪了,但仍然存在争议。社会连带性是第三代人权的根本特征。"构建人类命运共同体"理念的提出,使得我们比以往任何时候都需要国际社会的通力合作才可以更好地实现和保障人权。这就为第三代人权的发展创造了新的契机,同时也是人权概念发展的契机。

在人权概念的发展方面,中国提出的构建"人类命运共同体"的理念和联合国的 2030 发展议程也是殊途同归的。《联合国 2030 可持续发展议程》在进一步确认发展权方面发挥了重要作用。这主要表现在两个方面:(1)《发展权利宣言》成为制定新议程的重要依据[3];(2)进一步明确了发展权是人权的重要组成部分[4]。

这也从一个方面说明中国提出的"构建人类命运共同体"理念是符合世界潮流的,和联合国所倡导的发展目标是一致的。

---

[3] 议程共同原则和承诺(第10条)中指出,新议程依循《联合国宪章》的宗旨和原则,充分尊重国际法。它以《世界人权宣言》、国际人权条约、《联合国千年宣言》和2005年世界首脑会议成果文件为依据,并参照了《发展权利宣言》等其他文书。
[4] 在议程第35条关于和平、安全与可持续发展的关系中,新议程确认:需要建立和平、公正和包容的社会,在这一社会中,所有人都能平等诉诸法律,人权(包括发展权)得到尊重,在各级实行有效的法治和良政,并有透明、有效和负责的机构。

3. 构建人类命运共同体会使人权领域的国际规范得到进一步的加强和发展

纵观当前的全球治理实践，比较缺乏的是各行为体都共同遵守的行为规范。规范的缺失使得各行为体依照自己的利益和判断各行其是，导致世界在一定程度上仍处于霍布斯式的无政府状态，全球治理也时常陷入困境。

在全球人权治理方面，虽然已经有了国际人权法体系这样的坚实基础，但人权治理的规范仍然需要加强和发展。

构建人类命运共同体在巩固和发展国际人权规范方面是一个重要契机，它要求各国按照国际社会公认的国际法原则、国际人权宣言和国际人权公约，承担国际义务与责任，共同促进和保护人权。这首先要求遵守现有的国际人权规范，其次是要求发展新的人权规范来完善现有的全球人权治理体系。

4. 构建人类命运共同体会进一步促进人权领域的对话与合作

对话与合作是促进和维系人类命运共同体的重要方式和有力手段。构建人类命运共同体会促进国际社会在各个领域的对话与合作，人权领域也不例外。目前，国际人权领域存在的很多问题和矛盾的解决都依赖于对话与合作。中国多年来已经与很多国家开展了双边人权对话和磋商，在消除误解、增进了解和达成共识方面取得了很好的效果。

5. 构建人类命运共同体会使得人权的普遍性和特殊性更好地结合

"构建人类命运共同体"理念尊重文明的多样性，认为人类文明多样性是人类进步的源泉。在人权领域，坚持人权的普遍性与特殊性相结合是促进和保护人权的重要原则，强调包容互鉴是促进和保护人权的动力，主张不同的国家、不同的文明之间应平等交流，相互借鉴，取长补短，共同进步[5]。因此，各国应尊重他国的人权发展道路，坚持对话与合作，妥善处理分歧与矛盾，为促进和保护人权寻求更加有效的途径。

---

5 王毅："共同促进和保护人权，携手构建人类命运共同体"，《人民日报》2017年2月27日。

6. 构建人类命运共同体会进一步推动中国对全球人权治理的积极参与

中国作为"构建人类命运共同体"理念的倡导者，势必会在各个领域努力作出表率，更积极地参与全球治理。在全球人权治理领域亦是如此。中国一直是全球人权治理的积极参与者，始终秉持平等互信、包容互鉴、合作共赢的精神，全面深入参与国际人权合作，推动建立公正、合理的国际人权体系。因此，在可以预见的未来，中国势必会在全球人权领域进行更积极、更全面、更深层次的参与，并发挥更重要的作用。

构建人类命运共同体及其对全球人权治理的启示

◇ 常 健*

摘要： 全球化时代，各国之间利益分化且相互依赖加深，人类利益格局呈现从输赢分化到休戚与共的变化趋势，迫切需要全球整体化治理。人权是全球治理的重要组成部分和约束维度。当代全球治理一方面在西方自由主义主导下缺乏对集体人权的应有尊重；另一方面在霸权主义主导下肆意践踏各国人民和全人类的集体人权，使全球治理陷入严重困境。构建人类命运共同体对于化解全球治理困境具有重要的启发意义，它要求确立各国人民和全人类的集体人权，要求各国政府对各项集体人权承担共同和相互的义务，通过共建共商共享的集体人权平等原则，打破国家行动选择上的"囚徒困境"，为国际霸权主义行径设定集体人权的边际约束，实现人类整体利益的最大化。

关键词： 人类命运共同体；全球治理；集体人权

新一轮经济全球化，一方面导致全球的经济、政治、社会和文化更紧密地联系在一起；另一方面也导致了全球性经济、政治、社会和文化危机的可能性。如何防止全球性的危机，使人类社会能够延续存在、和睦相处和持续发展，是全人类面临的共同挑战和课题。中国国家主席习近平提出了"构建人类命运共同体"的主张，这是解决人类社会危机的中国方案。2017 年 6 月 8 日，中国人权研究会在南开大学举办了"构建人类命运共同体与全球人权治理"理论研

---

* 常健，南开大学人权研究中心主任，南开大学周恩来政府管理学院教授、博士生导师，中国人权研究会常务理事。

讨会，中国的专家学者对构建人类命运共同体的全球人权事业发展的意义进行了深入的讨论，提出了许多有启发性的重要观点。下面我从三个方面加以论述。

一、人类利益格局的变化趋势：从输赢分化到休戚与共

"人类命运共同体"首先是一个现实，反映了在新一轮全球化进程中人类利益格局日益加深的相互依赖、休戚与共。

已经过去的全球化第一阶段与正在进入的全球化第二阶段显现出重要的差异。在全球化的第一阶段，先发国家可以利用自己的优势，通过不平等的国际经济秩序，掠夺和剥削后发国家的人民，获得超额利润，并导致巨大的国际贫富差距；可以利用自己的政治优势，干扰其他国家的政治进程，以维护本国的国家利益；可以利用自己的军事优势去侵略其他国家，让他国臣服，屈从于自己的利益；可以通过文化传播的优势，贬低其他国家的文化，将自己的文化理念说成是普世价值，使他国人民从价值上认可和接受先发国家的地位优势。在全球化的第一阶段，这种我赢你输的博弈使发达国家获得了巨大的收益，并导致了世界各国严重的贫富分化和强弱分化。

然而，进入全球化的第二阶段，这种输赢分化的博弈正在衰退，代之而起的是命运与共。"命运"一词，按照中国传统文化的理解，是指人的生死、贫富、祸福、苦乐遭遇。在全球化的新阶段，人类命运与共表现在经济、政治、社会和文化的各个方面。经济上，任何国家的经济危机都会迅速传播和扩散，形成多米诺骨牌效应，导致全球经济的剧烈动荡；政治上，发达国家对发展中国家的政治和军事干预，导致极端主义崛起，发达国家接连遭遇恐怖袭击，整个世界也面临恐怖主义的威胁；社会方面，西方国家支持怂恿一些国家的反政府力量，而这些国家的社会动荡导致的难民潮却使西方国家自身的治安陷入紧急状态；文化方面，西方国家长期营造的西方文化优越感和对其他文化的污名化，导致全球的文化和宗教冲突升级，也使西方国家内部的多元文化和多种宗教之间的冲突加剧；生态环境方面，环境污染、全球变暖、资源枯竭对各国的经济可持续发展和人民的生命健康都构成了严重的威胁。所有这些现象都昭示着输赢分化的全球化时代行将结束，而命运与共的全球化新时代正在到来。

在命运与共的全球化新阶段，不同国家、人民、民族的生死、贫富、祸福、苦乐遭遇更加紧密地联系在一起，他国的贫困、动荡、衰落也会使本国陷入经济、政治、社会和文化危机。只有相互扶助、相互促进、利益共享，才能共同发展、共同繁荣、共保安宁。"人类命运共同体"的理念正是反映了全球化新阶段世界利益关系格局的这种新变化，而"构建人类命运共同体"的理念则提示了在人类命运与共的现实环境下如何建构与之相适应的新型全球关系，它是我们对未来人类社会的愿景。

二、构建人类命运共同体对全球治理的要求

构建人类命运共同体要求改变现实世界恃强凌弱的霸权主义全球治理结构，建立共商共建共享的新型全球治理结构，这体现在经济、政治、社会、文化和生态环境各个方面。

经济上，人类命运共同体要求合作共赢、共同发展、利益共享，追求自身利益的同时兼顾他方利益；各国要同舟共济，而不是以邻为壑，搞贸易保护主义，画地为牢，损人不利己。推动建设一个开放、包容、普惠、平衡、共赢的经济全球化，既要做大蛋糕，更要分好蛋糕，着力解决公平公正问题。

政治上，它要求主权平等，国家不分大小、强弱、贫富，主权和尊严必须得到尊重；推动各国权利平等、机会平等、规则平等；推进国际关系民主化，各国平等参与决策，世界命运由各国共同掌握，国际规则由各国共同书写，全球事务由各国共同治理；通过沟通协商化解分歧，通过政治谈判解决冲突。

社会上，它要求树立共同、综合、合作、可持续的安全观。一国的安全不能建立在别国的动荡之上，他国的威胁也可能成为本国的挑战。邻居出了问题，不能光想着扎好自家篱笆，而应该去帮一把。应建立全球反恐统一战线，为各国人民撑起安全伞。

文化上，它要求不同文明兼容并蓄，交流互鉴，不同种族、不同民族、不同文化、不同宗教信仰、不同文明群体并存。文明不应有高下、优劣之分，而只有特色、地域之别。每种文明都有其独特魅力和深厚底蕴，都是人类的精神瑰宝。不同文明应取长补短、共同进步，文明差异不应该成为世界冲突的根源，

而应该成为人类文明进步的动力。

生态环境方面，它要求绿色、低碳、循环、可持续的生产生活方式，平衡推进2030年可持续发展议程，不断开拓生产发展、生活富裕、生态良好的文明发展道路。

三、人类命运共同体中的三重人权维度

共同体强调价值观念、规范和认同的共享。构建人类命运共同体，需要建构全人类普享普遵的价值和规范，并在此基础上形成人类共同体成员的认同。而这种全人类普享普遵的价值和规范，就是人权的价值和规范；在人权基础上形成的认同就是人类共同体的认同。人权是全球治理的重要维度，全球人权治理的目标是促使各个国家尊重、保护和促进人权的实现，它既是全球治理所要达成的重要目标，又是对全球治理过程、方式和手段的重要"边际约束"。"构建人类命运共同体"既对全球治理提出了要求，也对全球人权治理结构提出了反思和重构的要求。

在西方的传统人权理论中，人是孤立的个体存在，人权在本质上就是保障个人的权利。而构建人类命运共同体则要求改变这种"原子"式思维，从人的类属性出发重新定义人的存在，从全人类整体权利的视角重新审视人权的主体关系结构。在人类命运共同体中，涉及三类人权主体，即个人、人民和人类；由此涉及三个层次的结构关系：一是个人人权与集体人权的关系，二是各国人民的集体人权之间的关系，三是各国人民的人权与全人类人权的关系。

首先是个人人权与集体人权的关系。从人类命运共同体的视角来看，个人不是孤立的存在，个人权利只有在各种人类共同体中才能得到具体规定，个人人权必须受到集体人权的限制和约束。另一方面，集体人权不能脱离每个人的个人人权来获得意义，集体人权是集体中每个人的个人人权的实现条件和保证。如果集体人权异化为侵犯个人人权的借口和工具，它就失去了其作为人权的存在意义。

其次是各国人民的集体人权之间的关系。现实的国际社会并不是一个统一国家，而是分为各个主权国家。要在现实中构建人类命运共同体，就必须确保

各国人民享有平等的集体人权，以此来限制各国无限度地追求本国利益的最大化，约束国际霸权主义的恃强凌弱。这些集体人权主要包括：（1）各国人民的基本生存权：各国人民在生存受到严重自然灾害、公共卫生危机、公共安全危机和社会危机时获得紧急救助和援助的权利；（2）各国人民的发展权：各国人民均有获得平等的发展机会、参与发展过程和分享发展成果的权利；（3）各国人民的和平权：各个国家和人民享受和平的生存环境、不受战争威胁和抵御战争侵略的权利；尊重不同国家和人民之间在经济、政治、社会和文化方面的差异，通过对话相互理解、消除分歧，寻找共赢的解决方案；（4）各国人民的环境权：各国人民有权享有适于人类生活的自然和生态环境；（5）各国人民的自决权：各个国家和人民有自主决定自己经济、政治、社会和文化发展的权利，非经授权不得干预；（6）各国人民的平等权：各国人民平等享有各项国际集体人权，不受歧视；（7）各国人民的民主权：各国人民有平等参与和监督国际公共事务决策的权利。

最后是各国人民的集体人权与全人类集体人权之间的关系。在人类命运共同体中，要确保全人类整体利益的实现，还进一步要求各国人民的集体人权及其相互关系受到全人类集体人权的约束。全人类的集体人权主要包括：（1）人类的生存权；（2）人类的发展权；（3）人类的和平权；（4）人类的环境权。人类集体人权的享有主体是所有人类成员的共同体，包括人类的子孙后代。人类集体人权的义务主体是各国政府和人民及其所组成的各种国际联合体。构建人类命运共同体要求强化人类集体人权的意识和规范，明确人类社会的个体和集体成员对人类集体人权所承担的义务，并在各国人民的集体人权与人类集体人权发生冲突时，对各国人民的集体人权实施必要的限制和有效的约束。

总之，构建人类命运共同体对世界人权事业发展提出了新的要求。它要求超越西方自由主义单纯强调个人人权的原子论视野，约束国际霸权主义的为所欲为，从人类命运休戚与共的视角调整个人人权、各国人民的集体人权和人类集体人权之间的结构关系，以确保在全球化的新阶段人类整体的生存、发展、安全和健康。

"人类命运共同体"语境下的国际人权保障机制

◇ 李红勃*

内容摘要：人类命运共同体的理论，对人权进步提出了更高要求，国际社会应在人权领域实现更紧密的合作，采取更统一的行动，这需要进一步加强国际人权保障机制。应进一步完善联合国的人权保障机制，构建地区性人权保障机制，同时加强国与国之间的人权对话与合作机制。通过不同层次的国际人权保障机制，促进全球人权的进步，通过人权推动构建人类命运共同体。

关键词：人类命运共同体；联合国人权理事会；联合国人权条约机构

"人类命运共同体"的理论，植根于传承千百年的中华文化。中国的"和"文化，坚持的是"以和为贵""有容乃大"格局；追求的是"致中和，天地位焉，万物育焉"的"太平和合"境界；秉持的是"天下为公""万邦和谐""万国咸宁"的政治理念；讲究的是"和而不同""执其两端而用其中"的哲学思想。"人类命运共同体"的理念，为分析和解决当今世界面临的包括人权在内的普遍性问题提供了全新的思路和方法。

"构建人类命运共同体，关键在行动"。二战以后，以联合国为代表的国际社会在人权问题上达成了高度共识，构建了相对比较完善的国际人权法律体系和保障机制。在构建人类命运共同体的过程中，需要不断强化和完善国际人权保障机制，推进国际人权法的实施，实现世界人权的不断改善。

---

* 李红勃，外交学院人权研究中心副主任、教授，中国人权研究会理事。

一、完善以联合国为核心的国际人权对话协商机制、人权经验共享机制和人权政策协调机制，推进全球人权治理

首先，支持和维护联合国人权理事会的人权运行机制，使其在讨论和解决全球性人权问题中发挥主导性作用。

二战之后，联合国在人权领域承担的责任越来越重大，扮演的角色越来越重要。联合国人权理事会作为联合国负责人权事务的最重要机构，拥有一套保障人权法实施的机制，包括普遍定期审议机制、人权特别机制、专家咨询机制等不同形式。在普遍定期审议机制下，所有国家无论大小强弱，无一例外地成为受审查的对象。普遍定期审议机制的这种普遍性和公平性体现了联合国改革的宗旨和对公平价值的追求，应该得到所有联合国成员国的尊重和支持。

其次，不断完善联合国人权条约机构的运行，使其在保障核心人权公约实施中发挥更有针对性的作用。

联合国人权理事会的普遍定期审议机制只是一般性审查，其目标并不是个案的合理性，而是国家法律制度的公平性、人权发展战略的先进性以及人权外交政策的合理性，其目的在于从总体上监督和提高一国的人权保障水平。相比之下，联合国人权条约机构可以结合个案进行针对性监督，补充人权理事会一般性监督的不足。联合国人权条约机构体系（UN Human Right Treaty Body System）是根据联合国核心人权条约建立起来的条约机构，通过审议国家定期报告、受理国家间指控、受理个人来文、调查严重侵犯人权行为以及发表一般性建议等程序，监督缔约国履行人权条约义务。针对联合国条约机构的能力与独立性不足、个人来文及国家间指控程序利用率低、过度依赖非政府组织信息等问题，联合国启动了一项"加强进程"（Strengthening Process）改革，以期建立一个更加"高效、可持续的条约机构体系"。

最后，引导和支持区域性国际组织积极建立人权保障机制，推动区域人权状况的进步。

在联合国体系之外，存在着诸如欧洲联盟、阿拉伯国家联盟、东南亚国家联盟、上海合作组织等大量区域性国际组织。与联合国相比，区域性国际组织

具有共同性更高、行动更有效、更能解决区域性问题等特点，因而，应当不断引导和支持区域性国际组织构建人权保障机制，推进区域人权发展。

总之，通过完善上述以联合国人权理事会为核心的国际人权保障机制，期望在国际社会形成一个人权对话协商、人权经验分享、人权政策协调机制，通过这套机制，国际社会可以相互交流、凝聚共识，更有效地开展国际人权行动。

二、探索国与国之间在平等与尊重的基础上开展建设性的人权对话与合作，实现人权领域的"和谐共存、共同发展"

与国际组织主导下的人权保障机制相比，国与国之间的人权对话与合作机制具有更好的针对性、更强的操作性，可以补充一般性国际人权保障机制的不足。国际社会应当积极鼓励国与国之间开展人权对话与合作，在此过程中，必须坚持如下的基本原则：

其一，尊重和维护国家主权的平等地位。在主权与人权的关系上，主权是前提，人权是目的。尊重和实现人权，首先和主要还是要依靠主权国家。事实证明，国家没有了主权，人民就不可能享有人权。当今世界，疾病问题、难民问题、环境问题、恐怖主义问题等普遍性人权问题的解决，既要依赖国际社会的通力合作，更要依靠主权国家在经济发展、社会稳定的前提下承担责任，有所作为。

其二，坚持不同文明兼容并蓄，交流互鉴。当今世界，由于历史和文化传统的不一致性和每个国家现实国情的不一致性，产生了体现其特殊性的不同的人权体系，对于这种人权差异，应当宽容和尊重，而不是对抗和敌视。"文明相处需要和而不同的精神。只有在多样中相互尊重、彼此借鉴、和谐共存，这个世界才能丰富多彩、欣欣向荣。"

为了推进本国与国际社会的人权进步，中国非常注重推动双边人权对话与交流。近年来，中国与欧盟及英国、德国、澳大利亚、新西兰等举行人权对话和交流，与澳大利亚开展人权技术合作，增进相互了解；与俄罗斯举行人权事务磋商，与老挝、斯里兰卡等开展人权交流，分享参与国际人权工作的做法和经验。在此过程中，中国坚持相互尊重、平等相待、合作共赢、共同发展的原则，把中国人民的利益同各国人民的共同利益结合起来，支持和帮助发展中家特别是最不发达国家减少贫困、改善民生、改善发展环境,推动建设人类命运共同体。

当然,在推动国际人权保障机制健康、有效运行的同时,各个主权国家也要积极承担起自己的人权责任,把本国的人权事务做好。人权进步需要靠自己努力,人权保障首先是主权国家自己的责任。因此,所有主权国家应当以落实联合国《2030年可持续发展议程》为契机,制定计划,采取行动,展现自己的人权担当。只有所有主权国家都能把自己的事情做好,国际人权保障机制才能发挥更好的作用,使所有人的生活都得到改善,而我们的世界也将变得更加美好。

互嵌式人类共同体及人权的全球治理

◇ 刘 明*

摘要： 当前政治理论中关于全球治理及全球正义等问题的争论，涉及何种类型的人类共同体有助于实现人权与和平、正义等人类的"共同命运"。许多世界主义者从道德普遍主义的视角出发，认为世界是一个类似于国家的共同体，应该不偏不倚地对待全球范围内的每一个公民的权利。这种解释以普遍人性为起点而推导出一套普遍主义的权利和义务，忽视了主权国家、多元文化、人的道德心理等方面的客观约束。人权及人类"共同命运"的实现，要求全球治理在道德理想与现实约束之间寻求某种平衡，进而需要抛弃世界主义的人类共同体观念。关于人类共同体，需要在理论上拓展一种关系性的解释，在实践上构建一种互嵌型的模式，以适应当前全球化和多元主义相互交织的客观事实，以及为当前错综复杂的全球治理提供更具合理性的理论支撑。

关键词： 世界主义；互嵌式人类共同体；人权；共同命运

在当前的政治理论中，主流的世界共同体观念主要由世界主义者所倡导。受到康德的影响，当代的许多世界主义者将人类个体视为道德关怀的终极对象，并认为，无论从世界上的每个国家或个人的角度看，还是从作为人类共同体的全球的角度看，世界上的任何个体都应该受到不偏不倚的对待。因此，当代的世界主义是自由主义的加强版本，将个人主义和普遍主义等观念在全球范围的

---

* 刘明，南开大学周恩来政府管理学院讲师，南开大学人权研究中心研究人员。

伦理层面和制度层面进行了扩展，并将不偏不倚地对待世界上每个人的权利视作人类共同体的终极目标。这种观念的哲学基础是基于对人的本质属性的一种共同认识，即认为世界上的每个个体由于共享某种人性而共处于一个世界性的共同体当中。对人类共同体的这种本质主义解释，无论在理论上还是实践上都存在难以克服的局限。关于人类共同体的合理理解，不仅需要考虑共享的人性基础，更应该尊重当前人类互动的一般事实等方面的客观环境和客观规律，一种更为合理的方式是将其放在不同行为主体之间的互动关系中来思考。在批判性地考察世界主义的人类共同体观念的基础上，本文试图提出一种以关系性解释为基础的互嵌式人类共同体观念，并考察这种类型的人类共同体在解释当前全球治理及其目标等现实问题时所具有的内涵和优势。

一、世界主义的人类共同体观念

尽管世界主义的思想源泉可以追溯到古希腊、中国春秋时期等古代文明中，但是，以个体权利为核心观念的当代意义上的世界主义，却主要由康德所倡导。例如，斯库特在《政治思想词典》中界定世界主义的时候提到：在当代，世界主义的最有力的倡导者是康德，他在对"永久和平论"的规定中所提到的关于世界政府的起源，就隶属于世界主义的观念；这种观念开始于康德对每一个道德行动者和"目的王国"的思考。[1] 康德的共和主义政治思想要求建立一个世界性的共和秩序，不过由于意识到世界国家存在专制或分裂的风险，康德在《永久和平论》中重点强调了一套世界主义的法则理论。在世界主义的思想史库中，这有可能是最具影响力的文献，因为他确立了国家承认个体权利的必要性。在这种意义上，与国际法不同，康德的世界主义不是用来规约不同国家在国际中的行为的，而是一种道德立法。

康德所确立的世界主义的法则，是以"友善待人"（hospitality）为基础的，即他所说的"当一个人来到一个陌生的地方时，作为一名陌生人，他拥有不被敌视的权利"[2]。世界上的每个人不管身处何方，都拥有被友善对待的权利，每

---

1 R. Scruton, *A Dictionary of Political Thought*, Pan Books & Macmillan Press, 1982.
2 Kant, "Perpetual Peace", in Kant: *Political Writings*, Cambridge: Cambridge University Press, 1991, p. 105.

个人也负有友善对待他人的义务，所有人由此而处在了一种人类共同体当中，"世界上的所有民族都处在了一个全球性的共同体当中，并且，全球性的共同体还意味着，某个地方出现违背权利的现象时，世界上的其他地方也都感同身受。因此，世界主义的权利观念并不是空想，也没有过度；通过将其转变为一种基于人性的普遍权利，它是对政治权利和国际权利中不成文法的必要补充"[3]。

康德这种普遍主义的人类共同体观念，其基础是对普遍人性和普遍道德的思考，康德在此基础上提出了"目的王国"的观念。在康德看来，自主构成每个人的尊严和目的，每个人都是自主的理性行动者，因此应该以绝对命令的方式得到普遍的对待。绝对命令传递了道德法则的普遍性，即某些道德原则是普遍的，且仅仅因为其自身便具有效力，而不用考虑任何目的，"只有道德法则本身……构成绝对的善"。绝对命令一开始体现在下面的普遍法则中："依据那些你可以同时认为能够被普遍化的准则而行动"[4]。目的王国则通过另一条道德法则表现出来："你的准则需要与法则相一致，将每个人视为是一个目的王国。"[5] 因此，目的王国实际上包含形式和实质两个方面，形式方面指道德法则的普遍主义，实质方面指人的自主性。目的王国的基本主张是，所有人类存在者都是理性的行动者，他们必须按照所有其他的人类所能接受的原则而行动，而不用考虑政治、文化或地理等方面的差异。

康德所讨论的世界主义的法则，实际上为全人类确立了一个道德的共同体，这类道德的人类共同体以每个人类行动者的内在自由（自主）为目的。在处理行动者的外在自由（政治自由）时，道德的人类共同体能否推演出政治的人类共同体呢？政治的人类共同体要求建立一个能将世界上所有人包括进来的世界国家或世界联邦。关于政治的人类共同体，康德实际上处于现实的担忧与理想的期望之间的矛盾状态。基于现实的担忧，康德认为，众多独立国家"要优于凭单一权力进行合并并实施支配的世界君主政体。随着政府范围的扩大，法律会逐渐失效"[6]。但实际上，康德并不是反对世界国家本身，而是觉得现实中

---

3 Kant, "Perpetual Peace", in Kant: *Political Writings*, Cambridge: Cambridge University Press, 1991, pp. 107-108.
4 Kant, *The Moral Law: Kant's Groundwork of the Metaphysic of Morals*, trans. H. J. Paton, Routledge, 1991, pp. 66-67.
5 Kant, *The Moral Law: Kant's Groundwork of the Metaphysic of Morals*, trans. H. J. Paton, Routledge, 1991, p. 95.
6 Kant, "Zum ewigen Frieden", in Königlich Preußische Akademie der Wissenschaften(ed.), *Kants gesammelte Schriften*, volume 8, Berlin: de Gruyter, 1923, p. 367.

的独立国家不会放弃各自的主权，而屈从于世界性的公共法律。康德认为，独立国家的这些考虑实际上是放弃了理论上正确的东西，即建立世界性的共和国。最终，至多只能通过国家联盟的方式来阻止战争等有害趋势[7]。因此，从理想的角度看，康德不仅主张一种道德的人类共同体，而且希望通过建立世界共和国的方式来实现每个人的自由。

  康德的世界主义是一种义务论的形式，它关注的是人类义务的道德本质。按照康德的义务论，道德规则是正当的，仅仅因为道德所要求的行为本身的性质，而不用考虑其后果。与之相对应，在政治理论中，义务论确立了一套关于个人的权利体系，这套权利体系是每个人都应该享有的，而不用考虑其所处的种族、国家、文化或地理等因素，因为这些因素在道德上是任意的。当代著名的世界主义者托马斯·博格和查尔斯·贝茨等政治理论家继承了康德这种普遍主义的义务论。例如，博格提到世界主义包含四个基本的承诺[8]：（1）规范的个人主义：道德关怀的终极单位是个人，而不是家庭、部落、种族或国家这类群体；（2）不偏不倚（Impartiality）：必须用同样的方式来对待人类社会中的每一个个体，不管他是什么样的家庭、肤色、族群或国籍；（3）完全包容性（All-Inclusiveness）：作为道德终极关怀的每一个人类个体，都必须被世界主义的道德标准考虑在内；（4）普遍适用性（Generality）：世界主义的道德标准和规则对所有的个体行动者和集体行动者都是适用的，进而具有效力。当代的世界主义者所确立的这四个承诺，实际上是追随了康德，确立了一套适用于世界上每一个人类个体的权利法则，并认为需要一个超脱于国家之上的人类共同体来不偏不倚地对待世界上的每一个人。

  普遍主义对于理解世界主义的人类共同体具有重要的地位。对于普遍主义，博格明确提到，"普遍主义并不是一个内容界定明晰的道德观念，而仅仅是一种思考路径——也就是说，依据普遍主义的概念图式，我们能够形成一系列实质性的道德立场。对于某一道德观念的可接受性，普遍主义至多能够提供一些

---

[7] Kant, "Zum ewigen Frieden", in Königlich Preußische Akademie der Wissenschaften(ed.), *Kants gesammelte Schriften*, volume 8, Berlin: de Gruyter, 1923, p. 357.

[8] Thomas Pogge, "Cosmopolitanism", in Philip Pettit and Thomas Pogge (eds.), *The Blackwell Companion to Political Philosophy*, Oxford: Blackwell, 2007, pp. 312-331. 查尔斯·贝茨也提到了类似的主张，如他提到世界主义的四个基本特征：不偏不倚、普遍性、个人主义和平等主义，见 Charles Beitz, "Cosmopolitan Liberalism and the States System," in Brown (ed.), *Political Restructuring*, pp. 123-136.

必要的、而非充分的条件。这些条件用来满足道德上系统性的融贯要求：对个人及其行为、对社会规则以及事态的道德评估，必须基于那些被所有人同等坚持的基本原则而展开，并且，在这些基本原则中所包含的所有区别对待，都必须有一个合理的理由作为基础。"[9] 不难看出，在博格等当代的世界主义者看来，道德普遍主义似乎类似于康德的"可普遍化原则"，它本身并不设定具体的道德内容，而是用来检测其他次阶的道德原则或道德规则的可接受性。具体地说，在博格那里，道德普遍主义是（至少有资格）检验其他道德观念或政治观念是否具有可接受性的必要条件。因此，与康德类似，当代的世界主义者将形式的普遍主义与实质的个人权利进行结合，它们构成了道德层面的人类共同体的核心主张。

为了实现道德层面的人类共同体的承诺，当代的世界主义者还试图在政治层面倡导某种类型的人类共同体。博格等世界主义者认为在21世纪以及随后的人类岁月中，已经具备了不同于康德时期的有利条件。过去一二百年的历史和全球化扩展了我们对这个问题的理解，从美国的联邦主义以及欧盟的经验可以看到，关于世界政府已经具备了开放的可能性[10]。此外，当代的世界主义主要是在讨论全球正义的问题中复兴的，世界主义者在这一问题上还提出了全球分配正义的主张。如贝茨提到，"如同一个人的天赋一样，国家所占有的自然资源在道德上也是具有任意性的，因此是不应得的"[11]，因此，应该存在一个针对全球自然资源的再分配政策；其次，世界主义者认为，不仅仅每个人的天赋、家庭出身在道德上是任意的，而且每个人所出生的国家在道德上也是任意的。因此，应该存在一种统一的全球经济再分配原则。世界主义者的这些主张都是道德普遍主义在政治领域中的延伸。

因此，无论是康德还是当代的世界主义者，都从道德普遍主义的视角辩护了一种道德的全球共同体。在道德的全球共同体中，世界上的每个人都是平等的，应该得到不偏不倚的对待，而不用考虑人们所处的国家、地域、文化或种族等方面的差异。在世界主义者看来，道德的人类共同体的逻辑起点是每个人

---

9 Thomas Pogge, "Moral universalism and global economic justice," *Politics, Philosophy & Economics* (2002), 1 (1), pp. 31-32.
10 Thomas Pogge, "Cosmopolitanism and Sovereignty," *Ethics* 103 (1992), pp. 48-75.
11 Charles Beitz, *Political Theory and International Relations*, Princeton: Princeton University Press, 1979, p. 139.

类个体所享有的人性或尊严。这是这一种哲学本质主义的解释,即立基于人的本质属性解释道德原则或政治问题。为了实现道德的全球共同体的相关主张,世界主义者还提出在政治层面建立全球共同体的抱负,这主要体现在两个方面:第一,为了实现对世界上的每个公民进行不偏不倚地对待,有必要在将来建立一个公正客观的"世界政府",这个"世界政府"或者是康德所主张的国与国之间的国家联盟或者是以欧盟为样板的全球联邦。第二,需要一个类似于国家的"世界政府"在社会正义等方面平等地对待世界上每一个公民的权利,例如,为了应对全球贫困,需要建立一个全球性的税收体制和分配政策。

二、世界主义中全球人权体制的困境

许多世界主义者主张或暗示世界是一个类似于国家的共同体,世界作为一个共同体应该像国家对待其公民一样,不偏不倚地对待全球范围内的每一个公民的权利。在世界主义者看来,世界之所以能够被视作一个共同体,主要是因为世界上的每一个人都隶属于同一"物种",每个人因为具有理性或尊严而成为人类共同体中的平等一员。世界主义者实际上是将人权作为全球治理的终极目标,世界主义的人类共同体,实际上是围绕一种普遍主义的全球人权法则而建构起来的全球人权体制。他们继承了启蒙思想中自然法和形而上学的传统,主张人权是独立于人类社会现有的法律制度、政治制度以及相关的认知力和执行力的,因此,人权是天然存在的,是不受人类历史和地域的不同所制约的,是人性(humanity)本身使得人权成为权利[12]。世界主义的人类共同体是建立在人的属性之上的一种本质主义解释,并确保将世界上每一个人的人权视作人类共同体的终极目标。

这类本质主义解释的一个根本特点是,从某些抽象的先验假定开始推导一系列普遍主义特征的道德原则和政治原则,而不考虑现实社会的具体情境以及客观条件。这种形而上学式的本质主义解释无论在方法论上还是在理由的公共辩护上都存在一些难以克服的缺陷。首先,从方法论上讲,世界主义的思路陷

---

[12] A. John Simmons, "Human Rights and World Citizenship: The Universality of Human Rights in Kant and Locke," in Justification and Legitimacy: Essays Rights and Obligations, Cambridge University Press, 2001, p. 185.

入了一种"逻辑循环"的困境。在实践哲学中存在两种辩护方法,一是从尊重人类社会的现实语境入手寻求带有普遍约束力的实践原则;二是从抽象的哲学原点或人性假定出发确立普遍的规范来规约人类的实践。康德以及当代的许多世界主义者隶属于后者,他们假定了理想的人类主体和一系列理想的情况,理想的人类主体在理想的情况下会同意并实践相关的规范原则。但问题恰恰是,对于那个理想的人性假设或哲学原点,现实世界中处于不同语境中的人们并没有一个统一的认同,而且现实世界也不符合世界主义者所设想的那些理想情况。因此,在现实世界中,处于不同文化、政治、经济体制和发展状况等语境下的人们就会产生剧烈分歧。因此,世界主义者从"理想"到"理想"的思路,实际上是为人类构建了一个难以实现的"乌托邦"。

克服这种"逻辑循环"的方法,是在尊重人类社会的现存状况和客观环境的基础上,寻求规约人类社会的实践原则。这是一种从"现实"到"理想"的思路,它是源于现实,但又与现实保持一定距离的"现实主义的乌托邦"。一方面,这种"归纳法"尊重人类社会的最基本的经验事实和客观状况,另一方面,这种方法并不是对现实的直接反映,而是在遵循一种弱的理性原则的基础上寻求指导人类实践的原则。与康德等世界主义者所强调的普遍理性不同,这种弱的理性主义认为,人类的实践原则产生于人们对"理由"的反思和接受中,这里的"理由"植根于人类一般而论的历史语境和人类条件中,并意在为指导人类实践的行动原则提供公共的可理解性。从这种意义上讲,这里的"理由"有一个自然主义的基础,进而,依此而建立的道德原则和政治原则就能够为人类行动和相应义务提供一个动机性的说明。另一方面,弱的理性主义具有的跨语境主义的反思方式,又使得"理由"不是永恒不变的,而是可修正的。从这种意义上,以"理由"为基础而建立的实践原则也是可修正的,并有一个改善主义的倾向,由此,它又是与现实保持一定距离的"现实的乌托邦"。

世界主义者通过全球道德共同体的方式所确立的这类全球人权体制,在理由的公共辩护方面同样饱受质疑。首先,世界主义所确立的以人权为核心的实践原则,是一种先验抽象的结果,它不计现实世界的制度、文化等方面的客观事实,缺乏最基本的经验基础,这种解释实践原则的思路在当代很多政治理论家看来是值得商榷的。例如,罗尔斯认为,康德所确立的"各种第一原则(关于'好的理由'的各种陈述）是依赖于一种独立的道德秩序而被判定真假的，其中，这套独立的道德秩序被理解为是先于或独立于我们关于人和社会的观念的，是先于道德学说的公共角色和社会角色的"[13]。罗尔斯进一步认为，康德对人和社会所作的那种先验解释和对理性本身的先验解释，是脱离经验基础的；关于实践原则的辩护，不应该建立在康德意义上的理性行动者之上，而是应将其放在具备正常能力和一般知识结构的一般个体身上，并强调了一些基本的事实性条件对判断的背景性作用。不同的文化和信念在公共辩护中同样具有构成性的作用，同样，多样化制度和实践在思考人类社会的一般实践原则时同样具有构成性的作用。正义方面的慎思性信念是产生于我们所生活其中的实践和制度中的。

这样的观念更是深深地影响着罗尔斯对国际正义以及国际人权问题的构想，这也是罗尔斯在《万民法》中没有倡导全球"分配正义"的原因所在。正义观念需要考虑这样两个基本的事实：第一，人们是一种社会性的存在，他们在其生活其中的社会基本制度中发展自身，并被这些制度所深深地影响。第二，将世界中的每一个社会都包含进来的世界政府和基本结构，是无能力依据一些合理条款（如正义感）而获得持久稳定的，因此，在经验上是不可行的。与之相对的是，存在着不同类型的社会，并且他们分别处于各自的政治制度之中，这是一个永久性的事实。因此，罗尔斯在《万民法》中思考国际人权问题时，并没有设想存在一个人类共同体，而是将国际社会设想为由主权国家所主导的体系，国际社会中的正义、人权等问题，不应该放在一个人类共同体中来解决，而是应该放在由国与国所主导的国际关系中来解决。

其次，世界主义者所确立的全球人权体制，要求世界上的每个人得到不偏不倚的对待，但这缺乏心理学的支持，因此缺乏稳定性和可持续性。世界主义主张了一种较强的普遍主义的责任或义务，要求个人和国家不偏不倚地对待世界上的任一公民，而这忽视了人们的实际道德心理，没有尊重人们在情感上的偏倚性。例如，政治理论家谢弗勒提出了类似的批评，认为人们对亲朋好友等亲密之人的责任和义务必然大于遥远的陌生人，世界主义没有为人们自己的家

---

13 John Rawls, "Themes in Kant's Moral Philosophy," in Samuel Freeman, eds., *John Rawls: Collected Papers*, London: Harvard University Press, 1999, p. 511.

庭、朋友和个人事业留下任何空间[14]。在现有的国际秩序下，很难设想世界主义的这类主张具有可操作性。例如，在难民的问题上，很难设想富裕国家像对待本国公民一样无条件地接纳他国难民。事实上，责任或义务不可能是不偏不倚的，而是有亲疏远近之分的。

与不偏不倚的主张所遭受的批评相对应，世界主义所确立的全球人权体制遭受的另一批评来自爱国主义的民族主义。爱国主义是这样一种情感，即对国家及其同国同胞的爱，这种爱国主义的忠诚能够要求人们（或使他们自愿）为了其同胞的利益而在某种程度上牺牲自己的利益；并且，爱国主义者相信，与非本国人民相比，给予本国人民以更大的关注是能够得到辩护的。[15]爱国主义的民族主义认为，人们之间的权利和义务关系产生于一些关系性的情感和事实当中。是什么使得爱国主义这种情感得以产生，进而能够成为一种决定义务归属以及义务强弱的一个关键理由呢？在米勒看来，是由一些既成事实决定的。例如，米勒在界定民族主义时提到，一个民族是这样一个共同体：（1）它因某些共享的信念和相互承诺而构建起来；（2）它有自己的历史；（3）其间的人们从事着有别于其他共同体的活动；（4）它有一片自己的疆土；（5）它具有自己特有的公共文化，进而能够同其他共同体区别开来。[16]米勒认为这些事实是不可否认的，它们能够形成一些民族忠诚感和民族依附感，而正是这些因素能够形成一种情感上的稳定，进而为那些要求实质性个人牺牲的互惠谋划（如分配正义）提供支持。除此之外，米勒认为，这些事实与情感本身是具有内在价值的。在米勒看来，在世界范围内，由于缺乏这类爱国主义的情感支撑，并不存在一种类似于民族共同体的全球共同体。

罗尔斯同样反对世界主义所确立的人类共同体。不过，与米勒不同，罗尔斯并不是从情感的角度出发的，而是从人类社会的互动关系出发对世界主义的共同体观念提出质疑的。在罗尔斯看来，正义、人权等问题是与他所理解的社会合作体系直接相关的。社会合作体系的观念构成了思考正义的一个背景条件，

---

14 Samuel Scheffler, *Boundaries and Allegiences: Problems of Justice and Responsibility in Liberal Thought*, Oxford: Oxford University Press, 2001, p. 87.
15 Charles Jones, "Patriptism, Morality and Global Justice," In Ian Shapiro and Lea Brilmayer (eds.), *Global Justice*, New York University Press, 1999, p. 127.
16 David Miller, *On Nationality*, Oxford: Clarendon Press, 1995, p. 27.

也就是说，它可以确定正义的适用范围。罗尔斯的社会合作体系有一个建构论的特点，它区别于通常意义上的共同体和联合体。在社会合作体系中，行动者的动机是以互惠（reciprocity）为主的，在罗尔斯看来，互惠是公民之间的一种关系，这种关系通过规约社会的正义原则而获得表达，在此一社会中，每个人所得的利益都依照该社会所界定的适当的平等标准而得到判断。而在共同体中，行动者的行为动机则是建立在被某种普遍善（general good）所激发的利他主义的无偏袒观念（the idea of impartiality）之上的；与之相对的，在联合体中，行动者的动机则是由互利（mutual advantage）所激发的，互利理念被理解为每个人按其在事态中的地位（当下的或预期的）而获得利益[17]。实际上，按照罗尔斯的区分，米勒所界定的那种国家或民族就类似于一种共同体，而当前的全球秩序就类似于一种联合体。

因此，罗尔斯实际上认为，国家或"人民"（peoples）是不同于全球秩序的。我们可以从罗尔斯对社会合作体系的界定来进一步考察其中的差异。首先，罗尔斯提到，公平正义是从某一政治传统内部开始的，而且把世代相传的公平合作体系的理念看作它的基本理念；其次，罗尔斯认为，作为公平的正义是一种政治观念，它是适用于社会基本结构的，而社会的基本结构主要指政治制度、社会制度和经济制度，以及在这些制度的基础上所形成的世代相传的社会合作体系；最后，在罗尔斯那里，社会基本结构是自足的、封闭的，例如，罗尔斯提到，基本结构是一个封闭的社会结构，也就是说，它是自我包容的、与其他社会没有任何关联的社会，它的成员只能由生而入其中、由死而出其外。[18] 除此之外，社会合作的基本理念有三个基本的要素：第一，合作由公认的规则和程序来引导；第二，公平合作的规划将一种互惠理念具体化，所有介入合作并按照规则和程序行事的人，都将以一种适当的方式受益于合作，而这适当的方式则由一种合适的比较基准来评估；第三，社会合作的理念要求有一种各参与者合理获利的理念或合理得利的善观念。实际上，对社会合作体系的这些规定构成了作为公平的正义得以成立的背景条件。

在罗尔斯看来，这些适用于社会合作体系或国家内部的正义的背景条件，

---

17 John Rawls, *Political Liberalism*, Columbia University Press, 1993, pp.15-18.
18 John Rawls, *Political Liberalism*, Columbia University Press, 1993, pp.11-15.

在全球层面上并没有出现。例如，在全球层面并没有一个"公平的正义"得以存在、并被各个行为主体（主要指国家或人民）所认同的公共政治文化传统；其次，作为行为主体的国家或人民各自享有自己的政治、经济和文化体制，在全球层面，并没有出现一种类似国家内部的那种政治、经济和文化体制；再次，即便在全球层面已经存在广泛的互动，但是，与一国内部的体制对其成员的影响相比，全球层面的互动和体制仅仅处于一个极其次要的位置；最后，支持社会合作的那种互惠观念在全球层面能否形成尚存疑虑，因为即便上面的第一个、第二个要素能够实现，第三个要素，即要求各参与者有一个合理得利的善观念，在全球层面也是很难实现的，因为这有可能超出人们的动机范围，进而，全球分配正义的背景条件就是不存在的。因此，罗尔斯明确反对将社会合作体系的观念从国内运用到全球，实际上也反对了人类共同体的存在。

三、"互嵌式人类共同体"及其人权治理的逻辑

尽管罗尔斯、米勒等理论家从不同的角度质疑了人类共同体存在的可能性和合理性，但随着全球化的不断深入，国与国之间的互动和合作越来越密切，一个国家在其国内、国际政策上的变化极有可能会影响到其他的国家及国民，而且，国际社会在消除贫困、环境保护、避免战争和维护和平、反对恐怖主义、促进人权和正义等原则性的问题上已经具备了基本的共识。这些共识俨然已经成为整个人类社会的"共同命运"和全球治理的基本目标。从这个意义上讲，当前的全球社会已经具备了"人类共同体"的某些特征。为了更好地回应这些全球社会的新情境，当前的全球治理有必要在理论上确立某种类型的人类共同体观念，这不仅是对人类社会经验实践的简单反应，也是为全球治理提供更合理的规范性支撑。与世界主义者运用普遍主义和先验抽象的思路不同，这里将会通过语境主义的方式来讨论一种互嵌式的人类共同体观念，这类共同体观念将会在尊重世界主义所遭受的那些批评和质疑的基础上，探索适应当前全球治理的共同体模式。

语境主义主要是相对于形式主义的普遍主义而提出的，它反对任何不考虑特殊境况的方式来确立的普遍原则。这意味着，需要确立哪些相关的特殊境况

对于我们思考相关的实践原则是必要的，也即需要明确"语境"的含义，以及确立特定论题下的语境的具体内容。在分析哲学中，语境原则所说的是，一个词语只有在一个句子的语境中才有意义。在此一情况中，这个句子就构成了理解这个词语的一个"语境"，这个句子可被视为"语境"这个概念的一个承载体。类似地，政治理论中的语境主义所说的是，一个实践原则只有在特定的文化或传统中才能获得理解，特定的文化或传统就构成了理解一个道德原则的"语境"，特定的文化和传统就成为"语境"这个概念的一个承载体。

但对"语境"的这个理解仍然过于狭隘，它的含义可以进一步丰富。一般而言，语境指的是一个特定历史或特定空间中的片段。例如，在撒谎这一情况中，"不应撒谎"可以说是一个形式上有效的普遍原则，但是，如果张三的一个谎言可以使得成百上千的人免遭纳粹分子的屠杀，那么，"不应撒谎"就不再具有道德效力，至少不具有它形式上所具有的那种有效性。在此类情况中，"张三面对纳粹分子的询问"这样一个时空片段就构成了一个"语境"，这一"语境"构成了一个必要条件，以判断"不应撒谎"这样一个形式上有效的道德原则在具体应用中的有效性。在这种情况中，我们可以称一个"语境"具有一个回溯性的评判功能，以判断一个普遍主义的道德原则在特定的条件下是否有效。在思考人权和全球正义等全球治理问题时，语境所具有的这个回溯性功能是非常重要的，例如，如果全球范围的正义原则或人权原则是同许多特殊性的文化和传统存在激烈冲突的，那么，这样的正义原则或人权原则将会是缺乏稳定性的。

除了回溯性的评价功能之外，"语境"在道德原则的形成或选择过程中还具有约束功能，或者说，在道德原则的形成或选择过程中，"语境"构成了一些背景性的条件，这些条件有的是一些"事实性的约束"，有的则是一些"规范性的约束"，它们直接构成于我们对道德原则的思考和选择之中。在思考全球范围的人权原则时，一些"事实性约束"和"规范性约束"是必须面对的。在实践哲学领域，语境主义反对形式主义的抽象道德原则，这至少意味着两点：首先，语境主义有一个历史主义的特征，它是对特定历史条件下的特定道德问题所进行的思考；其次，语境主义还反对那种较强的普遍理性观念，在这种意义上，语境主义也是同我们人类个体的一些自然主义的人性相调和的。因此，在我们思考实践问题时,"语境"的首要功能并不是展现一种规范主张,而是一种方法论,一些条件性的约束。

在人类共同体和人权的全球治理等问题上,语境主义构成了相关的论证负担。其中一些负担是事实性的,它们影响着我们对实践问题的可行性和合理性的思考,可被称为"事实性约束",除此之外,"事实性约束"也影响着我们的"判断负担";另一些负担则是规范性的,它们作为公共理由构成于公共辩护当中,可被称为"规范性约束"。其中,在人类共同体和人权的辩护中,"事实性约束"至少包含以下几个基本的方面:(1)并不存在一个类似于国家的全球范围内的共同体,国家主权体制仍然是当前以及未来很长一段时期内的主要国际制度形式;(2)如罗尔斯在《万民法》中所区分的不同类型的政体一样,在当前的国际政治中,存在着不同的政体形式,而且它们对人权的理解和保护程度也是不一样的;(3)在全球范围内,存在着众多不同类型的文化、族群或种族、宗教以及相应的信仰和价值观念;(4)认知心理学的研究表明,个体的情感和道德认知是深受其所出生和生活的文化和社会环境影响的[19];(5)道德心理学已然表明,个体的感情是存在亲疏远近的,个体对亲朋好友的关切要强于对陌生人的关切,对自己国家同胞的关切要强于对他国同胞的关切。在辩护全球共同体等问题的时候,这几个方面的事实构成了"消极性的约束",它们都是系统而深远的,长期存在于人类的历史和心理构成当中。

另外,还有一些"积极性的"事实约束,这里只简单地列举几项:(1)全球化的进程不断加速,使得全球范围的社会合作程度不断加强,全球体系在某种程度上已经成为一个合作体系和互利体系;(2)已然存在着一些国际性的或全球性的机构和组织,例如联合国、世界银行等,它们已然在规约国际政治、经济和文化的互动中起着重要的作用;(3)信息化和科学技术的发展使得世界各地的人们能够比较容易和即时地了解全球范围内不同国家和族群的文化、政治和经济状况,并了解相应的观念和价值,进而能够形成一个多维度的比较和批判;(4)信息化的发展还使得世界各地的人们能够在第一时间内接触到发生在世界各地的大规模的人类灾难,例如饥荒、战争性的平民伤亡、大规模

---

19 可见:Mary Gauvain, *The Social Context of Cognitive Development*, The Guilford Press, 2001, pp. 43-63。

的自然灾害、可预防的传染性疾病等，这些都能够以更为直观的方式给人们的道德心理带来"冲击"。这些都对全球人类共同体的辩护提供了事实上的便利。

这些基本事实构成了我们思考全球正义和普遍人权问题的现实语境。这些语境要么是人类现有历史的基本事实，要么是人类心理结构的整体性特征，因此，这些事实深刻影响着我们的道德反思和政治反思。与这些事实性的约束直接相关，在思考人类共同体和人权等问题时，存在着一些"规范性的约束"：（1）国家边界是否具有伦理含义？它是否构成了我们思考正义和人权问题的一个界限？如果国家边界具有伦理含义，它的依据是什么？如果国家边界构成了思考人权问题的一个界限，国家边界的这种约束是否是绝对的？如果不是绝对的，哪些理由和依据能够对其构成限制？（2）如果文化、信仰和价值方面的多元主义是一个合理的事实，它们对正义和普遍人权的辩护施加了何种限制？（3）人类在道德心理和认知心理等方面所呈现的一些基本心理事实，对于我们理解、形成和辩护一种正义观念和人权观念形成了什么样的限制？如果这些限制在道德意义上是构成性，那么，一种人权原则在何种意义上又能实现其客观性或普遍性？（4）全球化及其相关的事实是否具有伦理含义？或者更为具体地说，这类事实对于我们思考全球正义和人权问题是否形成了道德约束？

互嵌式人类共同体正是在回应当前人类社会的基本事实和语境的情况下而提出的。与世界主义所主张的人类共同体观念不同，互嵌式人类共同体具有以下特征：首先，互嵌式人类共同体是嵌入式的，它不是一元主义和整体主义的，而是由不同的文化、结构、民族等镶嵌而成。互嵌式人类共同体尊重多元化的文化和国家在现代全球治理中的伦理含义；其次，互嵌式人类共同体是关系性的，而非本质主义的，即塑造这类共同体的属性不是文化、种族、宗教、人性等本质属性，而是不同行为体之间的相互关系和彼此互动；再次，互嵌式人类共同体是互嵌式的，镶嵌在人类共同体之中的不同文化和民族、国家等行为体并不是各自孤立的，而是彼此互动和相互影响的，不同文化、民族和国家在相互的交往中寻求或实现经济、政治、文化等方面的互惠；最后，在全球化不断加强的背景下，互嵌式人类共同体认为某一国家或民族的某个行动或决定有可能会影响其他国家或全球，因此，人类社会面临着一些共同的命运，比如正义、和平、环境保护等。

互嵌式人类共同体的以上特征，使得人权的全球治理展现出有别于世界主义的逻辑主张。首先，从全球治理的目标上看，世界主义的人类共同体与互嵌式人类共同体存在不同的目标逻辑。从全球治理的目标来看，存在着两类不同的目标，一是个体主义的人权，这是一个强调个人权利的观念；二是和平、正义、消除贫困、反恐、全球环保等人类的"共同命运"，这是强调人类共同利益的类概念。世界主义及其共同体观念视普遍人权的实现为一种积极义务，并将其作为全球治理的直接和最终目标；互嵌式的人类共同体将促进国际和平与正义、消除贫困等人类"共同命运"视作全球治理的直接目标，而人权的实现则是这些直接目标实现后的一个附带效应。

互嵌式人类共同体之所以没有将普遍人权作为全球治理过程中的一种积极义务或直接目标，至少考虑以下几点因素：第一，当前，既不存在一个整齐划一的人类共同体的公共文化，也不存在一种类似于国家主权的世界共同体体制，不可能不偏不倚地关注全球范围内每个人的人权；第二，互嵌式人类共同体作为一种关系性的共同体，主张全球最主要的关系模式仍然是主权国家之间的互动，国际和平与正义、消除贫困、全球环保等人类的"共同命运"恰恰是这种关系互动的直接诉求，不同的国家或民族之间的互动与互惠以及人类"共同命运"的促进和实现，是人类共同体的直接目标，在这一过程中，不同国家的人权也得到促进和实现；第三，人权的观念在不同的国家和文化中有不同的含义和实现状况，任何类型的人类共同体都不可能提供统一的人权模式，这是不现实的，也是不合理的。如果强行将某一特定的人权观念作为全球治理的直接目标，并按照某一特定的人权模式进行全球治理，就易于导致国家之间的过度干涉，反而导致人权灾难。第四，在当前人类社会的客观环境中，主权国家是其公民人权的主要负责主体。

其次，从全球治理的机制上看，世界主义的人类共同体观念尤为强调作为一个整体的"世界"在促进人权中的作用，认为世界在某些价值追求方面是一个整齐划一的整体，联合国及其相关机构在促进人权等价值方面具有高于主权国家的位阶。但互嵌式人类共同体观念则认为，由于合理多元主义的事实，不同的文化或国家对人权的观念或内容的认知存在着差异，因此，在国际人权的问题上，不仅应该尊重联合国的作用，也应该尊重主权国家的作用。互嵌式人类共同体观念主张，主权国家是本国公民人权的主要责任主体，联合国及其相关机构、跨国公司等跨国组织、社会慈善组织等是重要的补充，现行的国际法和国际人权公约等国际文书构成全球治理的主要依据。在人权的全球治理中，培养负责任的多元主体是良善治理的逻辑起点。无论是在人类"共同命运"的问题上，还是在人权的问题上，主权国家与联合国及其相关机构构成互嵌式人类共同体的两类主要责任主体。

最后，从人权的全球治理的机理上看，人权构成了"双规治理模式"的边际约束。所谓"双规治理模式"，即主权国家与联合国及其相关机构的协调治理。

维护国际和平与正义、消除国内贫困、保障国内公民的人权等是一个主权国家应该承担的基本责任。当某个主权国家对外发动侵略战争、对内大规模侵犯公民人权，或者无能力、无意愿保障国内公民人权时，以联合国为代表的国际社会负有责任进行干涉，因此，在主权国家所构成的国际社会及其全球治理体系中，某些基本人权的系统性缺失构成了一种边界约束，成为评价一个国家合法性以及国际社会合法干涉的合理依据。在全球治理中，人权首先是作为一种底线的边界约束而出现的，主要产生于一些消极性的义务；国际和平与正义、全球环境保护、反恐、全球反贫困等当前人类社会的"共同命运"，作为全球治理的一类目标，尽管在客观上促进了人权的实现，但在全球治理中却与人权有着完全不同的逻辑。在国际社会中，避免人权的过度泛化，既是人权保障的逻辑要求和内在要求，也是为了避免国际社会或霸权国家以人权为名对主权国家的过度干涉。

为国际人权共同愿景而改变"差异的话语"：
国际秩序的改变与实现人权的机遇

◇ Stacey Links*

摘要：国际秩序的改变已导致关于人权重要性的重新论述纷呈迭出。尽管许多这类的改变都被认为是负面性的，这篇简短的发言将会讨论把改变作为有效地、整体地和和谐地建立人权共同愿景的机会和创新的可能性。但是，为了实现这一目的，我们需要一个关键因素，那就是将"差异的话语"从被视为警告、谨慎和"他者"的话语改变为在多元性中展现机遇的话语。

关键词：命运共同体；国际人权；共同愿景；国际秩序

国际秩序的改变，无论是政治、经济、社会、技术或者是生态层面的，都愈来愈是一个明显且不可避免的现实。虽然我们可以采取充分的谨慎和怀疑主义来考量这些改变，改变并不一定都意味着变得更差。很多情况下，人们不欢迎改变，并认为改变威胁已成为规范的现存秩序。尽管毫无疑问，改变并非都是积极的，但不容置疑的是，改变的最终命运在于我们如何适应、拥抱或管理这些改变。尽管改变可能意味着对熟悉事物的弱化，改变也能够带来机遇、新奇和创新的空间。今天，我想简单谈及"差异的话语"这一为公众所关心并且伴随着改变氛围的内容如何可被积极地利用，也就是主张国际人权的共同愿景。

建立命运共同体需要我们分享共同愿景和共同目标，也就是在全球范围内保障和维护人权的目标。自从签署《世界人权宣言》以来，国际人权便象征着

---

* Stacey Links，荷兰乌特勒支大学博士候选人。

全球社会的共同愿景和命运。这个共同目标的普适性已经创造出"共同体"和"共性"的基础，但要实现这个共同目标，并不像建立世界人权共识一样简单，而是需要所有的参与方积极参与和付出努力。

当《世界人权宣言》或者更广义上的国际人权宪章所包含的愿望和权利向我们展示出一个清晰的共同命运时，国际人权仍然是一个有着相当大的争议和争论的话题。一项主要的挑战是，我们需要的不是出于人权本身的权威性，而是用确保、执行和保护这些权利的最佳方式来达成共识。其中的一部分挑战体现在调解多样性与普适性的伟大征程中。因此，在还没有仔细审视和通过各国签署《世界人权宣言》稳定建立人权的普适性之前，我们尚不清楚如何在一个动态多元和变化不断的世界中以最佳方式获得和实现这一共同愿景。

国际秩序的变化需要我们采取创新性方法回答如何以最佳方式确保和实现这一人权共同愿景。这些改变需要我们在理解社会变化、社会多样化以及它们和人权保护的相互作用所使用的理论上保持与之相匹配的动态性、适应性和创新性。此外，国际秩序的转变促使我们应该重新回顾并且检讨一些我们认为理所当然的事情，或者一些未能以我们希望的方式实现可持续改变的传统方法。我们经常认为实现共同愿景面临的挑战是某类归结于某一共同体的病态或者某些共同体和参与者对人权的全然不顾或者反对。但是，正如阿玛蒂亚·森（Amartya Sen）等人指出的，经常发生的事情是，社会保障人权的能力会潜在性地妨碍其完全实现和保护。确保所有必要的因素到位，包括结构性因素，来确保我们有能力完全保障和实现人权，对于成功实现共同愿景具有关键作用。有一种"钟摆式"的观点认为，社会对人权的支持要么是"支持"要么是"反对"共同愿景，其也惯常地没有认识到有很多国家都在确保可持续性人权保护的道路上面临一系列的挑战。

相反，我们应该把重点放在审视一个特定社会里使得确保此共同愿景的可能性增加或者减少的语境和独特的因素。但是，这要求我们增加实现这些目标的可能途径。各种方法都需要任何类型的持续时间（Longevity）的正当性和所有权／内化。其中部分的努力需要我们对已找到却被证明是失败的实现共同愿景的传统方法进行深刻的自我反思。同样，维系对此人权共同愿景的完整性和信心，需要我们承认不同社会所面对的挑战和机遇的多样性是正当的和真实的。

这样的多样性需要通过持续的对话过程来管理，从而达成理解。只有通过这样的对话，我们才能够在寻求建立一项人权共同愿景中不继续"讲对方不明白的事情"。但是，如果没有这样的对话，差异性会被视为与资源机会的挑战。

因此，建立和实现人权共同命运的部分努力，需要对传统/正派方式的短处进行一定程度的深刻自我反思。过度热衷于传统方式经常使我们无视新机遇和新的可能性，并且更倾向于进一步分裂我们共享的普遍性。同样，在一个多元化的世界中，明白"他者"的位置是至关重要的。历史、社会情况、经济、地理和经验不一定都是需要克服的障碍，而是能够有时被用于保护人权的现实。但不幸的是，通常情况下，这些差异性被视为必然是不利的，并且需要改造或者直接反对。一种太频繁的情况是，人们警惕地把"差异性"和相对主义以及"他者"联系起来，导致了错过将差异性当作一种途径的宝贵机遇。因此，改变"差异的话语"，把差异性作为机会的源泉，在这个变化不断的国际环境中变得越来越重要。

因此，如果认识到这一点，人权共同愿景并不需要一致性。实际上，一项共同愿景需要我们理解多元性的更大的及内在的价值。而且，其要求人权共同愿景是一种所有人类能够设想的愿景。实质上，它需要我们明白普适性在关乎平等机会之外，也关乎享受人权的平等机遇，而不考虑语境，并且没有事先决定或者规定的语境及途径。确保所有的社会、国家和民众能够以最适合其环境和现实的方法能够同样地实现这一愿景，要求我们拥抱而非躲开对语境敏感的方法。这样的一种方法需要明白的不仅仅是这些独特的挑战，也包括社会多样性让我们更好地确保人权的独特机遇。但是，这促使我们需要敏锐地注意到我们目前方法的缺点——其经常影响、忽视或者限制语境关切或者机遇，更加青睐规定性或者去语境性的方式。

我最为熟悉的调查，就是中非关系的人权维度。在中非关系的语境中，大众和学术论述经常未能如实叙述这些关系。尽管关于这种关系的曲折性和复杂性的研究越来越多，国际上对中国和非洲大陆的关系依然充满错误想法和宏观概括。在许多层面，这都要归因于这些关系和组成这些关系的参与方显然展现出"差异"的性质。特别是，中国和这片大陆的交往已经在某些方面被归类于"差异"。最为明显的是，这种差异被归结于有人把这种关系视为完全缺乏对人权共同愿景的积极贡献，任何其呼吁的事情都积极抵触这种愿景。

比如说，广为人知的是，发展对于非洲大陆（和中国）是一种挑战，是一种和确保众多基本人权关联密切的挑战。尽管中非共同努力在应对必定影响众多人权的发展的挑战，许多旁观者继续以怀疑和谨慎的态度来看待这段关系。但是，这种怀疑反映出更深层次的偏见，不但将发展的权利贬低为第二类权利，甚至还认为中非合作展示出来的"差异"会以某种方式对人权造成内在的可疑和有害性。当然，单单宏观经济层面的发展并不构成一项人权。现实是，需要很多的因素来在整个大陆实现广泛和平等的发展，但是，众所周知，非洲发展的最大障碍之一是基础设施的不足，对当地交流和发展的可能性造成了破坏性的影响。我们不应该完全反对这种贡献力量，虽然不知何故其未能为实现人权共同愿景形成一条正当的途径。相反，国际秩序的改变，如同中非之间日益密切的联系，代表着我们有一个宝贵的机会为发展、人权和可持续性提出创新方法和新的思考方式。利用和发展伴随这些改变的创新性理论应该有助于促成和丰富形成良好方式的可能性，其中，类似发展权等权利能够持续地得到保障。让当地和语境性现实与更为广阔的国际现实相互联系和相互对话，应该作为任何方法的基础。

考虑到上述情况，尽管中非关系并非完全没有缺点，但无论如何都不缺少关于人权的完整证明，其确实向我们展示了对话、合作和创新的机会。另外，它也向我们提供了潜在的建设性渠道，来实现发展权利的某些构成整体所必需的方面。通过这样做，我们应该认识到，想要实现人权的共同愿景，多种渠道是存在的，并且我们需要这些渠道。我们需要远离狭隘、片面、短浅或规定性的方法，充分地照顾现存的一系列的多元化现实。只重视任何一种做法，或者直接反对另一种做法，都必定是不完整和片面的。相反，我们需要一个通用的做法，确保通过全世界的一系列机制、机构（无论是社会、经济、文化或者政治机构）和参与者来处理所有权利的所有方面内容。这要求我们平衡地、和谐地、整体地理解一个用多样性的各方面内容来支持人权的人权共同愿景。我所提出的"整体性人权"倾向不是从对任何单一社会的经验、历史和教训的反思，而是从全球范围的广泛经验获益。如果一项人权共同愿景在拥抱多样性上存在局限，可能会成为一项永久难懂的、片面的和激励性的愿景，和真正的普适性相距甚远。

盲目相信人权共同命运和愿景会自我代言,不但是一种幼稚的做法,也是误导性的做法。相反,我们应该把目前的国际改变作为一个机会,创造出更多基于合作和对话的新模式。这样的一种愿景要实现可持续性和正当性,需要汲取一系列经验。与此同时,我们还需要重新调整我们过去依赖的用于理解多样化社会、发展和道路的传统理论,来全面确保人权。但是,首要的依然是改变"差异的话语",以便实现人权的共同愿景。

四、构建人类命运共同体的中国理念与实践

中国积极引领国际人权治理

◇ 柳华文[*]

摘要：国际人权事业的发展正面临着传统和新型的挑战，中国国家主席习近平提出的人类命运共同体的概念和思想在国际社会特别是联合国引起极大的反响。它为人权保护的国际交流与合作奠定了坚实的思想与理论基础，展现了新的历史时期以天下为己任的大国情怀，展现了与全人类同呼吸、共命运的负责任大国的态度。

关键词：人类命运共同体；国际人权治理；人权

中国坚持走中国特色社会主义人权道路，取得了举世瞩目的成就。中国特色社会主义人权观适合中国国情，并且与时俱进、融通中外，愈加彰显其国际视野与境界，在国际社会引起强烈反响。

2017年2—3月间联合国人权理事会第34次会议的召开，使人们更加深入地认识了当今背景下国际人权事业面临的机遇和挑战，也更加清晰地认识到中国作为一个发展中国家积极稳妥推进国内、国际人权事业健康发展的积极姿态，聆听到国际人权治理中的中国声音。

一、关键时刻的联合国会议

人权理事会是联合国专门致力于讨论和促进人权事务的机构。它成立于

---

[*] 柳华文，中国社会科学院人权研究中心执行主任、研究员，中国人权研究会常务理事。

2006年,是联合国为了促进其人权工作的力度和广度,实现联合国工作中"人权主流化"而采取的改革措施,长远目标是将其建设成为与联合国大会、安全理事会、经济与社会理事会和国际法院并列的联合国主要机构。

人权理事会每年举行三次会议,而年初2—3月间的这次会议是最重要的。从2017年2月27日开始,人权理事会第34次会议在瑞士日内瓦持续了近一个月。

这次人权理事会会议备受瞩目,因为国际人权事业的发展正面临着传统和新型的挑战,也在相当程度上面临着政治、经济和科技等诸多因素带来的不确定性。这就是此次会议面临的新的国际背景:人们希望得来不易的人权进步具有不可逆性,但是世界和平能否坚不可摧,局部战争和武装冲突能否被有效预防和制止,进一步促进繁荣和消除贫困的发展目标是否可以预期,愈演愈烈的"难民潮"问题何以得解,恐怖主义、种族主义、性别歧视等社会顽疾如何应对,气候变化、互联网应用、医疗技术的发展等对人权的影响如何规制……凡此种种,世界关于人权的讨论充满热点和焦点,而且出现了明显的不确定性。

联合国人权理事会作为国际社会最重要的、最具普遍性的多边人权讨论平台,能否不负众望,汇聚真知灼见,推动世界人权事业与时俱进?人们正在不乏焦灼的情绪中拭目以待。

二、多边舞台上的人权分歧

2月27日,联合国新任秘书长古特雷斯出席人权理事会第34次会议开幕式并第一次以秘书长身份在人权理事会发表演讲。他指出,世界正在变得更加危险、不可预测、更为混乱,旧的冲突尚未结束,新的冲突又开始出现。他强调,人权的概念是一个相互依存和不可分割的整体,国际社会应给予经济、社会和文化权利以同等的重视。他还说,各国亟须采取有效措施予以落实的联合国2030年可持续发展议程,为所有国家提供了一个极好的促进人权的平台,其核心就是发展权。[1]

秘书长的讲话,在相当程度上反映了国际社会特别是发展中国家的人权

---

[1] António Guterres, Remarks to the UN Human Rights Council, 27 February 2017, available at: www.un.org/sg/en/content/sg/speeches/2017-02-27/secretary-generals-human-rights-council-remarks, last visited on March 28, 2017.

观。首先,部分西方国家强调公民权利和政治权利而忽视经济、社会和文化权利的片面人权观被纠正;其次,获得发展中国家关切、支持和推动的发展权受到重视和强调。从中我们可以看到,联合国同时倡导的发展议程与人权议程之间有明显的相通性和关联性。

可是,发展权的人权话语在西方国家往往受到冷落。他们推崇符合自己政治模式的人权概念和人权实施路径,对亚洲、非洲和拉丁美洲国家提出的人权价值、人权观念予以排斥,包括不愿意重视发展中国家提出的生存权和发展权的概念。一个最为典型的实例是,美国不承认发展权是一项人权,人权理事会通过有关"发展权"的决议时,美国一再成为投反对票的国家;在具体领域,比如在人权理事会讨论通过"外债对人权影响"的决议时,美国同样一再投出反对票。

东西方之间在人权理念、概念和实施路径的认识上存在差异和分歧,这是人权观之争;在国家间开展对话还是搞对抗,实践中也仍然是一个人权领域的国际互动模式之争。国际人权事业向何处去?国际交流与合作如何获得建设性的推进?经久不息的追问现在仍然需要回答。

三、被国际社会寄予厚望的中国

2016年10月28日,中国再次高票当选人权理事会成员国,第二次获得连任。2006年,人权理事会成立伊始,中国就被选为首届人权理事会的成员国;根据组织规则,任何国家只可以连任一次,然后要轮空一届才能再度参选;第一次连任之后,中国按规则轮空一届,之后再次两度高票当选。而且,最新获选的这一次,得票数高达180票,足以显示国际社会对中国人权事业所取得的成就的认可,也可以看到各国对中国在国际人权领域发挥作用的深切期望。

在国际金融危机的冲击下,世界各国的经济受到严重冲击,发达国家和发展中国家均未能幸免。而作为人口大国的中国,逆流而上,取得了令世人瞩目的经济发展和社会进步。中国已经成为世界第二大经济体,2016年的国内生产总值突破了70万亿元。中国解决了13亿多人口的温饱问题,减少了7亿多贫困人口,占全球减贫人口总数的70%以上。中国为7.7亿人提供就业,实现了九年义务教育全覆盖,人均预期寿命提高到76岁,还被联合国开发计划署评为"过去 30 年发展最快的国家"。中国在加强民生保障的同时，在全社会倡导社会主义核心价值观，全面推进依法治国，法律体系进一步完善，司法体制改革稳步推进并不断取得突破，民主法治建设成效显著。特别是通过重拳反腐，清除时弊，中国正着力建立起风清气正的政府和社会环境。

党的十八大以来，以习近平同志为核心的党中央带领全党和全国人民，成功开辟了中国特色社会主义新实践新局面新境界，形成了一系列治国理政新理念新思想新战略。拥有中华文明的中国，正在社会主义现代化建设的道路上加速实现中华民族伟大复兴的中国梦。中国的道路自信、理论自信、制度自信和文化自信，体现在人权领域就是人权自信。

中国在目前这个国际风云际会、机遇和挑战并存的时刻，在第 34 次人权理事会上持何立场？能否振臂高呼，为国际人权事业的健康发展发声？不少人拭目以待。

四、引领国际人权治理的中国

2017 年人权理事会第 34 次会议首先举行的高级别讨论就是"人权主流化"这一联合国不断强调的主导性的主题。"人权主流化"，简单地说，就是指各国政策和法律的制定及其实施应该纳入人权视角，积极考虑对人权的影响和推动。这一口号本身即表明，人权不是孤立的，促进人权还需要因时因地，在具体的经济与社会环境中加以考虑。[2]

联合国将和平、发展和人权作为自身改革和发展的三大支柱，说明了和平、发展和人权之间的辩证统一关系。只有将人权与和平、安全以及可持续发展密切结合起来，才能够广泛、深入、真实、有效地开展推进人权事业的努力。

2月27日，在人权理事会第34次会议开幕的这一天，中国外交部长王毅在《人民日报》发表题为"促进和保护人权，携手构建人类命运共同体"的文章[3]，重申中国国家主席习近平今年年初在联合国日内瓦总部发表演讲[4]时深入阐述的共

---

[2] 参见张万洪："论人权主流化"，《法学评论》2016年第6期，第43—49页；柳华文："论人权在中国的主流化与本土化"，《学习与探索》2011年第4期，第117—120页。
[3] 王毅："共同促进和保护人权，携手构建人类命运共同体"，《人民日报》2017年2月27日，第21版。
[4] 习近平："共同构建人类命运共同体——在联合国日内瓦总部的演讲"，《人民日报》2017年1月20日，第2版。

同构建人类命运共同体的时代命题，提出完善"国际人权治理"的重要概念。

3月1日，中国常驻联合国日内瓦办事处和瑞士其他国际组织代表马朝旭大使在人权理事会第34次会议上代表140个国家发表题为"促进和保护人权，共建人类命运共同体"的联合声明。他说：为维护世界和平，实现共同发展，促进和保护人权，各国应共同构建人类命运共同体，建设一个持久和平、普遍安全、共同繁荣、开放包容、清洁美丽的世界。为此，中国提出的具体主张是：坚持主权平等，坚持对话协商，坚持合作共赢，坚持交流互鉴，坚持可持续发展。[5]

这就是中国，一个发展中大国的人权话语，也是来自中国的构建公正、合理的国际人权治理体系的强音。

联合国安理会3月17日以15票赞成一致通过关于阿富汗问题的第2344号决议。决议强调，应本着合作共赢精神推进地区合作，以有效促进阿富汗及地区安全、稳定和发展，构建人类命运共同体。联合国人权理事会第34次会议通过关于"经济、社会、文化权利"和"粮食权"的两个决议，明确表示要"构建人类命运共同体"，这是人类命运共同体重大理念首次载入人权理事会决议。从先后载入联合国和安理会决议，到进入国际人权话语体系，作为中国理念的"人类命运共同体"，已然获得了广泛的国际认同。

五、国际人权观中的中国贡献

抚今追昔，国际和平来之不易，和平权、发展权才是人权的根本。什么样的国际治理目标、治理模式，决定了各国及其人民能否平等、公平、公正地参与和实现经济发展和社会进步，实现人权。习近平总书记2015年9月16日在致"2015·北京人权论坛"的贺信中提到了两个"坚定不移"，即中国坚定不移走和平发展道路，坚定不移推进中国人权事业和世界人权事业。2016年12月4日，习近平总书记在致"纪念《发展权利宣言》通过30周年国际研讨会"的贺信中强调，发展是人类社会永恒的主题，联合国《发展权利宣言》确认发

---

[5] 常驻联合国日内瓦办事处和瑞士其他国际组织代表马朝旭大使在人权理事会第34次会议所作的题为"完善全球人权治理，推进国际人权事业"的共同发言，中文全文见中国外交部网站：http://www.fmprc.gov.cn/ce/cegv/chn/hyyfy/t1447149.htm，最后访问时间：2017年3月28日。

展权利是一项不可剥夺的人权,中国将为人类发展进步作出更大贡献,国际社会要以联合国2030年可持续发展议程为新起点,努力走出一条公平、开放、全面、创新的发展之路,实现各国共同发展。他强调,中国积极参与全球治理,着力推进包容性发展,努力为各国特别是发展中国家共享发展成果创造条件和机会。[6]

中国国家主席习近平提出的人类命运共同体的概念和思想在国际社会特别是联合国引起极大的反响。人类命运共同体的理念,源于2013年3月习近平在莫斯科国际关系学院发表的重要演讲。他指出,人类生活在同一个地球村里,生活在历史和现实交汇的同一个时空里,越来越成为你中有我、我中有你的命运共同体。四年来,习近平在国际国内重要场合100多次谈及命运共同体。[7]2月13日,联合国社会发展委员会第55届会议协商一致通过"非洲发展新伙伴关系的社会层面"决议,呼吁国际社会本着合作共赢和构建人类命运共同体的精神,加强对非洲经济社会发展的支持。这是联合国决议首次写入"构建人类命运共同体"理念。

有中国学者认为,建设人类命运共同体是新时期中国外交事务的重要指导思想,蕴含着深刻的国际法思想与内涵。[8]人类命运共同体概念和思想将深刻影响国内法和国际法的互动以及国内法治与国际法治的未来。

总之,中国特色社会主义人权观近年来又在不断加强制度和理论创新的基础上获得重要的突破和发展。创新与发展的成就在人权理事会第34会议及其前后有明显的体现。中国对人权保障的基本立场与国际社会特别是联合国的人权立场和主张高度一致。中国主张所有人权的整体推进,同时强调基于国情,选择适合自己的发展道路,将人民的生存权和发展权放在首位;中国认为,人权只有更好,没有最好,国与国之间应当在平等与互相尊重的基础上开展建设性的人权对话与合作;中国支持联合国人权理事会在客观、公正、非政治化、非选择性、非对抗性的原则基础上开展工作。特别是,中国提出的人类共同体概念与思想为人权保护的国际交流与合作奠定了坚实的思想与理论基础,展现了新的历史时期以天下为己任的大国情怀,展现了与全人类同呼吸、共命运的负责任大国的态度。

---

6 习近平:致"纪念《发展权利宣言》通过30周年国际研讨会"的贺信,《人民日报》2016年12月5日,第1版。
7 刘峣、卢泽华:"人类命运共同体载入联合国多项决议,中国理念获国际广泛认同",《人民日报·海外版》2017年3月27日,第2版。
8 李赞:"建设人类命运共同体的国际法原理与路径",《国际法研究》2016年第6期,第48—70页。

本于华族，融入世界：中国人权保障的"五化"

◇ 张万洪[*]

摘要： 近代以来中国人权事业发展的历史，是中国实现现代化使命的一部分，这些努力带有一以贯之的中国化的印记；特别是1978年改革开放以来，中国人权事业发展进一步发展出法治化、社会化和国际化的特点。这"五化"，是中国人权保障的成功经验，它带有鲜明的中国特色，既是对世界人权保障事业的贡献，也可以作为其他国家人权保障事业的有益借鉴。中国人权事业发展将为构筑人类命运共同体提供源源不断的动力。

关键词： 人权；现代化；中国化；法治化；社会化；国际化；人类命运共同体

中国在走向现代文明国家的途中，面临内忧外患，经历了创痛深巨的战争、波澜壮阔的革命以及改革，逐步实现了国家独立、民主、富强，同时变得更加开放，在人权保障事业领域取得了巨大成就，也为国际和平与发展作出了重大贡献。

中国作为民族国家进入现代世界、开始现代化转变的起因，有很大一部分在于被西方国家以武力破开国门，继而遭列强瓜分，民族陷入危亡之际。但中国人民应对历史的挑战，探索、实现以及批判现代化道路的过程，始终源于中

---

[*] 张万洪，武汉大学人权研究院副院长，法学院教授。本文得到教育部人文社会科学重点研究基地（国家人权教育与培训基地）项目"西方最新人权法理论、实践与中国人权法学创新"（15JJD820023）资助。

国本土的创造，也发挥出中国传统的主动力量，而非如有些学者认为的是中国被动"回应"西方/外部"挑战"的亦步亦趋的过程。[1]

在此背景下，我们回顾近代以来中国人权发展的历史，有必要将其作为中国实现现代化使命的一部分。同时，在中华人民共和国于1949年成立之后，这些努力带有一以贯之的中国化的印记；自1978年改革开放以来，中国人权发展进一步发展出法治化、社会化和国际化的特点。

一、人权保障的现代化

现代化与传统对应，包括民主法治、工业化、城市化、科技发达、理性昌明等方面的内容。中国的现代化以西方现代文明制度为参照，同时继承了中国文明的传统思想、礼乐秩序、人本关怀。[2] 自近代以来，人权概念在中国的确立、引进，便是一个现代化的过程。而到中华人民共和国建立，则体现出鲜明的社会主义国家的特色。

首先，中国实现了民族独立与人民民主。"一九四九年，以毛泽东主席为领袖的中国共产党领导中国各族人民……取得了新民主主义革命的伟大胜利，建立了中华人民共和国。从此，中国人民掌握了国家的权力，成为国家的主人。"[3] 特别是人民代表大会制度不断完善，到2013年实现了城乡按相同人口比例选举全国人大代表，协商民主制度化持续推进，基层直接民主健康发展，公民依法有序实现民主权利形式更加多样，国家政治生活的民主化水平不断提高。随着国家治理体系和能力的现代化改革，简政放权不断创新、反腐倡廉力度加强，政府权力运行更加规范，人民的各项政治权利得到保障。[4]

其次，确立了社会主义市场经济体制，探索走新型城镇化发展道路，注重民生，建立与现代工业生产相一致的劳动就业、教育、医疗卫生、社会保障等领域的制度，人民生活水平不断提升。同时，统筹兼顾，确保经济社会环境的

---

[1] 相关讨论包括余英时对费正清总结的中国近代史"挑战—回应"范式的批评，余英时著：《文史传统与文化重建》，三联书店2004年版，第8—9页。另可见 [美] 安靖如：《人权与中国思想》，黄金荣、黄斌译，中国人民大学出版社，第17—25页。
[2] 参见张万洪："法制现代化与传统法律资源研究"，《武汉大学学报（哲学社会科学版）》2007年第5期。
[3] 《中华人民共和国宪法》序言。
[4] 中华人民共和国国务院新闻办公室：《2013年中国人权事业的进展》白皮书。

协调可持续发展,鼓励文化精神生活的繁荣,人民的基本生存与发展权利得到了实现。

这些人权保障现代化的努力乃至反思,同时也契合了《联合国宪章》中有关国家主权平等、和平发展、共促人权的宗旨与原则,以及联合国"可持续发展目标"中对消除贫困、普及教育、性别平等、防控疾病、保护环境等具体议题的期望。

二、人权保障的中国化

中国人权保障的现代化同时是一个中国化的过程,这至少有两重含义:一方面,就继承传统而言,中国近现代社会变革的行动者们创造性地阐释和运用人权概念,批判皇权专制制度,同时将传统文化中重视人性、仁民爱物的精神内核融入中国的经济、政治、文化建设,至今仍发挥出巨大作用。"中华优秀传统文化蕴含着丰富的政治智慧和思想道德资源,是当代中国人权理念的不竭源泉。"中国传统对中国人权文化的深层影响体现在人权本体论、价值论、方法论以及抒情传统、审美境界等诸多方面,而不仅限于儒家思想影响了《世界人权宣言》的制定等个别事件。

另一方面,马克思主义中国化作为中国的"新传统",不仅在意识形态层面确立了对资本主义社会弊病的批评,也在人权哲学层面关注人作为劳动者的处境及其异化,提出了不同的批判视角。特别是在席卷全球的消费主义、日益孤绝的个人主义、过分的理性工具主义等现代"恶果"的侵袭下,公共空间消亡,价值与意义失落,平庸的恶兴起,如何维护人之尊严、德性,绝非西方形式主义法治与注重实用利益计算的权利观所能解答。此外,社会主义现代化的实践与中国传统的结合,还影响到具体的实现司法正义、保障人权的制度安排,例如中国近现代建立的既不同于古代传统也不同于现代西方的人民调解,[5]即逐步在社会主义革命与改革实践中将现代法治、权利观念与地方风俗的适应、熏染有机联系起来。

---

[5] 有关中国近现代调解传统的讨论,可参见黄宗智:"中国法庭调解的过去和现在",载《清华法学》(第10辑),清华大学出版社2007年版。

这一人权保障的中国化进程，其意义正在于揭示出：特定社会的物质生活条件和文化传统，影响到人对基本权利的主张。中国的人权保障尊重现代文明社会的共通要求，例如联合国《世界人权宣言》和人权两公约的内容，同时也在探索与其社会发展阶段及文化传统相适应的人权制度与实践。如此，中国化的人权保障，同时也就是国际化的、世界性的贡献，是人类命运共同体构建的重要组成部分。

三、人权保障的法治化

"促进国家和国际各级法治是联合国使命的核心。建立对法治的尊重是冲突后实现持久和平、有效保护人权以及持续的经济进步和发展的根本所在。"在现代化的过程中，中国建立了富有特色的社会主义民主政治、市场经济，同时也从曲折的发展历程中汲取经验，将法治确立为人权保障的根本制度安排。"建设中国特色社会主义法治体系、建设社会主义法治国家是实现国家治理体系和治理能力现代化的必然要求，也是全面深化改革的必然要求。"从"依法治国"理念的郑重提出到"人权入宪"的庄严宣告，从社会主义法制体系的基本建成，到"全面深化改革推进法治"的重大决定，社会主义法治理念不断发展，在制度设计与实践探索方面都取得了成就。

中国保障人权的法治化进程，其特色首先在于党领导下的"法治国家、政府、社会"的一体建设，带有"法政合一"的鲜明印记，解决群众纠纷、维护民生与社会和谐稳定，比确立形式化的规则得到了更多的重视和关注。[6] 其力图将立法、执法、司法、普法等现代治理手法与中国共产党的执政合法性与执政能力建设联系起来。这一策略注重群众路线："一切依靠群众，一切为了群众；从群众中来，到群众中去"，"把法律交给亿万人民"，"让人民掌握法律"。人民不是所谓依法治理的"看客"或"顺服者"，而是掌握法律的法治"参与者"或"主体"。[7]

---

6 刘思达："中国法律的形状"，《中外法学》2014年第4期。
7 彭真：《论新时期的社会主义民主与法制》，中央文献出版社1989年版；凌斌："普法、法盲与法治"，《法制与社会发展》2004年第2期。

权力的恣意专断是人权最大的"敌人",中国人权保障的法治化还意味着"将权力关进制度的笼子",严惩腐败,确认"制度化、规范化、程序化是社会主义民主政治的根本保障"。在经济发展领域,我们重申"社会主义市场经济本质上是法治经济",平等保障经济活动参与者的各项人身自由与财产权利。此外,司法改革的不断突破,也意味着对人民各项权利的司法保护更加完善。

四、人权保障的社会化

人权保障不仅需要法治的刚性制度支撑,也需要多方力量在不同行动领域的灵活创造与合作努力。中国建立现代民主法治国家、实现人民基本权利的过程,同时也是重新培育民间社会、激发社会组织活力、实现人权保障"社会化"的过程。中国当前在这方面的探索创新,有利于妥善处理国家与社会、政府与民间等错综复杂的关系,形成政府、企业和社会组织互动合作、良性循环的社会结构。近年来,中国的民间力量包括社会组织蓬勃发展,在人权研究、教育、倡导及国际交流合作,公益慈善行动,社区治理创新,人权文化培育等领域都发挥着日益重要的作用。[8]

一方面,社会力量的崛起以及社会组织的发展本身就是公民言论、结社等基本权利的体现。另一方面,政府立法认可社会力量的地位与贡献,通过购买社会服务等具体政策,加速了人权保障的社会化。其中,既有社会力量参与促进人民经济社会文化权利的实现,也有对法律援助、获得司法正义与公正审判等公民权利和政治权利的保障;既有国家人权教育基地以及各类民间智库研究倡导力量的增长,又有扎根社区的基层服务组织的兴盛。

五、人权保障的国际化

联合国的运行本来就需要世界各国的共同参与,中国在和平发展的过程中变得更加开放,积极参与国际合作,对于联合国实现其促进人权的基本目标意

---

[8] 参见马长山:"从国家构建到共建共享的法治转向",《法学研究》2017年第3期。

义重大。中国人权保障的国际化进程受到近现代国际秩序、意识形态、国家法治化进展以及民间社会培育等多方面因素的影响。在联合国成立初期，中国注重民族自决、国家振兴，支持第三世界国家的独立发展。改革开放后，中国进一步了解和适应国际人权机制的运作，在实现国内经济发展和法制建设的同时，逐渐发挥出一个大国在国际人权事务中的影响力。上世纪90年代初，中国人权保障的国际化有了重大突破，开始主动参与国际人权事务，提倡平等对话，实施国际合作。

这方面的进展体现在，中国参与推动国际人权机制的运行及革新，履行国家义务，实现人民权利，促进国际和平与发展。目前，中国已加入包括《经济、社会和文化权利国际公约》在内的27项国际人权公约，并与各个联合国人权机构开展合作。[9] 此外，中国与欧盟、西方国家、发展中国家之间的人权对话日益频繁，并转化为诸多国际人权与法治合作项目，以及多次国际人道救援活动。民间的人权研究与国际交流也更加深入，包括各种各样的国际研讨会、实地考察、模拟联合国竞赛、联合国实习、联合人才培养等，这些交流既凸显出中国人权发展可以借鉴的国际社会的最佳实践，也有助于向全世界呈现、分享中国人权进展的成就与经验。

上述"五化"，是中国人权保障的成功经验，它带有鲜明的中国特色，既是对世界人权保障事业的贡献，也可以作为其他国家人权保障事业的有益借鉴。近期习近平主席在联合国日内瓦总部发表的《共同构建人类命运共同体》主旨演讲，是中国人民在"逆全球化"思潮和实践横行的当下，深度进行国际化的庄严承诺和伟大宣示。在"主权平等、对话协商、合作共赢、交流互鉴、绿色发展"等理念的指导下，中国人权发展将为构筑人类命运共同体提供源源不断的动力。

---

[9] 罗艳华：《中国与国际人权合作》，载李君如（主编）《中国人权事业发展报告（2011）》，社科文献出版社2011年版。

反贫困与人类命运共同体建构
——中国的贡献、经验与难题

◇ 郑若瀚[*]

摘要： 消除贫困是当今世界面临的最大挑战，因而也是建构一个有尊严的人类共同体必须直面的问题。作为人类命运共同体的倡导者，中国已经作出了巨大贡献，与此同时，也积累了丰富的减贫经验。就国内减贫而言，中国的成就缘于国家高度重视、经济增长带动、强大的政策支持体系等多项因素的综合作用，其中土地政策、治理问题颇值得注意；就对外援助而言，中国的经验在于去意识形态化，并强调"授人以渔"。当然，中国无论在国内反贫困攻坚战中，还是在更广阔范围内建立没有贫困的共同体的行动中，都面临多重困难，从基础层次的操作性难题，到国际社会的政治压力，再到更富挑战性的财富公平分配问题，都有待更有效地处理。

关键词： 反贫困；减贫；援助；人类命运共同体

"人类正处在大发展大变革大调整时期……也正处在一个挑战层出不穷、风险日益增多的时代。"战争、贫困、恐怖主义、气候变化、流行疾病、难民危机等传统和非传统威胁仍然笼罩全球。我们珍视和尊重世界人民为人类共同事业所付出的努力和取得的成就，但也意识到当下全球秩序的不公和共同体建构的乏力，正义诉求往往被以正义之名泯没，试图超越晦暗政治现实的人权事业亦多受政治之累。为此，我们需要在旧秩序中开掘出新的活力，释放出更大

---

[*] 郑若瀚，西南政法大学人权研究院讲师。

的诚意。这就需要借助一个新概念和一系列新行动来承载、传达和展示人们的新希望。中国给出的方案便是构建"人类命运共同体"。"人类命运共同体"并非一个对以往共同事业予以否弃的替代性概念，相反，它是一个尊重历史的包容性概念，一个有待被重新解释、重新赋予意义的概念，它将是对关乎人类共同事业的重大命题的再思考和再总结。鉴于此，它需要对人类共同事业所面对的全部问题都有所交代、回应；同时，从另一个角度看，我们从任何一项具体的人类共同事业出发去观察、思考，都可以向"人类命运共同体"提出主张，亦可以借此推演出可能的建构智慧及经验。

贫困问题是建构一个有尊严的人类共同体必须直面的问题，《2030年可持续发展议程》申明："消除一切形式和表现的贫困，包括消除极端贫困，是世界最大的挑战，也是实现可持续发展必不可少的要求。"同时，它勾勒出17个我们期待形成的共同体理想图景，其中第一幅图景便是"我们要创建一个没有贫困、饥饿、疾病、匮乏并适于万物生存的世界"。在挑战与期待之下，我们需要重新思考和行动。作为人类命运共同体的倡导者，中国已经作出了巨大贡献，积累了丰富的经验，并在一系列新行动中继续探索，这对于建立一个没有贫困的共同体乃至整个人类命运共同体或许都会有所助益。

一、中国的贡献

在构建一个没有贫困的共同体方面，中国一直扮演积极角色，并且作出了卓越贡献。

首先，中国的减贫是全球反贫困事业的重要组成部分，中国贫困人口的显著减少极大地推动了世界贫困发生率的降低。1949年成立的新中国，是当时世界上最贫穷的国家之一。根据联合国"亚洲及太平洋经济社会委员会"的统计，那一年，中国人均国民收入27美元，不足整个亚洲平均44美元的三分之二，不足印度57美元的一半。但在土地改革、工业发展等因素的带动下，中国逐渐积累起摆脱贫困的坚实基础。特别是改革开放以来，在一系列改革、发展措施和专门的减贫措施的综合作用下，中国农村的贫困面貌得到显著改善。改革开放30多年来，7亿多贫困人口摆脱贫困，中国农村贫困发生率从1978年的

97.5%下降到 2016 年的 4.5%。联合国发布的《千年发展目标 2015 年报告》显示，全球极端贫困人口已从 1990 年的 19 亿降至 2015 年的 8.36 亿，其中中国的贡献率超过 70%。另有数据估算，1978—2010 年的 30 多年间，参考国际扶贫标准，中国共减少 6.6 亿贫困人口，同期，全球贫困人口减少 7.26 亿，全球贫困人口数量减少的成就 93.3% 来自中国。[1]

其次，中国是全球反贫困与发展事业的重要推动者，在大幅减少自身贫困人口的同时，积极投身对外援助，改善落后国家的发展条件、发展环境，增进落后国家的减贫能力。支持其他发展中国家减少贫困和改善民生，是中国对外援助的主要内容。60 多年来，中国共向 166 个国家和国际组织提供了近 4000 亿元人民币援助，为发展中国家培训各类人员 1200 多万人次，先后 7 次宣布无条件免除重债国和最不发达国家对华到期政府无息贷款债务，向 69 个国家提供医疗援助，为 120 多个发展中国家落实千年发展目标提供帮助。此外，中国在促进农业发展、提高教育水平、改善医疗服务、建设社会公益设施等方面亦有突出贡献。

二、中国的经验

中国的反贫困成就并非种种偶然因素的叠加，其背后的帮扶和治理经验清晰可循，它为建构一个没有贫困的共同体提供了重要的经验范本与指引。

就国内减贫而言，中国的成功源于多方面有利因素的综合利用。总体而言，包括：（1）国家高度重视，将其作为经济社会发展的重要目标，先后实施了《国家八七扶贫攻坚计划（1994—2000 年）》《中国农村扶贫开发纲要（2001—2010 年）》《中国农村扶贫开发纲要（2011—2020 年）》《"十三五"脱贫攻坚规划》等中长期扶贫规划。（2）通过经济增长带动减贫（增加农业产业收益、促进转移就业等）。（3）强大的政策支撑体系，在这个体系中，①财税、金融、土地、社会保障政策相互衔接配合，共同支撑；②普惠政策与特惠政策相结合，在加大对农村、农业、农民普惠政策支持的基础上，对贫困人口实施特惠政策；③

---

[1] 常红、张志达："对全球减贫贡献超过 70%，'中国奇迹'普惠世界"，人民网：http://world.people.com.cn/n/2015/1016/c1002-27703507-2.html，访问时间：2017 年 5 月 30 日。

基础设施建设与教育、医疗、卫生协同推进；④政策措施的活力与持续创新性，特别是精准扶贫政策的实施带来了帮助机制、治理机制的关键改善，分类施策、协同善治的引入有效解决了传统政策措施边际效益递减问题。

在这些因素中，有两个因素颇值得注意，即土地政策和治理问题。

其一，土地政策。实际上，从政府意向（包括专项计划）、经济增长、政策密度等方面看，许多国家特别是金砖国家存在大体类似的趋势和特征，但为什么中国的成就更为显著（尽管也有自己的问题）？从总体上讲，它涉及社会结构与各项政策制度之间的综合作用——多个方向上的力在加总、抵消后的剩余，但在微观上也必有其可以察见的根据，土地制度提供了一个重要证据。土地制度在抵御大规模新增贫困、保障基本生存方面具有重要的功能。一个值得注意的现象是，中国在工业化和城市化加速时期始终没有伴随出现大规模的贫民窟化。这在全球发展中人口大国里仅此一例，而印度、巴西、墨西哥等国则在不同程度上都出现了小农破产、失地农民大批涌进城市导致城市贫民窟的状况。[2] 这与中国特殊的土地制度不无关系：集体所有制下的家庭承包经营制——与之直接相关的设计是受严格限制的土地流转——的兜底保障为最不济的农民也保留了用以维持生计的"财产"，为进城务工农民保有了退路，同时，在农业"资本化"过程中亦避免了农民的"无产化"。[3] 这样的经验其实也表明，通往发展之路并不一定绑定所谓的经典模式——私有化+自由化。从这个意义上讲，建立一个没有贫困的共同体，不存在某种必须直面、无法绕过的经典理论，只存在必须解决的具体问题。

其二，治理问题。近年来，中国在扶贫治理上正呈现出新的发展趋势，多元共治的局面正在形成，问责制已经建立，经济社会文化权利的观念已经植入减贫实践，扶贫工作中的民主权利越来越被强调，……合而观之，在国内的反贫困实践中，一种"人权主流化"的动向正在基于内生动力以中国的方式显现出来。因此，一个没有贫困的人类共同体的建构一定会回到人权和治理问题上来，当然，究竟应当（会）沿循一条怎样的具体路径，以及如何嵌入社会发展和体制改革进程，则仍然需要在"地方性知识"中发现和提炼，中国仅仅提供了其中一个可能。

---

[2] 温铁军：“我国为什么不能实行农村土地私有化”，《财经界》2015年第7期。
[3] 黄宗智、高原、彭玉生：“没有无产化的资本化：中国的农业发展”，《开放时代》2012年第3期。

就对外援助而言，中国的特别经验在于去意识形态化。在持续数十年的西方援助中，流行的做法是将附带"华盛顿共识"的发展药方作为援助条件。援助与一系列政治改革（也包含人权指标）相挂钩，实际上是预设了更有意义的发展和更有效的人权保障都建立在某种标准的体制之下。不能完全否定这种援助方式的积极意义，但这种方案本身的正当性基础显然不够牢固。从稍微积极的角度讲，它过分强调了制度或能力建设的重要性，或者像弗兰克维茨和厄尔所讲的"关于治理的讨论已经本末倒置了，制度只是工具"。从更严肃的立场讨论，它实际上已经将人权贬降为一种手段，并且其工具性意义已经掩盖了作为目的的人权的本身意义。与此相反，中国对外援助则淡化政治问题，并不附加政治条件，在微观实践中亦不强制性输入自身文化，而更多是一种"非强制性的经验嵌入"[4]。与此同时，中国经验还表现为一种"授人以渔"的援助理念。中国对外援助特别强调受援国自主发展能力的提升，在向受援国提供直接物资援助以及学校、医院、水电交通工程等公共基础设施的同时，也注重提供技术培训、经验分享。例如，近日南南合作减贫知识分享网站正式开通，搭建了一个减贫知识、经验的分享平台，帮助发展中国家寻找问题的解决方案。

三、中国的难题

在历史的维度中审视，建立一个没有贫困的人类共同体，或许是一个水到渠成的过程，其实现的条件是在现实情境里对于复杂情况、疑难问题的有效处理。已有的成就远不足以帮助打通前路，中国无论在国内反贫困攻坚战中，还是在更广阔范围内建立没有贫困的共同体的行动中，都面临多重困难，从基础层次的操作性难题，到国际社会中的政治压力，再到更富于挑战性的财富公平分配问题，都有待更有效地处理。

在操作性难题方面，对内而言，涉及政策的长效性问题、相互兼容性问题（如光伏扶贫的争议）、法治化问题，以及治理的有效性、人权方法的实质化和具体化等问题；对外而言，需要应对潜在的和已经发生的受援助国投机行为

---

[4] 李小云："中国援非的历史经验与微观实践"，《文化纵横》2017年第2期。

和援助措施专业性差、规范性弱和"不经济"的问题。

在国际社会的政治压力方面,"一带一路"建设过程中的援助与区域格局重塑始终存在微妙关系,共同体命题的提出更让一些国家猜疑,超越传统的共同体建构思路而谋求一种更坦诚的相互理解,仍然困囿于"术"与"道"的纠缠、撕扯之中。同时,随着中国经济实力的增强和减贫成就的显现,"负责任的大国"形象也在加重中国的政治负担。当代国际秩序的激烈抨击者托马斯·博格教授已经向中国发出了呼吁:"当你们考虑人类的尊严时,务必也请考虑一下贵国以外那些穷困的、被边缘化的人民,在他们无法发出声音的国际磋商中代表他们的利益。而且,不要与他们的镇压者在'不干涉别国内政'的错误旗帜下合作……对于一个正在消除人类历史上最严重的国内贫困的国家来说,'不'(即拒绝合作)是正确的答案。"[5] 当然,如果我们仍然难以说"不",一个短期内的折中办法或许是在基础设施援助之外更多安排与受援国贫困人口直接相连的医疗、教育、农业技术、金融等项目,更直接地惠及需要帮助的人们。但是,如果要更有说服力地平衡各方诉求、利益,那么,更为成熟的"创造性介入"方案仍有待被创造性地提出和设计。

在上面两个难题之外,中国还面临着一项更为困难的考验。权利的实现总是有高昂的成本,它必然涉及成本谁来承担和收益谁来分享的问题,因此,维护和保障权利必然是一个再分配问题。审视现实,当我们看到贫困人口通过获得公共资源倾斜照顾而逐渐摆脱贫困、实现"免于贫困的权利"时,新增财富的流动方向并没有发生明显偏转,贫困减少与不平等的增加在同步发生。换一种说法讲,当蛋糕做大,足以填饱每一个人的肚子时,有些人的蛋糕上出现了更厚的奶油、更多的果粒,涂层下还加进了金币,手中甚至握有决定下一轮蛋糕制作的口味方案、分工规则、交易规则。从这个意义上讲,建立一个没有贫困的人类共同体,始于消除贫困,却又不能止于消除贫困;始于一种最低程度的道义,却不能放弃对更高道义的追求和担当。这是中国的难题,也是世界的难题。

---

[5] 托马斯·博格:"阐明尊严:发展一种最低限度的全球正义观念",李石译,《马克思主义与现实》2011年第2期。

构建人类命运共同体与消除贫困

◇ 许 尧[*]

摘要：中国在通过扶贫改善人权状况方面取得了巨大的成就，积累了一些重要经验，包括：在扶贫过程中兼顾"人"与"物"；既要推进整体环境的"结构性"改善，也要针对特别贫困者实施"精准"帮扶；既要集中力量突破重点难点，也要提高不同政策措施的系统性和协同性。构建人类命运共同体的思想为全球贫困治理问题提供了新的思路，从全球层面、区域层面、国家层面、社区层面、家庭层面都需要从命运共同体的思维去进一步促进消除贫困的工作。

关键词：贫困治理；人类命运共同体；人权

随着全球化、信息化、工业化的快速发展，人类命运更加紧密地联系在了一起。人类创造出了前所未有的财富，也面对着贫富剧烈分化的严峻挑战。在这种背景下，全球多达 8 亿的极端贫困人口既是对人类财富分配正义的质疑，也制约着经济社会的进一步发展，甚至成为社会动荡、恐怖主义和政权更迭的根源。

今年 1 月，中华人民共和国主席习近平在联合国提出共同构建人类命运共同体的倡议，得到了广泛的认可和支持。"人类命运共同体"内含着包容发展、普惠发展、共享共融、关照弱者的思想，对消除贫困，实现全人类的共同发展具有重要的指导意义。

---

[*] 许尧，南开大学人权研究中心副研究员。

一、中国消除贫困的努力、成就与计划

长期以来,中国政府秉持"以人为本"的科学发展观,将保障民众的生存权和发展权作为人权保障的重点内容,在消除贫困方面进行了大量卓有成效的工作。第一,在基础设施方面,大力加强通信、水利、电力、交通、人居环境等方面的建设,目前已经使 100% 的乡镇都能够通电、通宽带,96.1% 的乡镇通硬化路,为贫困地区的发展提供基础设施保障;第二,在财政支持方面,积极调整财政支出结构,持续加大投入力度,完善财政扶贫体系,仅 2011—2015 年,中央财政就累计安排专项资金 1898.4 亿元,并向贫困户发放优惠贷款 1200 亿元,支持他们发展产业;第三,在机制体制方面,通过特色产业脱贫、异地搬迁脱贫、生态保护脱贫、教育脱贫、医疗保障脱贫、农村兜底脱贫等多种具体机制举措,有针对性地综合施策。这些努力取得了令人满意的效果,从 1978 年到 2015 年,已经有 7 亿多人口实现了脱贫,贫困发生率从 1978 年的 97.5% 降低为 2015 年的 5.7%,中国对全球减贫的贡献率超过 70%。

在这些成绩面前,中国政府并没有止步不前,2015 年时,仍然有 5500 多万贫困人口,中国政府在习近平总书记的领导下,展开了更为艰苦的"精准扶贫"工作,目标是在 2020 年之前彻底消灭贫困问题。综合起来,主要通过四种途径来实现这 5500 多万人口的脱贫。第一,通过产业扶贫,帮助有劳动能力和生产技能的 3000 万人口脱贫;第二,对于生活在特别不适合人类居住环境中的 1000 万贫困人口,实施异地搬迁;第三,通过转移就业,实现 1000 万贫困人口脱贫;第四,对于不符合上述条件,自身缺乏发展潜能的 500 多万人口,全部纳入低保范围,实现兜底脱贫。目前,全国有 19.5 万名"第一书记",77.5 万名下派干部正在广大贫困村努力工作,精准扶贫工作整体进展顺利,截止到 2016 年底,已经成功将贫困人口缩减到 4335 万人。当然,其中也有一些预想不到的难题,比如,异地搬迁过程中,在协调全村人都同意上难度较大,甚至搬迁后一部分人出现反复等,如何有效地推进各种工作,还在不断地考验着工作人员的智慧。

二、中国在发展中消除贫困的基本经验

中国作为世界上最大的发展中国家,成功实施了有史以来最大规模的消灭贫困项目,这种努力历经30多年而不曾懈怠,在多届领导集体间加油接力,谱写了保障人权的壮丽诗篇,不仅为全球贫困人口的减少贡献了力量,也为其他国家提供了经验和教训,间接促进了全球经济社会的稳定发展和繁荣,增强了人类消除贫困的信心。消除贫困是一个长期的艰苦的过程,反观中国这些年的工作,有以下三点经验值得总结和参考。

第一,既要看到物,更要关注人。人是万物的尺度,人是发展的根本。只有将扶贫工作的终极目标定位于让贫困者实现自身的发展,聚焦于帮助他们提高发展能力,扶贫先扶智、扶贫先扶志,扶贫工作才真正找到适当的立足点。在过去一些岁月里,不少实际工作者只看到了贫困者的物质稀缺,扶贫手段主要是为贫困人士提供粮食、现金、衣物、牲畜等,事实证明,这些手段在帮助他们渡过难关上有一定作用,但无法实现长期脱贫,甚至助长了等靠要的依赖心理。近些年来,政府重点推进开发式脱贫,注重提高贫困者致富的动力和能力,通过优化基础设施、培训致富技能、提供产业引导、加强资金支持等手段增强贫困者的造血能力,引导他们在自我致富过程中体验成功的喜悦,实现人生的梦想。

第二,既要整体推进,又要精准帮扶。在贫困现象比较普遍的情况下,国家侧重于从整体上推进区域的经济发展、基础设施建设、教育普及和社会保障制度建设,这种整体发力的思路对于大多数具有致富能力的人是有效的,也起到了结构性减少贫困的作用。但这些手段对于那些自然条件过于恶劣的村庄、个人发展基础极端薄弱的人来说还是不足的,这就需要精准的帮扶,需要对贫困者的精准识别、对贫困原因的细化把脉、对致富手段的具体规划和引导。这种"定制式"帮扶工作能够确保每一个社会成员都搭上社会进步的快车,让每个人都共享社会发展的成果。

第三,既要谋求单项突破,又要持续系统发力。消除贫困是一个系统工程,难点多,死点多,这就要求我们既要重视单项问题的解决,又要从系统的角度整体改善,不留死角,形成合力,持续发力。在此过程中,中国政府探索尝试

了多种手段：（1）在政府不同部门间形成合力，教育部门、农业部门、水利部门、交通部门、环境部门、卫生部门等多个系统都有在总体扶贫规划统筹下的单项推进计划和一系列措施，它们既相互独立又相互支撑；（2）不同地区间的相互支援，东部发达地区和西部欠发达地区结成了多个对子，发达地区在发展经验、资金、项目、人才等多个方面全方位支持贫困地区的发展；（3）相关政策制度的系统性，医疗保险、养老保险、低保政策、义务教育政策等形成无缝隙的制度合力。

三、构建人类命运共同体为消除贫困提出的新思路

如今，治理全球贫困问题依然是人类面临的巨大挑战，发达国家普遍面临着老龄化、智能化带来的经济增长乏力、就业困难等难题，发展中国家普遍面对着低增长、低教育的困境，尚未走上发展轨道的落后国家则面临着国家内部的冲突和人口高增长的问题，这些都对消除贫困造成了非常不利的影响。面对这些林林总总的诸多问题，构建"人类命运共同体"的理念可以为解决上述问题贡献具有宏观指引作用的智慧和力量，在现实中可以表现为多个层次、多个主体的共同努力。

第一，从全球层面讲，要加强国际社会消除贫困重要性的共识；通过案例共享、交流对话、合作研究，促进国家间消除贫困经验的借鉴；进一步探索提高国家间援助实效性的具体机制和有效办法，既要防止援助国对受援助国不当的附带条件的要求，又要防止受援助国政府权力系统对受援资金的异化盘剥；进一步强化联合国等国际组织的作用，促进他们的平台功能、纽带功能的有效发挥。

第二，从区域层面讲，当前的贫困问题主要集中在非洲国家、东南亚国家和拉丁美洲国家，同处一个区域的国家往往在历史文化基础、发展环境、发展阶段等方面具有更大的共性，也具有更显著的借鉴意义。要以人类命运共同体的思维，搭建区域内不同国家在扶贫方面的立体合作。

第三，从国家层面讲，国家是消除贫困的最重要的场域，政府应当在国内引导建立命运共同体的共识，将消除贫困作为具有优先性的目标，促进财富在

不同阶层间的合理分配，减少执政党更迭、经济波动等因素对扶贫连续性的不利影响，加强资源整合和有效配置，探索创新基于本土情况的扶贫机制。

第四，从社区层面讲，社区是人们生活的基本单元，共处同一社区的人们不仅具有广泛的交叉联系，共享基础设施，也决定着很多公共物品的生产。从现实看，具有共同体意识的社区，能够更多地承接来自外部的资源，能够有效地将既定资源发挥更大的功能，能够通过整合发力振兴社区经济，营造和谐社会。

第五，从家庭层面讲，家庭是衡量贫困与否的最小单元，家庭内成员关系具有天然的同舟共济的属性，是最小的命运共同体。在构建人类命运共同体的理念下，我们要将家庭成员的这种友爱互助的天性扩大到更大的空间，让"以兄弟关系的精神相对待"成为消除贫困的精神基础。

妇女的发展权与人类命运共同体

◇ 陆海娜[*]

摘要： 妇女权利就是人权。作为一项基本人权的发展权也包括妇女的发展权。对于中国来说，构建人类命运共同体理念下的妇女发展权既包括促进中国妇女的发展权，也包括为世界范围内实现妇女的发展权作贡献。我国提出的"创新、协调、绿色、开放、共享"的新发展理念充实了发展权的内容，厘清了发展的概念，指明了实现发展权的国家义务以及应该采取的措施，是中国特色社会主义人权观的重要理论创新，也是我国对国际人权法的新贡献。新发展理念从妇女的角度解读，既包含了中国妇女集体的发展权，也包含了中国妇女个人的发展权；而构建人类命运共同体的理念则把权利的主体扩大到了全世界的妇女，强调了中国的国际人权义务，充分体现了中国特色社会主义人权观的包容与对全人类命运的关注。

关键词： 人类命运共同体；妇女；发展权；人权

妇女权利是人权，这是国际社会已经达成的一项共识。同样，发展权也包括妇女的发展权。对于中国来说，促进妇女的发展权既包括促进中国妇女的发展权，也包括为世界范围内实现妇女的发展权作贡献。

男女平等是中国的一项基本国策和宪法原则。中华人民共和国成立以来，"妇女能顶半边天"的指导思想和相关政策起到了鼓励中国女性参与经济政治

---

[*] 陆海娜，中国人民大学法学院副教授，中国人民大学人权研究中心秘书长。

和社会生活、提高妇女地位的积极作用。而1995年第四次世界妇女大会在北京召开，更是加速了中国的妇女运动，使社会性别主流化、反对家庭暴力等概念进入公共话语和主流意识形态。20多年后的今天，在取得引人注目的经济成就的同时，中国也在促进性别平等方面取得了长足的进步。具体的例子非常多，比如提高女性劳动参与率、提高女童的入学率和女性受教育水平、保护就业女性的权利、实施生育保险制度等。最近的一项显著成就是在2016年开始实施中国第一部《反家庭暴力法》，吸收了他国的先进经验，也创设了中国自己独特的机制。当然，在促进妇女发展权的同时，中国也面临许多挑战，而其中许多挑战是全世界妇女共同面临的。比如就业性别歧视仍未消除，妇女在资源占有和收入方面与男性存在一定差距；妇女参与决策和管理的水平仍然较低；妇女受教育程度与男性存在一定差距；妇女的健康需求有待进一步满足；妇女发展的社会环境有待进一步优化；妇女的社会保障水平有待进一步提高。各阶层妇女利益需求日益呈现多元化，城乡区域妇女发展不平衡仍未全面解决。在全球层面，传统文化中的父权思想、各国经济政策中的新自由主义思想也造成越来越多的不平等，从而对妇女的发展权构成巨大挑战。而面对这些挑战，需要社会各阶层共同努力，也需要各个国家的协同合作。

在国家层面，中国的努力目标是使发展进程和促进性别平等发展更加紧密地融合在一起，走中国特色社会主义妇女发展道路，实现妇女平等依法行使民主权利、平等参与经济社会发展、平等享有改革发展的成果。具体说来，就是要在国家法律和政策中实现性别主流化，在发展过程的各个环节和阶段注重性别平等和尊重保护妇女的权益，遵循联合国《消除对妇女一切形式歧视公约》，遵循"全面发展、平等发展、协调发展、妇女参与"的四大原则，全面实现《中国妇女发展纲要（2011—2020年）》以及《国家人权行动计划（2016—2020年）》中设定的目标。

——继续促进妇女平等参与管理国家和社会事务。逐步提高女性在各级人大代表、政协委员中的比例，以及在各级人大、政府、政协领导成员中的比例。到2020年，村民委员会成员中女性比例达30%以上，村民委员会主任中女性比例达10%以上，居民委员会成员中女性比例保持在50%左右。

——努力消除在就业、薪酬、职业发展方面的性别歧视。将女职工特殊劳动保护作为劳动保障监察和劳动安全监督的重要内容，实行年度考核。

四、构建人类命运共同体的中国理念与实践

——保障妇女的健康权利。完善城乡生育保障制度，向孕产妇提供生育全过程的基本医疗保健服务。到 2020 年，孕产妇死亡率降为 18/10 万，新增产床 8.9 万张，力争增加产科医生和助产士 14 万名。提高妇女常见病筛查率，扩大农村妇女宫颈癌、乳腺癌免费检查覆盖范围。加强流动妇女卫生保健服务。

——保障妇女的婚姻家庭权利。设立男性职工带薪陪护分娩妻子的假期制度。大力发展针对 0—3 岁幼儿的托幼机构，为妇女平衡工作与家庭提供支持。保障妇女在婚姻家庭中的财产权益。

——贯彻落实反家庭暴力法。完善预防和制止家庭暴力多部门合作机制，以及预防、制止和救助一体化工作机制。鼓励和扶持社会组织参与反家庭暴力工作。

——落实《中国反对拐卖人口行动计划（2013—2020 年）》，有效预防和依法打击拐卖妇女犯罪行为。

——预防和制止针对妇女的性骚扰。

在国际层面，中国也积极承担起国际人权合作的义务，按照人类命运共同体精神，努力促进全球妇女的共同发展。2015 年，习近平主席在全球妇女峰会上的讲话中承诺：中国将向妇女署捐款 1000 万美元，用于支持落实《北京宣言》和《行动纲领》，落实 2015 年后发展议程相关目标。在之后五年内，中国将帮助发展中国家实施 100 个"妇幼健康工程"，派遣医疗专家小组开展巡医活动；实施 100 个"快乐校园工程"，向贫困女童提供就学资助，提高女童入学率；邀请 3 万名发展中国家妇女来华参加培训，并在当地为发展中国家培训 10 万名女性职业技术人员。在中国与联合国合作设立的有关基金项下，将专门开展支持发展中国家妇女能力建设的项目。

此外，中国也积极响应可持续发展战略，支持并全力落实《联合国千年宣言》，已经实现或基本实现了 13 项千年发展目标指标。中国积极促进国际社会达成并实施 2030 年可持续发展议程，发布了《落实 2030 年可持续发展议程中方立场文件》和《中国落实 2030 年可持续发展议程国别方案》，在二十国集团领导人杭州峰会上共同制定《二十国集团落实 2030 年可持续发展议程行动计划》《二十国集团支持非洲和最不发达国家工业化倡议》等，为加快各国尤其是发展中国家的整体发展进程注入了强劲动力。中国的"一带一路"倡议也运用人类命运共同体观念，尊重和保护人权，促进妇女的发展权。

人类命运共同体与可持续发展
——以中国的"社会保护底限"实践为核心

◇ 李满奎[*]

摘要： 为了应对人类在全球化进程中所面临的各种挑战，联合国通过了可持续发展议程，确立了消除贫困的目标，以及建立符合本国国情的社会保护底线的具体目标。为了在中国更好地落实可持续发展议程，中国政府发布了中方立场文件和国别方案，在建立社会保护底限方面进行了有益的尝试。在水平维度上，中国建立了基本医疗保险、基本养老保险和城乡最低生活保障制度，基本实现了法定人口的全覆盖；在垂直维度上，中国通过建立医疗救助项目等措施逐步提高社会保护待遇。中国建立社会保护底限的实践对于促进获得社会保障和基本服务的人权的实现作出重要的贡献，也体现了人类命运共同体的理念，确保实现不让一个人落下的愿景。

关键词： 社会保护底限；可持续发展；人类命运共同体；水平维度；垂直维度

一、中国政府对可持续发展议程（2030年议程）的态度

人类在全球化的过程中面临着很多挑战，如大规模贫困和收入不均衡，大量人群缺少必要的医疗条件，社会保障还无法覆盖到所有人群，还有很多人无法获得清洁水资源、住房以及卫生设施，等等，类似的挑战还可以列举很多。

---

[*] 李满奎，西南政法大学经济法学院副教授，西南政法大学人权研究院研究员。

这些挑战使得当前的全球化进程及发展模式从经济层面变得不可持续，从社会层面变得难以为公众接受。作为世界上最大的发展中国家，中国也在不同程度上面临着全球化过程中出现的上述诸种挑战，无法置身事外。

在这一背景下，2015 年联合国大会通过了《改变我们的世界：2030 年可持续发展议程》的决议。2030 年议程包括 17 项可持续发展目标和 169 项与此紧密相连的具体目标，这代表了人类社会为应对全球化时代的危机而制定的雄心勃勃的计划，目的是确保人类社会的发展路径和模式能够符合可持续发展的要求。中国是"2030 年可持续发展议程"的有力倡导者和坚定拥护者。中国政府发布了《落实 2030 年可持续发展议程中方立场文件》和《中国落实 2030 年可持续发展议程国别方案》。中方立场文件和国别方案重申了中国政府对落实可持续发展议程所作出的庄严承诺，以及实现所有人的人权的雄心。

如我们所知，可持续发展的概念内容丰富，在范围上也是无所不包。本文以下的内容将聚焦可持续发展议程中的一个核心要素，即"社会保护底限"（social protection floor），以中国在完善"社会保护底限"方面的实践为例，来阐述中国政府在落实可持续发展议程以及构建人类命运共同体方面的努力。

二、社会保护底限在可持续发展议程中的地位

在 2030 年议程所确立的目标及与其紧密相关的具体目标中，第一个同时也是最重要的目标是到 2030 年在全球范围内消除任何形式的贫困。在可持续发展议程的 17 个目标中，这是最具挑战性的目标。2030 年议程中还列举了与消除贫苦目标紧密相关的具体目标，其中，第 1.3 个具体目标是各国执行适合本国国情的社会保护制度和措施，包括各种类型的社会保护底限。这使得社会保护底限成为实现可持续发展目标的重要途径和措施。社会保护底限的内容包括基本收入保障和全民普遍获得基本社会服务的保障，如基本医疗服务的保障。社会保护底限对于消除贫苦和收入不均衡、解决全球经济失衡、增加全民获得基本社会服务的机会等具有重要的意义。也就是说，社会保护底限能够为人类社会发展中面临的各种挑战特别是社会层面的挑战提供解决方案，可以助力可持续发展目标的实现。

国际社会在推进社会保护底限倡议（Social Protection Floor-Initiative）的过程中，借鉴了"所有人的社会保障运动"(Social Security for All campaign)中的"双重维度"策略，包括水平维度——旨在实现对全体人口无差别的全覆盖，确保全体人口均能够享受最低程度的保护；垂直维度——旨在逐步实现保护水平的提高。这一"双重维度"策略对于解释中国建立和完善自己的社会保护底限的实践非常有帮助。

三、中国完善社会保护底限的实践：双重维度的视角

在建立本国的社会保护底限的过程中，中国遵循了社会保护底限咨询委员会（Social Protection Floor Advisory Group）的建议，以既有的社会保障体系为基础，逐步引入、有条不紊地完善社会保护底限。[1]中国现有的社会保障体系是在市场化的经济改革和工业化过程中逐步建立并成型的。在中国，社会保险项目作为社会保障体系的核心，旨在为就业人口提供保护；而与其并列的社会救助项目则是针对部分符合经济困难标准的非就业人口，作为对社会保险项目的补充。因此，中国完善社会保护底限的过程，实际上是将社会保障的覆盖面扩展至非就业人口的过程。这也代表了社会保护底限倡议的水平维度。

中国的社会保护底限由三部分组成，即最低生活保障制度、基本医疗保险制度和基本养老保险制度。这些社会保护底限包含了一系列基本的权利和现金支付，确保中国的所有人口均能享受最低限度的基本物品和服务。

中国在1999年建立了城镇最低生活保障制度，旨在为城镇的经济困难家庭提供帮助，确保他们的生活水平不低于最低生活水平。这是一项由国家财政保障的救助项目。经过一年的施行后，2000年共有382万城镇居民从这一项目中获益。[2]2002年，在国有企业改制造成的职工失业的浪潮中，这一数字增加至2200万。[3]2007年，农村最低生活保障制度得以建立，使得最低生活保障制度

---

[1] See International Labour Office, Social protection floor for a fair and inclusive globalization (Report of the Social Protection Floor Advisory Group), Geneva, 2011, p. 92.

[2] 时正新：《中国社会福利与社会进步报告》，社会科学文献出版社2001年版，第77页。

[3] International Labour Office, Social protection floor for a fair and inclusive globalization (Report of the Social Protection Floor Advisory Group), Geneva, 2011, p. 64.

的覆盖面扩展至农村居民。至2007年底，最低生活保障制度实现了全覆盖——既覆盖了城镇居民，也覆盖了农村居民。截至2016年底，共有6560万居民从这一制度中获益，其中城镇居民1480万人，农村居民5080万人。[4]在最低生活保障这一问题上，中国的社会保护底限已基本成型。

新型农村合作医疗保险制度（"新农合"）于2002年建立，专门针对农村居民。截至2015年底，98.8%的农村居民，即6.7亿人为新型农村合作医疗保险制度所覆盖。[5]2007年，城镇居民基本医疗保险制度开始在部分地区试点，为未就业的城镇居民（包括在校大学生）提供基本医疗保险，旨在探索覆盖全体城镇未就业居民的有效途径。截至2015年底，这一城镇居民基本医疗保险制度覆盖了3.77亿城镇居民。[6]如果再加上已经为城镇职工医疗保险所覆盖的2.89亿城镇职工，[7]截至2015年底，中国13.7亿人口中有13.4亿人口为基本医疗保险制度所覆盖。[8]客观地讲，在为民众提供基本医疗服务方面，中国已经基本上实现了全覆盖的目标，基本医疗保险底限已经形成。

新型农村养老保险制度于2009年建立，作为对传统自愿型的农村养老保险的取代。后者的参加人数在20世纪90年代开始大幅减少，源于对个人缴费的依赖和配套措施的缺失。[9]在新型农村养老保险制度下，农村居民可以自愿从不同的缴费等级中选择缴费的额度（多缴多得），个人缴纳的养老保险费将全额进入个人账户。2011年，新型城镇居民养老保险制度得以建立，旨在为未就业的城镇居民提供最低限度的收入保障。新型城镇居民养老保险制度与新型农村居民养老保险制度在运作原理方面非常相似。正因为如此，在许多地方，这二者被合二为一，融合为新型城乡居民养老保险制度。截止到2016年底，共有超过5.09亿城乡居民为新型城乡居民医疗保险制度所覆

---

[4] 国家统计局："2016年国民经济与社会发展统计公报"，资料来源：http://www.stats.gov.cn/tjsj/zxfb/201702/t20170228_1467424.html。

[5] 国家卫生计生委："2015年卫生与计划生育事业发展统计公报"，资料来源：http://www.nhfpc.gov.cn/guihuaxxs/s10748/201607/da7575d64fa04670b5f375c87b6229b0.shtml。

[6] 人力资源与社会保障部："2015年人力资源与社会保障事业发展统计公报"，资料来源：http://www.mohrss.gov.cn/SYrlzyhshbzb/dongtaixinwen/buneiyaowen/201605/t20160530_240967.html。

[7] 同上。

[8] 国家统计局："2015年国民经济与社会发展统计公报"，资料来源：http://www.stats.gov.cn/tjsj/zxfb/201602/t20160229_1323991.html。

[9] International Social Security Association, Social security coverage extension in the BRICS, 2013, p. 113.

盖。[10] 加上为城镇职工养老保险制度所覆盖的 3.79 亿城镇职工，[11] 共有超过 8.88 亿人口为基本养老保险制度所覆盖。如果扣除无须参加养老保险的 16 岁以下的居民，中国的养老保险制度也基本实现了全覆盖的目标。也就是说，在为老年人提供最低收入保障方面，中国基本上建成了社会保护底限。

在垂直维度方面，近年来，中国的社会保护待遇水平也在逐步地提高。以 2009 年建立的新型农村合作医疗保险为例，根据世界卫生组织的测算，农村居民的住院费用报销比例约为 39.82%；[12] 其余的医疗费用支出仍然需要居民个人负担。个人负担的医疗费用部分对于经济困难的居民而言，仍然会造成很大的经济方面的障碍。为了舒缓潜在的经济方面的障碍，政府建立了两个医疗救助项目。第一个是城乡医疗救助项目，根据这一项目，符合低保标准的经济困难居民，其个人负担的医疗费用部分可以获得一定比例的补贴，这能够有效降低个人负担的医疗费用比例。第二个项目是大病医保，因特定疾病导致个人负担的医疗费用超过年均可支配收入的城镇居民，或者超过年均纯收入的农村居民（相当于世界卫生组织的"灾难性医疗支出"的概念），有权获得不低于个人负担医疗费用 50% 以上的补贴。这些措施旨在避免特定群体因病返贫。[13] 各种医疗救助项目的建立代表了社会保护底限的纵向拓展，因为它们客观上提升了医疗保险待遇的水平。

四、社会保护底限对于构建人类命运共同体的贡献

社会保护底限倡议是国际社会为了解决日益严重的不平等和缺乏保障问题而作出的新一轮努力——这些问题已经成为全球可持续发展的障碍。中国完善社会保护底限的实践，特别是逐步拓展基本医疗保险的覆盖范围，以及建立新型农村居民基本养老保险的实践，获得了国际社会的一致赞誉。社会保护底限

---

10 人力资源与社会保障部："2016 年人力资源与社会保障事业发展统计公报"，资料来源：http://www.mohrss.gov.cn/SYrlzyhshbzb/zwgk/szrs/tjgb/201705/t20170531_271671.html。

11 同上。

12 United Nations Development Programme, Sharing Innovative Experience, Volume 18: Successful Social Protection Floor Experiences, Chapter 8: Developing a Basic Rural Medical Security System, p. 192, available at http://tcdc2.undp.org/GSSDAcademy/SIE/Docs/Vol18/SIE_v18_ch8.pdf.

13 同上，第 195 页。

咨询委员会将其称为"世界上有史以来速度最快、规模最大的社会融合过程，将对国内市场提升内需和平衡增长发挥实质性作用"。[14] 这一实践是对国际社会解决全球社会挑战的一种回应，这些挑战包括广泛存在的贫困、收入不平等、缺乏基本医疗服务等。

中国完善社会保护底限的实践也表明了中国政府正与国际社会一道共同推进落实可持续发展目标的承诺。社会保护底限将与其他可持续发展目标及紧密相关的具体目标一起，对于促进人权特别是获得社会保障和基本服务的人权的实现作出重要的贡献。毫无疑问，社会保护底限也会像"2030议程"的名字所预示的那样，改变我们的世界，共建人类命运共同体，确保实现不让一个人落下的愿景。

---

14 International Labour Office, Social protection floor for a fair and inclusive globalization (Report of the Social Protection Floor Advisory Group), Geneva, 2011, at 15.

全球治理现代化视域中的人类命运共同体：
中国的理论表达与实践

◇ 钱锦宇*

摘要： 当下，世界人权事业仍然面临着由物质资源短缺、全球环境危机和全球恐怖主义等因素构成的结构性挑战和危机，而现有的全球治理模式和治理格局，已经难以有效应对世界人权事业发展所面临的上述结构性挑战，因此有必要推进和实现全球治理的现代化。"人类命运共同体"理念和"一带一路"倡议，能够作为引领全球治理现代化的核心理念和一种可能性行动方案，以推进全球治理现代化，并最终实现全人类的全面发展。

关键词： 人权；治理现代化；人类命运共同体；"一带一路"倡议

一、全球治理现代化：应对世界人权事业结构性挑战的必要之举

（一）当下世界人权事业所面临的结构性挑战

1985年3月4日，中国领导人邓小平提出了"和平和发展是当代世界的两大问题"的著名论断。30多年过去，当人类进入21世纪后，和平与发展的时代主题并没有发生实质性变化。人们在全球化纵深发展的进程中不断意识到，世界人权事业在发展过程中仍然面临着结构性挑战：

首先，物质资源短缺危机是困扰和危及人类生存权和发展权的首要因素。

---

* 钱锦宇，西北政法大学人权研究院副院长，西北政法大学行政法学院教授。

相对于全球人口的急剧增长，粮食、水、能源、药品等物质资源的供给具有稀缺性，而旧有的国际政治经济秩序无法实现物质资源在全球的供给和分配的平等性。据联合国粮食及农业组织等多家机构发布的《2017年全球粮食危机》显示，全球各地2015—2016年间面临严重粮食不安全的人口增至1.08亿。同时，全世界仍有约10亿人无法获得安全饮用水。

其次，以全球气候变暖、大气污染、土地荒漠化、生物多样性减少为主的全球环境危机，已经成为困扰和危及全人类生存和发展的又一重要因素再次，恐怖主义的全球危害性愈发明显。作为"21世纪的政治瘟疫"，恐怖主义正向范围的全球化、效应的示范化、存在的长期化、运作的科技化和袭击的独狼化演化，恐怖主义犯罪是对整个人类文明秩序和人权价值观的严重蔑视和挑战。而起源于宗教冲突和文明冲突的国际恐怖主义，势必加剧不同文明类型在全球的对抗和冲突，最终对全人类在未来实现其生存权和发展权形成不可忽视的消极影响。

另外，全球金融危机势必成为危害全球经济安全和金融安全的致命性威胁和破坏，其所引发的大规模人口失业、贫困加剧和犯罪率飙升等一系列人权问题，不断对全球治理提出新的要求。

最后，上述几种危机，以及全球面临的种族主义、人口买卖、网络犯罪、毒品蔓延和疫情传播等人权问题，都共同凸显出当下全球治理的创新激励不足、全球治理现代化裹足不前的"治理困境"，即全球治理现代化停滞危机。

（二）作为应对举措的全球治理现代化

面对当下世界人权事业面临的结构性挑战，所需要做的不仅是强调全球治理的必要性，更要重视在全球化纵深发展的形势下提升全球治理的现代化程度的重要性。

对于任何类型的治理模式而言，现代化都是一个永恒的议题。从一定意义上讲，人类文明的持续性传承与发展，就是人类为了应对不同时代的危机和挑战而不断进行的、以治理创新为核心的治理现代化进程。从目前全球危机应对的实践来看，那种以主权国家为本位、以本国利益优先为目标、以排他性竞争为原则的传统危机应对机制和解决方案，已经难以有效解决当下世界人权事业面临的结构性挑战。今天已经到了人类不得不认真反思危机应对的传统模式、创新全球治理理念和治理方案的时刻。

全球治理现代化是理念现代化、治理体系现代化和治理能力现代化的统一体：首先，全球治理现代化的灵魂和精髓是治理理念的现代化，必须创造性地塑造出一种能够为国际社会所共同接受的治理理念或者理念体系。其次，全球治理现代化的重点是治理体系的现代化。一方面，必须从以核心大国为本位的治理体系，转向一种强调国家无论大小都有权参与并有效参与全球治理的"多元共治"的治理体系；另一方面，不断推进全球治理制度的现代化，强调规范化、法治化、民主化和协调化。最后，全球治理现代化的关键是治理能力的现代化。

二、人类命运共同体：全球治理现代化的核心理念

（一）推进全球治理现代化需要何种理念

全球治理现代化成败的关键，首先就取决于全球治理是否能够成功地实现治理理念的现代化。那么，衡量现代化治理理念的标准是什么？

首先，中国著名革命家孙中山曾指出："世界潮流，浩浩汤汤，顺之者昌，逆之者亡。"提炼和塑造现代化全球治理理念，必须以准确判断和把握全球化发展趋势和国际化时代潮流为基础。其次，全球治理理念的现代化应当以"多元共治"为本质特征，强调利益主张的多样性和治理主体的多元性。再次，以"多元共治"为特征的现代化全球治理理念，必然要求以治理的合作性为主线。最后，以"多元共治"为特征的现代化全球治理理念，必然以多元治理主体共同应对危机、分享治理红利和促进全人类的全面发展为目的。

（二）人类命运共同体理念符合全球治理理念的现代化要求

中国国家主席习近平 2015 年就强调指出："全球治理体制变革离不开理念的引领，全球治理规则体现更加公正合理的要求离不开对人类各种优秀文明成果的吸收。要推动全球治理理念创新发展，积极发掘中华文化中积极的处世之道和治理理念同当今时代的共鸣点，继续丰富打造人类命运共同体等主张，

弘扬共商共建共享的全球治理理念。"2017年1月，习近平主席又在日内瓦出席"共商共筑人类命运共同体"高级别会议时发表《共同构建人类命运共同体》的主旨演讲，对人类命运共同体理念进行了系统的阐述。

人类命运共同体理念的内涵包括四个维度，为该理念成为全球治理现代化的核心理念提供了坚实的基础：

其一，人类命运共同体理念的提出，是以"这个世界，各国相互联系、相互依存的程度空前加深"的客观事实为基础，以全球化的纵深发展是时代潮流的判断为逻辑起点。

其二，人类命运共同体理念突破了传统西方发达国家塑造的现代化道路的"西方中心主义"的逻辑和"文明—野蛮"二元性思维模式，否认国际政治的排他性支配模式的正当性，主张全球治理主体的多元性和利益诉求的多样性是谋求全球治理现代化的根本要求。

其三，人类命运共同体理念寻求的是广泛的国际合作而非狭隘的大国对抗，强调"人类命运与共"和风险共担，寻求对话、结伴与共赢合作，拒绝对抗、结盟与零和博弈。

其四，面对诸多最不发达国家普遍面临着"发展缺位"的困境，而西方大国为全球治理提供公共产品的能力不断削弱，人类命运共同体理念强调合作的共赢性和发展的普惠性，意识到只有多元治理主体能够最终获得发展和治理的红利，才能保障全球治理现代化的可持续性。

三、"一带一路"：推进全球治理现代化的中国方案

如果说人类命运共同体是中国从理念层面为全球治理现代化贡献的方案，那么"一带一路"倡议及其建设则是中国为全球治理现代化贡献的行动方案。

（一）"一带一路"倡议是对全球治理的现代化理念的落实和践行

"一带一路"所倡导的构建"利益共同体、命运共同体和责任共同体"，是全球治理的理念现代化的应有之义。在全球治理理念现代化的支配下，中国凭借"丝绸之路经济带"和"21世纪海上丝绸之路"两张名片，通过区域性

合作和开放式合作，力图带动沿线 64 个国家的发展，以实现合作共赢，使全球化发展及其现代化治理惠及全球 30.8 亿人口。

（二）"一带一路"是对全球治理体系现代化的有益探索

首先，"一带一路"奉行的基本原则是"区域性合作"和"开放式合作"原则，强调沿线国家的广泛参与，呈现"共商共筑"和"多元共治"的全球治理现代化特征。其次，"一带一路"建设的有效展开，有赖于合作机制和决策制度的规范化、法治化、民主化和协调化。最后，"一带一路"倡议所寻求的是多领域发展的体系，强调通过共商共筑，实现各国在伙伴关系、安全格局、经济发展、文明对话和文化交流、生态建设等方面的多维度发展。

（三）"一带一路"将为全球治理能力现代化提供有益的经验

全球治理能力现代化是全球治理体系现代化得以发挥效能的保障性条件。一方面，在"一带一路"建设过程中，为了参与合作共赢并有效分享治理红利，各国都势必提升自身的治理能力，在避免国家衰败的基础上追求有效国家的建构；另一方面，为了保证"一带一路"建设的有效展开，通过规范化的国际合作机制，各参与国也将共同寻求确保决策有效性和执行高效性的机制，进而为全球治理能力现代化提供有益的经验。

总体而言，全球治理现代化是破解全球治理危机和世界人权事业面临的结构性挑战的根本之道。为了履行习近平主席在《致"2015·北京人权论坛"的贺信》中关于中国"将坚定不移走和平发展道路、坚定不移推进中国人权事业和世界人权事业"的庄严承诺，中国不失时机地提出"人类命运共同体"理念和"一带一路"倡议，并分别将其作为全球治理现代化的核心理念和一种可能的行动方案，以应对和消解全球治理危机和世界人权事业面临的结构性挑战，分享全球治理和发展的红利，最终实现全人类的全面发展。

五、构建人类命运共同体与各国人权的实现

构建人类命运共同体与各国发展权的实现

◇ 李云龙*

摘要： 发展权是指每个人和每个国家都有权参与、促进并享受经济、社会、文化和政治发展。当前世界仍然存在发展不足问题，发展权面临严峻挑战。中国提出的构建人类命运共同体的观点提出了实现发展权的新路径，提供了实现发展权的现实方案。中国按照人类命运共同体精神促进世界各国共同发展，支持和帮助发展中国家特别是最不发达国家减少贫困、改善民生、改善发展环境，推动了发展权的实现。中国的"一带一路"倡议是用人类命运共同体观念促进发展权的鲜活例子。

关键词： 人类命运共同体；发展权；人权

发展权是一项得到国际社会广泛承认的基本人权。联合国大会1979年通过的《关于发展权的决议》强调发展权是一项人权，平等的发展计划既是各个国家的特权，也是各国国内个人的特权。联合国大会1986年通过的《发展权利宣言》宣布，发展权是一项不可剥夺的人权，由于这种权利，每个人和所有各国人民均有权参与、促进并享受经济、社会、文化和政治发展，在这种发展中，所有人权和基本自由都能获得充分实现。1993年世界人权会议发布的《维也纳宣言和行动纲领》重申，发展权是一项普遍的、不可分割的权利，也是基

---

* 李云龙，中共中央党校国际战略研究院教授，中国人权研究会常务理事。

本人权的一个组成部分。联合国把发展视为同安全并列的核心目标。为保障所有国家和所有人都获得平等发展的机会，2000年9月举行的联合国千年首脑会议提出千年发展目标，确定到2015年实现极端贫穷人口比例减半、普及小学教育、遏止艾滋病蔓延、降低儿童死亡率、改善产妇保健和产妇死亡率降低四分之三等目标。2015年联合国大会通过的《2030年可持续发展议程》提出在全世界消除一切形式的贫困和饥饿、改善营养状况、确保健康的生活方式、确保包容和公平的优质教育、实现性别平等、为所有人提供水和环境卫生，以及促进持久、包容和可持续的经济增长等16类目标，促进发展中国家的发展权。

《发展权利宣言》发表以来，尽管一些新兴国家实现了较快的经济增长，但大多数发展中国家仍然面临着严重的发展问题。尤其是2008年国际金融危机发生以后，世界经济增长趋缓，许多发展中国家经济停滞衰退，债务负担加重，国际收支状况恶化，直接影响到千百万普通民众的生活。目前，全球仍有8亿多极端贫困人口。在发展中国家，36%以上的人口每天生活费不足3.1美元，一半以上15岁以下的儿童生活在极端贫困和中度贫困状态中。全世界有1.62亿儿童因营养不良而发育迟缓。发展不足仍然是困扰发展中国家的主要问题。

中国提出的构建人类命运共同体的观点提供了实现发展权的新路径。第一，人类命运共同体创造了有利于实现发展权的国际环境。几百年来，支配世界政治的各种观念，如殖民主义、帝国主义、霸权主义、新自由主义、新保守主义等都无法解决广大发展中国家的发展问题。近代以来，欧美国家直接间接统治了世界大部分地区，但那些地区多数没有发展起来。之所以形成如此不幸的局面，主要是因为在国际上占主导地位的国家实行强权政治，弱肉强食，以征服、控制和支配其他国家为乐事，甚至为了维持自己的优势地位而打压和阻挠落后国家的发展。中国提出的构建人类命运共同体的主张则与此形成鲜明对比。中国主张构建以合作共赢为核心的新型国际关系，要求各国平等相待、互商互谅，不能以大压小、以强凌弱、以富欺贫。在以人类命运共同体为基础的国际环境中，发展权才可以充分实现。第二，人类命运共同体提供了解决可持续发展难题的钥匙。2008年爆发的国际金融危机告诉我们，放任资本逐利，其结果将是引发新一轮危机。缺乏道德的市场，难以撑起世界繁荣发展的大厦。富者愈富、穷者愈穷的局面不仅难以持续，也有违公平正义。人口、资源、环境对经济增长的约束作用越来越大。在全球化时代,各国经济相互联系、相互依存,全球命运与共、休戚相关,构建人类命运共同体,就是要世界各国同舟共济,推动开放、包容、普惠、平衡、共赢的经济全球化,发展创新经济和绿色低碳经济,促进可持续发展,实现共同繁荣。第三,人类命运共同体是解决发展权问题的终极答案。落后国家的发展权实现得不好,有国内原因,但主要是国际原因。发达国家不但没有善尽职责,帮助不发达国家发展起来,还利用不合理的国际经济秩序从落后国家榨取经济利益。只有构建人类命运共同体,才能解决这个问题。人类命运共同体的核心在于世界各国平等相待、协商合作、共建安全世界、共享经济繁荣。根据人类命运共同体观念,世界各国应相互帮助,富国应帮助穷国,先进国家应帮助落后国家。穷国和落后国家一旦发展起来,富国和先进国家也会大大受益。因此,构建人类命运共同体,可以彻底解决发展难题,最终实现发展权。

长期以来,中国按照人类命运共同体精神促进世界各国共同发展,支持和帮助发展中国家特别是最不发达国家减少贫困、改善民生、改善发展环境。中国积极响应可持续发展战略,支持并全力落实《联合国千年宣言》,已经实现或基本实现了13项千年发展目标指标。中国积极促进国际社会达成并实施2030年可持续发展议程,发布了《落实2030年可持续发展议程中方立场文件》和《中国落实2030年可持续发展议程国别方案》,在二十国集团领导人杭州峰会上共同制定《二十国集团落实2030年可持续发展议程行动计划》《二十国集团支持非洲和最不发达国家工业化倡议》等,为加快各国尤其是发展中国家的整体发展进程注入了强劲动力。60多年来,中国共向166个国家和国际组织提供了近4000亿元人民币援助,为发展中国家培训各类人员1200多万人次,派遣60多万援助人员。2008年以来,中国连续多年成为最不发达国家第一大出口市场,吸收最不发达国家约23%的产品出口。为进一步推进发展中国家经济增长和民生改善,促进共同发展,中国于2015年设立"南南合作援助基金",增加对最不发达国家投资。未来五年,中国将向发展中国家提供"6个100"项目支持,包括100个减贫项目、100个农业合作项目、100个促贸援助项目、100个生态保护和应对气候变化项目、100所医院和诊所、100所学校和职业培训中心;向发展中国家提供12万个来华培训和15万个奖学金名额，为发展中国家培养 50 万名职业技术人员；设立南南合作与发展学院。2002 年，中国与东南亚国家联盟签订了《全面经济合作框架协议》，对柬埔寨、老挝、缅甸和越南等东盟新成员国给予特殊和差别待遇及灵活性。2006 年，中国加入《亚洲及太平洋经济和社会委员会发展中成员国关于贸易谈判的第一协定修正案》。中国海关总署先后颁布三个文件，将享受"特别优惠关税"政策的国家从非洲扩大到 40 个联合国认定的最不发达国家。

中国的"一带一路"倡议是用人类命运共同体理念促进发展权的鲜活例子。"一带一路"倡议奉行共建共享理念，主张沿线国家合作在互利共赢的前提下展开合作，兼顾各方利益和关切，寻求利益契合点和合作最大公约数，实现双方和多方的共赢。"一带一路"倡议的目标是通过建设联通亚欧非大陆及附近海洋的基础设施，扩大各国间投资和贸易活动，推动沿线国家的区域经济一体化，促进经济发展，实现广大区域的普遍繁荣。为此，中国作出很大努力，投入巨额资金。中国企业已经在 20 多个沿线国家建设 56 个经贸合作区。中国倡议设立了亚洲基础设施投资银行，并出资 400 亿美元设立丝路基金。中国还将追加提供 1100 多亿美元资金，用于支持"一带一路"基础设施建设和产能、金融合作。2017 年 5 月 14 日，中国举办"一带一路"国际合作高峰论坛，出席论坛的有 29 位外国元首、政府首脑，还有联合国秘书长、国际货币基金组织总裁、世界银行行长等重要国际组织的负责人。来自 130 多个国家和 70 多个国际组织的 1500 多名中外嘉宾参加论坛。论坛期间，各国政府、地方、企业等达成一系列合作共识、重要举措及务实成果，共 76 大项、270 多项具体成果。

从"和平共处五项原则"到"构建人类命运共同体"

◇ 郑 戈[*]

摘要：本着实事求是、一切从实际出发的立场，中国根据自己的社会、经济发展水平适时调整着自己在世界舞台上的自我定位和外交政策。本文梳理了中国外交政策从"和平共处五项原则"到"构建人类命运共同体"的发展历程，分析了人权在其中扮演的角色，并强调了中国传统文化在这个过程中发挥的越来越重要的作用。

关键词：平等权 自决权 和平共处五项原则 构建人类命运共同体

一、导言

《联合国宪章》第一条将"发展国际间以尊重人民平等权利及自决原则为根据之友好关系，并采取其他适当办法，以增强普遍和平"确立为联合国的宗旨之一。自决权也出现在《公民权利和政治权利国际公约》和《经济、社会和文化权利国际公约》这两份最重要的人权公约的第一条，作为"第一人权"："所有人民都有自决权。他们凭这种权利自由决定他们的政治地位，并自由谋求他们的经济、社会和文化的发展。"这里的人民不是原子化的个人，而是主要由主权国家来代表的人民。出于这样的理解，联合国的成员是平等的主权国家，这些主权国家的领土完整和政治独立不受侵犯，每个国家都有权利按照自

---

[*] 上海交通大学凯原法学院教授、博士生导师，中国人权研究会常务理事，上海高校特聘教授（东方学者）。

己的方式来处理内部事务。

中国是联合国的创始成员国之一,并且始终坚持按照《联合国宪章》所确定的机制来发展与世界各国的关系,和平解决争端,并促进世界和平。但《联合国宪章》所确立的机制只是一种确保人类和平相处的底线机制,而不是促进人类共同福祉、防范人类面临的共同风险、创造人类共同的美好未来的机制。用美国著名法哲学家朗·富勒的话来说,这种机制确保的是"义务的道德",即底线规矩,非如此则人类难以和平共存,但它缺少一种追求美好前景的"愿望的道德"。"构建人类命运共同体"正是在遵守联合国确立的最低标准的前提下追求更高目标的一种理论构想和政治担当。

二、中国的"自决权"实践与人类命运共同体的建构

一个国家和民族自己决定自己命运的能力不是靠法律形式规定出来的,而是靠实力创造出来的。法律形式上的自决权如果缺乏物质实力的支撑,便会沦为一件掩饰实质上的依附地位的外衣。但世界各国毕竟大小不一、国力迥异,不可能做到实力均等,所以需要有实力相当的大国形成互相制衡的均势,来为弱小国家的自决权实践营造出足够的空间。单极化的世界必然是一个世界霸权国家主导国际分工、资源配置和法律话语的世界,显然不利于每个在国际法的形式意义上平等的主权国家充分掌握自己的命运。

比如,自由主义政治理论的集大成者罗尔斯在《万民法》一书中将他为"自由世界"的国内政府总结出来的正义诸原则推演适用于国际关系领域。虽然罗尔斯小心翼翼地将"民众(peoples)"而不是"国家(states)"作为自己设想的国际关系图景中的主体,从而有可能避免为"霸权主义"张目的指责,但他的确为"自由诸国"通过各种手段(并不排除武力手段)去"解放"不属于这一阵营的诸国之人民提供了一种有效的正当化理论。法律在区分各主权国家,乃至在其间划分等级的操作中扮演着重要角色。这种划分在罗尔斯的理论体系中具有十分重要的意义。虽然罗尔斯秉承康德的遗志,将"世界大同"与"永久和平"视为人类社会可欲且可能的完善状态,但两次世界大战以及无数的区域冲突却使他感到有必要对上述状态最终实现之前的国际秩序作出解释并为改

善这种秩序提供"理论指导"。以正义诸原则为判准，罗尔斯首先区分了良序民众和非良序民众，进而将前者区分为自由民众和正派的非自由民众，将后者区分为法外国度、处在失序状态的社会以及仁慈的专制社会。[1] 显然，这种理论为小布什政府将某些政治制度不同于美国的国家列入"流氓国家"并以各种手段（包括直接武力入侵）来强行推动政权更替提供了学理支撑。

2003 年，在美、英单方面使用武力推翻萨达姆政权之后，伊拉克临时管理委员会成立。想到伊拉克这张被人为擦去旧时画面的白纸上去描绘自己心目中的理想图景的美国人络绎不绝，但他们如果想在伊拉克有一间办公室，就必须先到五角大楼欧贝恩（Jim O'Beirne）的办公室走一遭。欧贝恩基本不考虑谋职者的学历和专业资质，而只考虑他/她们对共和党和布什政府的效忠程度。所以，在他派往巴格达担负"重建伊拉克"的伟大使命的人中间，有一位 24 岁的从未从事过金融证券工作的青年，被委以巴格达股票交易所负责人的重任。另有一个新保守主义评论员的女儿，受命管理重建伊拉克的 130 亿美元预算，尽管她从未有过财会方面的训练或工作经验。[2] 伊拉克的社会秩序从此陷入长时间的混乱，"伊斯兰国"（ISIS）恐怖主义势力乘虚而入，占领包括摩苏尔在内的伊拉克北部大片地区。类似的事情也发生在利比亚和叙利亚。当人权成为干预他国内政的借口，国际秩序中的公平与正义便荡然无存，被干预国家的国内秩序和民生福祉也会失去最基本的保障。

1953 年 12 月，在会见来北京谈判中印两国在西藏地方的关系问题的印度代表团时，周恩来总理首次提出了"和平共处五项原则"，即"互相尊重主权和领土完整、互不侵犯、互不干涉内政、平等互利、和平共处"。这可以说是对自决权的完整表述。这些原则此后成为中国外交政策的指导原则，并写入了中国宪法的序言。中国在联合国安理会中一贯坚持"和平共处五项原则"，反对超级大国以"人权高于主权"为借口干预他国内政。得到联合国和国际法体系承认的主权国家所享有的决定自己命运的自决权是"人类命运共同体"概念所包含的重要因素。

---

1 参见：John Rawls, *The Law of Peoples*, Harvard University Press, New Edition, 2001。或者参见此前一篇较短的文章：John Rawls, "The Law of Peoples," *Critical Inquiry*, Vol. 20, No. 1. (Autumn 1993), pp. 36-68。
2 Rajiv Chandrasekaran, "Best-Connected Were Sent to Rebuild Iraq," *Washington Post*, Sept. 17, 2006, at Al.

作为一个基本不靠国际援助而取得显著经济社会发展成就的大国，中国是美国当代人权话语的理想针对对象。正如络德睦所言："冷战时期，在西方的集体意识中，苏联逐渐被设想为首要的人权侵犯者。伴随着苏联的解体，这个位置一直虚位以待。然而，从那时起，美国便开始集中火力抨击中国的人权纪录。"[3] 对于中国在改善总体民生福祉、消灭贫困方面的成就，很少有人会表示反对。比如，一直对中国持批判态度的英国自由主义媒体《经济学人》在2013年的一篇主题报道中写道：在全球减贫事业中，"四分之三的成就应当归功于中国。中国经济发展得如此迅速，以至于尽管收入不平等正在加剧，但贫困正在消失。从1981年到2010年，中国使6.8亿人摆脱了贫困，极端贫困人口比例从1980年的84%减少到目前的10%。"与此同时，在非洲和拉美一些主要依靠外援、因此也被迫引进了美国式制度的国家，极端贫困人口不降反增。[4] 一本讨论国际援助问题的畅销书也写道："中国是过去20年里最令人瞩目的成功典范：一个贫穷的国家能够跻身于世界经济的强国之林，使得很多西方国家和贫穷国家瞠目。这是一个不同寻常的成功经历，并没有遵循西方所设计的现代化蓝图。"[5] 相比之下，那些遵循西方的"计划者"们所设计的乌托邦蓝图的国家却失败了。但在微观的事件层面上，西方主流学者和媒体对中国的法治和人权纪录一直持批判姿态，拿后工业时代的西方标准评断中国在高速工业化和城市化过程中对财产权等基本权利的相对较弱保护，丝毫不考虑西方各国在工业化时期对本国劳动人民的剥削和对殖民地的掠夺。提到这一点并不是要跟西方国家"比差"，而是为了带入一种历史感。梁漱溟先生在1953年9月11日的政协扩大会议上说道："各位亦许知我做乡村建设运动，此即不单是政治改造，而认为经济政治分不开。改造社会我有这样一想法：中国政治改造一定随经济改造而完成；经济进一步，政治进一步，循环推进。"[6] 经济社会发展与法律和政治制度的发展有一定的次第关系，自主把握发展的节奏和步骤是中国稳步实现现代化的成功经验。

---

3 络德睦：《法律东方主义》，魏磊杰译，中国政法大学出版社，2016年，第1页。
4 Editorial, "Towards the End of Poverty," *Economist*, June 1, 2013.
5 威廉·伊斯特利：《白人的负担：为什么西方的援助收效甚微》，崔新钰译，中信出版社，2008年，第284页。
6 梁漱溟：1953年9月11日政协扩大会议上的发言草稿，载《梁漱溟全集》第七卷，山东人民出版社2009年版，第3页。

由此可见，中国是发展中国家中成功地实践了国族自决的典范。中国不仅依靠本国人民艰苦奋斗、自力更生的努力完成了建国大业和现代化的事业，而且在此过程中始终自己把握着社会改造和经济发展的主动权，并且适时地调整着本国的发展战略。与欧洲国家在现代化的早期掠夺美洲和亚非拉各国资源的做法相比，中国的现代化之路对其他发展中国家更有示范性。在经济建设和综合国力打造取得显著成就之后，中国提出"构建人类命运共同体"这个概念，就是为了打破单极化的国际关系格局，为弱小国家赢得在实质意义上而不仅仅是法理意义上完成国族自决的时间和空间。同时，中国也通过"一带一路"等经济战略营造着"人类命运共同体"的物质基础，力图使国际关系的境况不再是弱肉强食的社会达尔文主义丛林，而是互利互助、休戚与共的平等者之间的联盟。

三、人类命运共同体作为平等者之间的联盟

正是在经济社会发展方面取得显著的成就之后，中国才被西方各国当成对等的主体来看待。一个明显的例子是，在被迫签订了一系列"不平等条约"之后，国力衰弱的中国仍被排除在"国际法世界"之外。1902年，德国著名法学家耶利内克发表了一篇题为"中国与国际法"的论文，其中指出，与土耳其和日本等东方国家不同，中国没有承认起源于基督教欧洲的国际法，也从来没有按照国际法来主张自己的权利，所以国际法上的礼让（comity）不能适用于中国。中国必须被征服、被改造，然后才能获得国际法世界的准入证。"如果西方文明（Occidental civilization）能够战胜中国，这个变法之后的亚洲帝国才能被国际法所承认：现在的无法状态在将来会被法律状态所取代。"[7] 第二次世界大战之后形成的新国际法体系虽然消除了此类明显歧视性的表达，但实质上的不平等却仍然存在。强国以"人道主义干预""人权高于主权"等名义对弱小国家的侵凌仍频频发生。

自周恩来总理于1953年12月31日在同印度政府代表团就关于两国在中

---

[7] George Jellinek, "China and International Law," 35 *American Law Review* 56 (1902), p. 62.

国西藏地区的关系问题举行谈判时首次提出和平共处五项原则以来，互相尊重主权和领土完整、互不侵犯、互不干涉内政、平等互利和和平共处一直是中国外交政策的基本原则，这些原则也得到世界多数国家的同意和支持，并且体现在一系列双边和多边条约之中。"构建人类命运共同体"的努力不会背离这些基本原则，但将激发出这些原则中包含的积极创造人类共同未来的潜质，使它们不再仅仅是防止他国干涉本国内政、侵犯本国主权的防御性武器。面对全球气候变暖、信息技术革命、金融市场全球化等实际已经将全人类的命运绑定在一起的客观事实以及其中蕴含的巨大风险，如何避免殖民主义时代强国转嫁风险、攫取资源、通过国际分工将弱国固定在劣势地位的不公正局面，是我们当下必须思考和寻求解决之道的紧迫问题。中国并不打算借助"构建人类命运共同体"这个概念来攫取霸权地位，而是邀请世界各国作为平等主体参与寻求答案的过程。在这个过程中，每个国家自身的文明传统都将获得充分的尊重，因为中国以自己的成功实践已经证明：通往现代化的道路不是只有一条，也不需要以牺牲本国的文明主体性为代价。实际上，以中国为代表的社会主义国家通过独立自主的经济社会发展而为更加公正与平等的国际关系格局作出的贡献也得到了国际法学者的肯定，比如，著名国际法学家安东尼奥·卡赛思写道："要感谢社会主义国家强烈的反西方立场，它们在《联合国宪章》所确立的自决权和平等权之上增加了对经济发展的强调，因此促成了重构国际经济关系的可能性。"[8]

2017年1月18日，习近平主席在联合国日内瓦总部发表题为"共同构建人类命运共同体"的演讲，其中提到"主权平等，是数百年来国与国规范彼此关系最重要的准则，也是联合国及所有机构、组织共同遵循的首要原则。主权平等，真谛在于国家不分大小、强弱、贫富，主权和尊严必须得到尊重，内政不容干涉，都有权自主选择社会制度和发展道路"[9]。此后，2017年5月14日，习近平主席在"一带一路"国际合作高峰论坛上发表主旨演讲，提出了和平合作、开放包容、互学互鉴、互利共赢的原则。构建以共同发展并共同面对发展

---

[8] Antonio Cassese, *The Human Dimensions of International Law: Selected Papers*, Oxford University Press, 2008, p. lxxiv.

[9] 习近平："共同构建人类命运共同体——在联合国日内瓦总部的演讲"，2017年1月18日，《人民日报》2017年1月20日，第02版。

所带来的问题为主要原则的人类命运共同体,是对中国改革开放以来自身发展道路以及对外经济合作实践经验的提炼和总结,而不是空洞的说教或粉饰霸权主义扩张的借口。就以中国在非洲的铁路建设工程为例,早在1970年中国便开始帮助坦桑尼亚和赞比亚修建坦赞铁路,并于1976年7月全线完成。为建设坦赞铁路,中国政府提供无息贷款9.88亿元人民币,共发运各种设备材料近100万吨,先后派遣工程技术人员近5万人次,高峰时期在现场施工的中国员工队伍多达1.6万人,在工程修建及后来技术合作过程中,中方有68人为之献出宝贵的生命。这条铁路迄今仍是非洲中南部的交通干线。在近年来的"走出去"战略中,中国更把改善非洲基础设施作为重点目标,最近的例子是今年5月31日建成通车的肯尼亚蒙内铁路,该铁路全长480公里,连接肯尼亚首都内罗毕与东非第一大港蒙巴萨。

与资源掠夺型和国际分工操控型的超级大国对外经济战略不同,中国的"一带一路"等经济战略旨在帮助发展中国家改善其基础设施,培育其自身造血能力和可持续经济发展,并在此过程中实现互惠互利,共同发展。在这种经济合作模式取得阶段性成果之后,中国才提出了"构建人类命运共同体"这个国际关系新概念。没有经济基础的制度框架是空中楼阁,必然缺乏实质性的内容。只有当世界各国都能自主实现经济增长的时候,主权国家的自主自决和在国际关系中的平等才有可能真正实现。如果说"和平共处五项原则"是中国在现代化早期的一种防御性的外交政策的话,"构建人类命运共同体"则是中国在主要依靠自身力量迈入中等收入国家行列之后主动承担国际义务、为全人类的共同发展作贡献的一种积极的、进取性的国际关系立场。

四、从"和平共处五项原则"到"构建人类命运共同体"

中国在全球事务(包括国际人权事业)中的自我角色定位经过了三个阶段的发展。

第一个阶段的核心理念是周恩来总理于1953年12月31日最早提出的和平共处五项原则,即:互相尊重主权和领土完整、互不侵犯、互不干涉内政、平等互利和和平共处。这一直是中国外交政策的基本原则,并且写入了宪法序言。和平共处五项原则是抵御帝国主义干涉的防御性原则，是确保各国人民的自决权和平等权不受侵犯的底线原则。这些原则与中华人民共和国建国之初的经济社会发展水平是相适应的，当时的中国急需摆脱帝国主义势力对中国事务的干预，独立自主地实现现代化。正是因为反映了发展中国家的普遍诉求，这些原则一经提出便得到了世界多数国家的同意和支持，并且体现在一系列双边和多边条约之中。

第二个阶段以邓小平同志在改革开放时代提出的和平与发展原则为核心内容。邓小平指出："现在世界上真正大的问题，带全球性的战略问题，一个是和平问题，一个是经济问题或者说发展问题。"[10] 没有和平就没有发展，没有发展就没有可持续的和平。与"和平共处五项原则"相比，和平发展原则开始展现出中国在国际关系中积极进取、改变不公平的全球经济格局的担当。比如，在1982年10月22日会见印度社会科学理事会代表团时的讲话中，邓小平指出："中国有句话：愈富的人愈悭吝。要富国多拿点钱出来，它不肯，技术转让更不愿意。所以，第三世界仅寄希望于南北问题的解决是不够的，南南之间还要进行合作。"[11] 只有通过发展中国家之间的相互帮助与扶持，才能改变发达国家主导的、试图固化不平等的国际经济秩序。在这个阶段，中国与亚非拉的诸多发展中国家签订了双边或多边经济合作协定，主导缔造了上合组织等发展中国家自己的国际经济合作机构。

第三个阶段以习近平主席系统表述的"构建人类命运共同体"思想为核心内容。"构建人类命运共同体"并不意味着对"和平共处"和"和平发展"原则的抛弃，而是在这些原则基础上的发展。它包含互相尊重主权平等和促进平等基础上的国合作两个维度。

五、"人类命运共同体"概念中的中国传统元素

首先，中国古典思想中一直存在"和而不同"以及"求大同，存小异"的观点。当今的世界是一个文化多元、价值多元、利益多元的世界，而各种迥然

---

[10] 邓小平：1985年3月4日会见日本商工会议所访华团时的讲话。
[11] 《邓小平文选》第三卷，人民出版社1993年版，第20页。

相异的主权国家和文明体系之间的交往和接触也正以史无前例的频率和强度展开。为了避免使多元文明的频繁接触演变为亨廷顿所言的"文明的冲突",就要防止超级大国把自己的"地方性知识(local knowledge)"以"普世价值"的名义强加给别的国家。孔子尝言:"君子和而不同,小人同而不和。"(《论语·子路》)这个本来适用于人际交往的伦理法则也可以适用于国际交往。人类命运共同体就是一个体现"和而不同"原则的概念,它抓住了一个根本的共同点,即人类命运的休戚与共,在此前提下寻求促进人类共同福祉的合作模式。

其次,中国古代国际关系思想(即"天下"观)中有以仁为本而不是以势为本的核心观念。孟子在回答齐宣王关于如何对待强国和弱国的问题时说:"惟仁者为能以大事小,是故汤事葛,文王事昆夷。惟智者为能以小事大,故太王事獯鬻,勾践事吴。"强国帮助弱国实现发展,从长远来看不仅有利于弱国,也有利于改善强国自身所处的国际环境,并获得互利互助的伙伴。弱国参与没有霸权野心的强国所主导的国际合作,则在赢得自身发展机遇的同时得以抵御霸权国家的欺凌和压榨。这与古希腊历史学家修昔底德在《伯罗奔尼撒战争史》中所说的"强者为所能为,弱者受所必受"形成鲜明对照。从中华人民共和国成立60多年来的外交实践来看,这种以仁为本、以德服众的中国传统观念是得到了继承和发扬光大的。"人类命运共同体"的构建更需要以"仁"为根基。

第三是体现在儒家经典中的看重"雪中送炭"而不是"锦上添花"的扶危济困思想。在国际关系中,中国向来看重对弱国、小国的帮助和扶持,而不是去攀附超级大国。即使在中国自身强大之后,这个初衷仍然没有改变。根据国务院新闻办公室于2016年12月1日发表的《发展权:中国的理念、实践与贡献》白皮书,中华人民共和国成立60多年来,总计向166个国家和国际组织提供了近4000亿人民币的经济援助。除了经济援助之外,中国还向发展中国家提供着源源不断的技术援助,帮助基础设施落后的国家修建铁路、公路和水利、电力设施,帮助它们培育自身造血机制和可持续发展的基础条件。

发达国家在医学研究中对发展中国家人民健康权利的保障义务

◇ 满洪杰[*]

摘要： 发展中国家较低的成本、较宽松的监管和跨国制药企业由此可获得的巨大经济利益，使发达国家企业热衷于在发展中国家开展有关人的医学研究。发达国家在发展中国家进行的医学研究引发了双重照顾标准，挑战着知情同意与伦理审查机制的适用、风险与收益的不对等等一系列的伦理和法律难题。根据国际伦理和法律规范，应坚持以相同照顾标准为原则，以特殊照顾标准为例外；在知情同意的取得上应充分考虑发展中国家的特殊情况；由研究的发起国和接受国共同对试验进行伦理审查；应使研究成果为受试者和试验接受国共享。

关键词： 医学研究；健康权利；发达国家；保障义务

近20年来，越来越多发达国家研究机构和医药企业将有关人体的医药研究（以下简称"人体试验"）转移到发展中国家进行。1994年，美国食品药品管理局（FDA）放弃了新药试验数据必须在美国国内取得的规定，从而导致跨国人体试验数量激增[1]。2001年至2003年，美国国内受试者人数下降了11%，而国外受试者人数上升了8%。

当前，对于跨国人体试验的伦理、法律规范，主要包括《赫尔辛基

---

[*] 满洪杰，山东大学人权研究中心副教授，中国人权研究会理事。
1 Ruth Macklin, Double Standards in Medical Research in Developing Countries, Cambridge, UK: Cambridge University Press, 2004, p. 7.

宣言》² 和 CIOMS³ 指针。《赫尔辛基宣言》中有关人体试验的照顾标准、对照组和安慰剂的试验以及人体试验的利益分享问题的规定，对跨国人体试验有重要意义。2002 年新修订的 CIOMS，则对跨国人体试验中照顾标准、伦理审查、利益分配都有一定的规范。此外，2007 年 7 月联合国艾滋病规划署（Joint United Nations Programme on HIV and AIDS，UNAIDS）发布了《生物医学 HIV 预防试验中的伦理意见》（Ethical Consideration in Biomedical HIV Preventive Trial，以下简称"HIV 伦理"），其中有多处涉及跨国艾滋病预防人体试验的伦理要求。在地区性规范领域，2003 年 2 月，欧盟关于科学和新技术伦理的专家小组（the European Group on Ethics in Science and New Technologies）⁴ 向欧盟委员会出具了《关于在发展中国家进行临床试验的伦理问题》（Ethical Aspects of Clinical Research in Developing Countries）的意见书（以下简称"欧盟意见书"），指出"在发展中国家中进行试验的私人或者公共研究者负有以具体行动克服不平等的道德义务"，对于跨国人体试验的伦理和法律问题也具有重要的指导意义。

一、问题的成因

跨国人体试验激增的原因何在呢？笔者认为，主要在以下几点。

第一，客观需求。医药企业在研发新药过程中需要大量的受试者进行试验。据统计，医药公司每研发一种新药，需要在 65 个试验中的 141 个阶段使用超过 4000 名以上的受试者。⁵ 由于有良好的医疗保障，以及担心人体试验的风险，

---

2 《赫尔辛基宣言》是指世界医学大会（WMA）针对人体试验领域出现的一系列的伦理问题，于 1964 年 6 月在芬兰赫尔辛基制定通过的《关于以人体为对象的生物医学研究国际伦理指导原则》（Ethical Principles for Medical Research Involving Human Subjects），一般通称《赫尔辛基宣言》。后经多次修改，现行有效的为 2008 年修改版。
3 CIOMS 即 "医学研究国际组织理事会"（The Council for International Organizations of Medical Sciences）是世界卫生组织（WHO）和联合国教科文组织（UNESCO）于 1949 年成立的非政府组织。1993 年，CIOMS 和 WHO 共同制定了《涉及人的生物医学研究的各项国际伦理指南》（International Ethical Guidelines for Biomedical Research Involving Human Subjects），即 "CIOMS 指南"。
4 该专家组是由欧盟委员会任命的 15 名各领域的专家组成的中立、独立、多元和多学科的组织，其任务是研究科学和新技术方针带来的伦理问题，并在此基础上向欧盟委员会提出准备和制定欧盟立法或者政策的意见。参见该专家组官方网站：http://ec.europa.eu/european_group_ethics/index_en.htm，2012 年 1 月 12 日访问。
5 Sonia Shah, *The Body Hunters – Testing New Drugs on the World's Poorest Patients*, New York: The New Press, 2006, pp. 3-4.

发达国家中愿意参与试验的受试者在不断减少。在美国，只有不到5%的人口愿意参与人体试验[6]，而只有不到4%的癌症患者愿意作为抗癌药物试验的受试者。即使"每年有几千万妇女死于乳腺癌，试验者却找不到100名受试者进行试验"。[7]而发展中国家人口众多，患有某些试验目标疾病的患者数量多，如撒哈拉沙漠以南某些国家艾滋病患者和HIV病毒携带者占其全部人口的30%—40%，无疑是进行艾滋病药物试验的"最佳"地点。同时，发展中国家的患者由于医疗条件的限制，较少接受药物治疗。"进行人体试验时，你会希望患者没有其他的疾病，也没有接受其他治疗，这样你就可以比较明确地了解试验药物对于患者所起的作用。"[8]大量潜在受试者的存在，正是跨国人体试验的诱因之一。

第二，经济原因。一方面，在发展中国家可以用低得多的成本获得试验所需的器材、设备和研究团队。另一方面，在发展中国家可以较低的医疗标准来照顾受试者，将进一步降低成本。据研究，在美国，每名受试者的成本平均为10000美元，在俄罗斯为3000美元，在更加贫困国家则成本更低。[9]

第三，逃避监管。由于发展中国家普遍缺乏对于人体试验的严格管制，法律在这一领域往往陷于空白，也没有发达国家那种有效但耗费时日的伦理审查机制，可以使发起人得以进行一些在本国不被允许的试验，如广泛使用的安慰剂试验，也可以使发起人在较短的时间内迅速完成研发工作。

第四，接受国的意愿。发展中国家的研究机构和研究人员对于跨国人体试验往往持积极甚至主动的态度。与世界著名的研究机构、医药企业共同进行研究，不仅能给他们带来学术上的声誉，更会有大量的科研经费和经济上的利益。有的国家由于缺乏应对公共健康问题的能力，主动要求以接纳人体试验作为换取医疗服务的条件，如1994年乌干达卫生部长就宣称该国"准备为艾滋病人体试验研究提供受试者以换取健康服务"。[10]一些国家和地区为了促进本国生

---

6 Kathleen B. Brennan, "Pharma Wants You: Clinical Trials Are Agencies' New Proving Ground," *Pharmaceutical Executive*, April 2003, pp. 83-84.
7 Sonia Shah, *The Body Hunters – Testing New Drugs on the World's Poorest Patients*, p. 4.
8 Ruth Macklin, *Double Standards in Medical Research in Developing Countries*, p. 7.
9 William Dubois, "New Drug Research, the Extraterritorial Application of FDA Regulations, and the Need for International Cooperation," *Vanderbilt Journal of Transnational Law*, January 2003.
10 Charles Henderson, "Uganda will Provide Vaccine Subjects in Return for Services," *Infectious Disease Weekly*, Mar. 4, 1996, p. 1.

物医学科技和产业的发展,也以吸引其他国家的医药企业和研究机构来进行人体试验作为重要手段。

二、双重照顾标准的争议

由于发展中国家与发达国家在公众健康服务水平上的巨大差异,引发了跨国人体试验中的双重标准问题,即跨国人体试验应当适用发达国家较高的医疗照顾标准还是发展中国家较低的医疗照顾标准问题。例如,对感染 HIV 的孕妇使用高剂量的药物 AZT 以降低母婴传播机率在发达国家已成为常规治疗方法,然而,由于其价格昂贵,发展中国家的孕妇根本无力负担此种治疗。美国国家疾病控制中心(CDC)和国家健康研究院(NIH)为此在多个发展中国家进行了短期、小剂量的 AZT 研究试验,以降低其使用成本。试验中,约半数的孕妇作为对照组使用了安慰剂。试验的反对者认为,根据《赫尔辛基宣言》的规定,对于对照组中的试验受试者应当给予"已经证实的治疗",只有在没有现有的治疗方法的情况下,才可以在对照组中使用安慰剂。由于在进行试验时使用 AZT 预防 HIV 母婴传播在发达国家已经成为常规疗法,因此安慰剂对照组的设置不符合人体试验伦理标准。[11] 试验的支持者则主张,在这些发展中国家,受试者"如果不是因为参加试验的话,将无法获得任何有效的治疗"。对于他们来说,"现有的治疗方法"就是没有治疗。[12] 另一个例子是 Surfaxin 试验。2001 年,一家美国公司计划对一种治疗早产婴儿呼吸窘迫综合征(RDS)的新药 Surfaxin 进行人体试验。根据试验方案,试验将分别在欧洲和拉美的几个国家进行。在欧洲进行的试验将对 Surfaxin 与现有的四种治疗药物进行对照组试验,而在拉美国家进行的试验将进行安慰剂对照试验。在早期审查中,FDA 认为对于类似 RDS 的致命性疾病进行安慰剂试验是违反伦理的。医药公司主张,由于在拉丁美洲国家 surfactants 并不是一种治疗 RDS 的常规方法,受试者如果不参与试验也不可能获得有效的治疗,因而在这些国家进行安慰

---

11 Ruth Macklin, *Double Standards in Medical Research in Developing Countries*, pp. 14-15.
12 Jay Dyckman: "The Myth of Informed Consent: An Analysis of the Doctrine of Informed Consent and Its (Mis) Application in HIV Experimentations on Pregnant Women in Developing Countries," *Columbia Journal of Gender and Law*, 1999.

剂试验是符合其医疗标准的。该试验方案被名为"公民健康研究小组（Public Citizen Health Research Group）"的非政府组织披露后，医药公司被迫放弃了安慰剂试验。

对于人体试验中的照顾标准问题，1996年版的《赫尔辛基宣言》规定，"在任何医学研究中，所有的患者——包括对照组中的患者——应当确保获得经证实的最佳的诊断和预防方法。"伴随着AZT试验引发的伦理和法律论战，WMA在2000年版的《赫尔辛基宣言》中对此进行了修订，第29段规定："新方法的益处、风险、负担和有效性都应当与现有最佳的预防、诊断和治疗方法作对比。这并不排除在目前没有有效的预防、诊断和治疗方法存在的研究中，使用安慰剂或无治疗作为对照。"这个表述仍然没有解决"现有最佳"一词所引发的争议。为此，2001年11月WMA发表了对该段的"说明"，并在2002年WMA华盛顿大会上将其作为宣言的一个脚注：

WMA认识到修订后的《赫尔辛基宣言》（2000年10月）第29段所引发的各种不同的解释和可能的困扰。需要重申的是，在使用安慰剂对照组试验时必须极为谨慎，且总体上此种方法只有在缺乏现有的治疗方法时才能使用。但是，在下列情况下，即使有现有的治疗方法，安慰剂试验也是可以接受的：

——基于不得已的和在科学上具有可靠方法论基础的原因，使用安慰剂对于确定一种预防、诊断和治疗方法的有效性和安全性是必要的；

——当试验是为了验证对某种轻微疾病的预防、诊断和治疗方法，而其受试者不会因为接受安慰剂而遭受任何严重的风险和不可逆转的伤害时。

事与愿违的是，这个"说明"并没有起到说明的作用，反而让人更加困惑。问题主要在上述第一个条件中。批评者认为，该条件有三处错误：第一，缺乏对"不得已的（compelling）"原因的判断标准；第二，"在科学上具有可靠的方法论基础"的要求是没有意义的，因为根据《赫尔辛基宣言》，所有的人体试验都必须在科学上具有方法论基础；第三，这种规定可能导致受试者遭受严重风险和不可逆转的伤害。[13]针对此种批评，2008年10月WMA在韩国首

---

13 Ruth Macklin, *Double Standards in Medical Research in Developing Countries*, p. 48.

尔召开的第 59 次大会上又一次对《赫尔辛基宣言》进行了修订，取消了前文提到的对第 29 段的说明，将该内容表述为第 32 段："一种新的医疗手段的收益、风险、负担和效果必须与现有最佳的医疗手段进行对比研究，以下情况除外：当没有现有经证实（current proven）医疗手段存在时使用安慰剂或不给予治疗；基于不得已的或者在科学上具有可靠的方法论基础的原因，使用安慰剂以验证一种手段的有效性和安全性是必要的，而且接受安慰剂或者未得到治疗的受试者不会遭受任何严重的风险和不可逆转的伤害。必须极其谨慎地避免对此的滥用。"仅仅基于不得已和科学上可靠的方法论基础均不能成为试验安慰剂或者不给予治疗的理由，还必须满足受试者不能因此遭受任何严重风险或受到不可逆转的伤害的条件。从这一规定看，AZT 试验即使具有某种"原因"，但由于给安慰剂对照组的受试者及其婴儿造成了不可逆转的伤害，因而在伦理上是不可接受的。然而，"现行经证实"是指在世界范围内还是在试验国范围内的治疗方法？这个问题似乎又把我们引领回了原来的争论中。

2002 年版 CIOMS 指针第 11 条的注解中，CIOMS 认为，只有在（1）试验接受国由于经济或者供应上的原因缺乏在发达国家普遍使用的确定有效的手段时，（2）试验的目的是为了研发一种可以使该国受益的新治疗手段时，或者（3）根据该国家的情况，使用确定有效的手段作为对照组将使试验数据非常不可靠时，方可以考虑使用安慰剂进行试验。但是，对此应当非常慎重。CIOMS 建议尽量考虑使用基于已证实手段基础上的等效试验（equivalency trial）作为安慰剂试验的替代方法。

欧盟意见书第 2.10 条认为，在发展中国家，原则上不得进行安慰剂试验。一个明显的例外是当某种标准治疗在试验接受国因为供应或者成本原因不能获得时，为简化治疗或者降低治疗成本而进行的试验。然而，专家组中两名成员反对此条意见，认为以研发低成本治疗为目的使用安慰剂意味着接受在贫穷国家和富裕国家之间的"双重标准"。这样的试验在发展中国家可能导致恶性循环：一方面，在发展中国家进行的试验将帮助研发在富裕国家可以获得专利并因此超出贫穷国家承受范围的新治疗方法；另一方面，最贫穷国家承受不起这些治疗也是因为专利成本。

HIV 伦理第 14 条则指出，在试验中，感染 HIV 病毒的受试者应当获得国际上公认的最佳治疗方法。第 15 条规定，试验组和对照组的受试者都应当获得确定有效的减少感染 HIV 风险的方法，只有在没有与试验中的疗法形式相同的预防措施时才能使用安慰剂。

笔者认为，对于人体试验单一标准和双重标准的争议，实际反映了正义原则中"平等的正义"（justice as equality）和"公正的正义"（justice as equity）的分歧。自贝尔蒙特报告以来，正义（justice）原则一直作为人体试验中的基本伦理原则广为接受。正义原则是要解决谁应当获得试验的利益、谁应当承担其负担，即分配的公正性和什么是应得的问题。如果某人没有正当的理由而取得利益，或者某人不正当被施以负担，都构成不正义。[14] "平等的正义"要求对同样的事情予以同样对待，无论每个人有什么特殊情况，如同工同酬。"公正的正义"要求对同样的事情予以同样对待，但要考虑每个人的特殊需求，如在社会福利保障等方面对弱势者的特殊照顾。两种正义的要求在不同场合下发挥作用，才能确保正义的实现。在跨国人体试验中，对于受试者权利，特别是生命权、健康权的保障，属于基本人权的范畴，基于"将任何人在任何时候都同样看作是目的，永远不能仅仅看作是手段"的伦理原则，每一个人的生命都应当获得同样对待。因而，在人体试验的照顾标准问题上，首要的原则应当是"平等的正义"。不论是发达国家的受试者还是发展中国家的受试者，不论是有条件接受现有经证实的治疗方法的受试者还是没有这样条件的受试者，在试验中都应获得同样的照顾标准。否则，既是对人生而平等的正义原则的违反，更会使发展中国家沦为廉价人体试验的乐园，并进一步加深南北国家在医疗健康服务水平上的差距。坚持平等原则，不仅可以保护参与具体试验的受试者的利益，也可以以此为契机逐步推进发展中国家医疗服务水平的提高。当然，"平等的正义"有时也需要考虑每个个体的现实需求，即需要与"公平的正义"相结合。某些时候，如为了验证一种可以造福发展中国家患者的、更易为发展中国家接受的医疗方法时，某些组别的受试者所受治疗可以偏离或者低于国际上通行的常规方法。

---

[14] The National Commission for the Protection of Human Subjects of Biomedical and Behavioral Research, The Belmont Report, Washington D.C.: U.S. Government Printing Office, 1978, p. 9.

三、知情同意与伦理审查的挑战

知情同意和伦理审查是人体试验中保护受试者权利的两大核心机制,但在跨国人体试验中,两者都面临着重大挑战。在知情同意问题上,由于发展中国家公众的文化水平和科学认知程度较低,以及对医疗服务的迫切需要,其知情同意权易于受到侵害。在上述 AZT 试验中,一名受试者同意参加试验的过程是这样的:"当孕妇 Siata Ouattara 第一次被告知她是(HIV)病毒携带者后几分钟内,明显还没有从这个噩耗中回过神来的她被快速地告知了有关试验的细节。整个过程不超过 5 分钟,其中轻描淡写的提到了她根本没听说过的'安慰剂',之后,失业且不识字的 Ouattara 就同意参加试验了。当问她为什么要参加试验时,她回答'为了他们答应我的治疗'。"[15] 又如,1996 年美国哈佛大学公共卫生学院与千禧年制药厂在我国安徽地区进行大规模人类基因采集研究。在试验者的要求下,当地政府动员农村居民参与试验,以换取体检和今后接受医疗服务的机会。美国联邦健康与人类服务部(HHS)所属的人体试验保护办公室(OHRP)调查发现,很多受试者参与试验的同意表格是倒签时间的,而且明显是第三人的笔迹。[16]

对于伦理审查,发展中国家在有关人体试验的法律管制方面缺少完善的法律制度,缺乏有效的伦理审查和管制。在发展中国家进行人体试验成为很多试验者规避本国法律管理和伦理审查的手段。例如,美国约翰·霍普金斯大学医学院在其抗癌药物 M4N 研究在美国受到 FDA 的禁止后,秘密在印度继续进行人体试验。当位于加利福尼亚州的 Maxim 制药公司研究的一种新药由于 FDA 认为需要获得更多的动物试验数据而拒绝其人体试验请求时,该公司却在俄罗斯开始进行了人体试验。[17] 鉴于发展中国家伦理审查机制的不完善,有学者建议,应当由发起试验的发达国家对试验进行伦理审查。反对者认为这种意见完全是父权主义的,是对于发展中国家的"伦理帝国主义"。

---

15 Jay Dyckman: "The Myth of Informed Consent: An Analysis of the Doctrine of Informed Consent and Its (Mis) Application in HIV Experimentations on Pregnant Women in Developing Countries."
16 William Dubois, "New Drug Research, the Extraterritorial Application of FDA Regulations, and the Need For International Cooperation."
17 William Dubois, "New Drug Research, the Extraterritorial Application of FDA Regulations, and the Need For International Cooperation."

对于跨国人体试验中的伦理审查，CIOMS 指针第 20 条规定："许多国家缺乏评估和确保在其领域内进行的生物医学试验具有科学质量和伦理可接受性的能力。在由外来发起人的合作试验中，发起人和试验者负有伦理上的义务，以保证他们计划在这样的国家进行的试验对于提高该国在全国或者地方范围内设计和进行生物医学试验，以及对此种试验进行科学和伦理审查及监督的能力作出有效贡献。"对于伦理审查主体和审查标准，CIOMS 指针第 3 条规定："外部发起组织和个人试验者应当在其本国提交试验方案以接受伦理和科学审查，且所适用的伦理标准不应低于在该国进行试验时所适用的标准。接受国的卫生机构，以及全国性或者地方性伦理审查委员会应当确保试验对于接受国的健康需要和迫切需求具有回应性并符合伦理标准。"该条指针明确规定，跨国人体试验必须接受发起人所在国和试验接受国的双重伦理审查，其伦理标准必须符合发起国的要求。

欧盟意见书第 2.8 条规定，对试验方案的科学和伦理评估必须由试验涉及的所有国家的伦理委员会共同进行。试验接受国需要建立法律和伦理的框架以有效和独立地参与对临床试验的评估。

HIV 伦理第 3 条指出，试验各方和有关国际组织应当合作帮助接受试验的国家或者社区建立科学和伦理审查的能力，使其得以作出有意义的自主决定，并成为与发起人具有平等地位的伙伴。第 4 条强调，艾滋病预防试验只能在具有独立和胜任的科学与伦理审查能力的国家和社区进行。

对于发展中国家受试者知情同意的特别保护，欧盟意见书第 2.6 条规定，发起人和试验接受国双方的价值观和伦理原则都应当得到考虑，包括在成文规范或者特定风俗中明示或者暗示的部分。当双方为此发生冲突时，应尽一切努力协商解决，但不应当牺牲基本的伦理原则。人权标准应当在所有国家获得尊重，否则，任何一方都有权予以否决。第 2.7 条规定，应当了解和尊重当地情况和传统保护受试者的作用。根据当地的情况，可就试验方法寻求受试者的代理人或者社区、家庭中权威的同意，但是每一个参与试验的个人也必须作出自由的知情同意。

笔者认为，在跨国人体试验的审查与管理上，应当采取发展中国家与发达国家双重审查的机制。发达国家由于广泛的人体试验实践，自上世纪 70 年代以来已经逐步建立了一整套比较完善的人体试验管理和审查机制，特别是不同类型但经验丰富、独立性强的伦理审查机制，如美国的 IRB 制度和荷兰的中央与地方人体试验伦理审查委员会制度等。确保试验获得发起人本国的伦理审查和批准，是发起人的基本义务。但是，作为试验发起国的审查机构，可能对于发展中国家的情况缺乏了解，也难以避免地会产生"自扫门前雪"的风险。因此，仅由发达国家对试验进行伦理审查是不够的。同时，由于生物医学研究能力不足导致的自主人体试验实践的缺乏，发展中国家普遍没有建立完整、系统、有效的人体试验管理和伦理审查机制，公众缺乏对人体试验伦理的普遍认知，也缺乏足够数量和能力的伦理审查专家。特别是在经济利益和其他诱因的驱使下，伦理审查往往缺乏独立性和公正性。对此，一方面，发展中国家必须尽快建立健全自身管理和伦理审查机制，使其真正能够充分发挥保护本国受试者合法权利的作用。在发展中国家进行人体试验的发达国家有义务提供有效的支持和帮助。另一方面，应当通过试验发起国与试验接受国的双重伦理审查机制，以达到取长补短、互相制衡的作用。缺少任何一个审查环节的人体试验都不能实施。

在知情同意领域，由于发展中国家在社会结构、个人与群体之间的关系以及公众的科学认知能力等方面的不同，试验的发起人、试验者必须尊重试验接受国的现实与传统，以受试者能够真正理解的方式向其全面告知试验的目的、过程、风险、可能的不适等情况。根据试验接受国的特殊情况，可以采用灵活方式进行告知和征求同意，如征询家属、家族成员的意见等，但是最终必须获得每一个受试者在完全知情下的自主同意。绝不能允许只通过政府、社区、家族动员的形式完成告知和同意程序。

四、风险与收益不对等

根据正义原则，在发展中国家进行的人体试验，在要求发展中国家人民承担风险的同时，应当保障其享有试验所得的利益。而现实中，跨国人体试验所关注的主要是发达国家的医药市场，主要研究目标是发达国家的健康问题，而对于那些只在发展中国家发生的疾病，则少有人关心和进行研究。根据调查，自 1975 年至 1997 年，世界医药工业总共只有 0.3% 的研究用于热带疾病的治疗。[18]1993 年，仅英国在癌症研究上就花费了 2 亿美元，而同期全球用于疟疾研究的费用仅为 8700 万美元。其根本原因是，疟疾并不是发达国家的主要健康问题。正是生物医学研究和人体试验这种以发达国家市场为核心的做法，决定了进行人体试验的发展中国家的大多数人并不能直接从试验中受益。

此外，试验药物在经过批准后，立即会被发起试验的医药公司注册专利并投入市场。这种专利保护下的药品价格，是发展中国家的多数民众所无法负担的。发展中国家的受试者在承受人体试验的风险和损失后，却无缘分享人体试验的成果，仅仅是"为他人作嫁衣"。

对于受试者个人在试验结束后所应得到的照顾和利益分享，2000 年版的《赫尔辛基宣言》第 30 段规定："在研究结束时，每个入组病人都应当确保得到经该研究证实的最有效的预防、诊断和治疗方法。"然而，这一规定也引发了众多的争议。反对者认为，为本国居民提供医疗照顾是各国医疗体系自己的责任，这样强加的医疗照顾义务将使医药公司因为高昂的费用而放弃在发展中国家进行人体试验，从而阻碍了通过试验为困扰贫困人口的疾病寻找治疗方法的途径。赞成者认为，医疗照顾标准应当是全球性的，让发展中国家的贫困人口在承担试验风险的同时却得不到分享试验成果的机会是不正义的。为解决这种争论，2004 年 10 月在日本东京召开的第 55 届 WMA 大会根据美国医学会的提议，决定为该条增加一个说明：

WMA 于此重申，在试验的计划过程中，考虑（indentify）受试者在试验结束后可以享受作为试验成果的预防、诊断和治疗流程或者其他适当的照顾是必要的。对于试验结束后治疗的安排或者其他照顾，必须在试验方案中作出陈述，以便于伦理审查委员会在审查中对此进行考虑。

对该条说明持反对意见的加拿大医学会认为，这条说明是不适当的："在发展中国家进行的医药试验中，能很容易地想象出试验的发起人会'考虑'了让受试者在试验结束后分享试验成果，但是由于经济原因无法实现。然后，他

---

[18] Ruth Macklin, *Double Standards in Medical Research in Developing Countries*, p. 9.

们就可以说不会有什么试验后的照顾"。[19]

2008年版的《赫尔辛基宣言》取消了2004年的说明,将上述内容规定在第33段:"试验结束时,参与试验的受试者应当有权被告知试验的成果并分享从中获得的任何利益,如获得作为成果的医疗手段或者其他适当的照顾和利益。"从而确认了受试者对于试验成果的分享权。但是,分享权的主体范围应当为谁,与受试者属于同一人群的其他人是否得以分享成果,仍然值得讨论。

2002年CIOMS指针第10条规定:"在资源有限的人群和社区中进行试验之前,发起人和试验者必须采取所有措施以保障:试验应当回应进行试验的人群和社群的健康需要与迫切需求;任何通过试验取得的任何治疗或者产品,或者获得的知识,应当使这些人群和社群的利益可以合理地获得。"在注释中,CIOMS指出,当试验对于试验接受国健康需求具有重要价值时,发起人应当与试验接受国政府部门、医疗机构、相关科学和伦理团体、非政府组织就试验"回应性(responsiveness)"和"合理的可获得性(reasonable availability)"的问题进行协商,包括安全有效地使用该治疗所需的医疗基础设施,对分配进行监督的可行性,有关报酬、使用费、补助、技术和知识产权等问题以及分配的成本。如果试验中的药物被证实对受试者是有效的,发起人应当在试验结束后继续向受试者提供该药物,同时向接受国管理机关申请药物批准。同时,CIOMS指针第21条规定:"外来发起人有伦理义务保证:试验安全进行必需的医疗照顾;因试验受到伤害的受试者获得治疗;让试验相关人群或者社区合理获得作为试验成果的有益治疗或者产品。"

欧盟意见第2.5条提出,在发展中国家进行人体试验必须考虑的因素应当包括:试验的目的在于解决该国特殊的健康需求,如治疗热带病;或者试验的目的在于解决在各国都有,但是在该国发生率更高的疾病;或者试验的目的对该国具有特殊的利益(如与现有方法相比更便宜的治疗方法)。第2.9条认为,在对试验方案的评估中,应当特别注意:在发展中国家进行试验的关联性;在个人层面和社区层面上的风险/受益比例;项目结束后的影响。进行试验的社区的可期待利益应当受到特别关注,特别是有关获得潜在的新的治疗的可能性、

---

19 Jeff Blackmer, Henry Haddad, "The Declaration of Helsinki – An Update on Paragraph 30," *Canadian Medical Association Journal*, 173 (9), October 25, 2005, p. 1053.

技术和能力建设的转移问题。第 2.13 条指出，试验结束后受试者无法通过常规的健康系统获得经试验验证有效的新药的，发起人应当向所有受试者免费提供这些药物，即使这样意味着必要情况下为受试者终生提供药物。试验有义务造福于对试验作出贡献的社区，其形式可以是确保以该社区能够承受的价格向社区供应药物或者帮助社区提高医疗方面的能力。公共资金资助的试验，研究的结果应当属于公共领域，或者把在发展中国家的应用作为强制许可。

HIV 伦理第 5 条提出，由于艾滋病试验的各个阶段具有不同的风险，一般来说，早期试验风险较大而受益较小，因此，伦理原则要求早期试验应当在不易受到伤害的社区进行，一般为发起人本国。第 19 条指出，试验的发起人和有关国家应当就经试验验证安全和有效的预防方法，以及其他有利于预防艾滋病的知识和利益向所有受试者及该国所有 HIV 高风险人群提供服务（包括技术转移）达成协议。

笔者认为，有关跨国人体试验的利益分享问题，主要表现在三个方面。第一个方面，是哪些人体试验可以在发展中国家进行的问题。根据人体试验研究目标与试验国的关系，试验可以分为与接受国无关的试验、只与接受国有关的试验和与双方都有关系的试验。如果试验的目标是发起国面临的健康问题，却与接受国没有很大关系，则试验不能在该接受国进行，因为这样意味着接受国的受试者及其他人群完全不是试验的目的，而仅仅是试验的手段，故而是不道德的。如果试验的目标与双方的健康需求都有关系，则试验可以在接受国进行。但是，也应考虑到发达国家和发展中国家之间在医疗条件和经济发展水平上的差距，给予发展中国家一定的特殊保护，如《HIV 伦理》中所要求的，不应在发展中国家进行 HIV 疫苗的早期试验。特别应当鼓励的是那些目的在于特别满足发展中国家特殊医疗需求的疾病的研究，如对于热带病的研究等。但是，在当前世界经济秩序下，由于南北之间贫富差距悬殊，作为营利组织的医药企业很难投入难以获得经济利益的研究中去。这就需要有关发达国家的政府担负起减小南北差距的国际义务，推动有关试验的进行。

第二个方面，是受试者的利益问题。在发展中国家进行的试验中，如果试验的治疗经验证是安全、有效的，为了受试者的利益考虑，在需要时应当保证受试者有条件继续接受此种治疗。但是，在发展中国家，由于经济上和医疗条件上的原因，受试者往往无法继续以其他途径获得该治疗。此时，试验的发起人应当有义务为受试者提供充分的治疗，直到其不再需要为止。要避免对受试者用完即弃的态度和行为。

  第三个方面，则是对于试验接受国的整体利益分享问题。当前，发起人在获得试验药物的批准后，随即申请专利。而由专利和市场机制所形成的高昂价格，使试验药物对于接受国的民众来说遥不可及。而且，即使没有专利或者专利过期，很多发展中国家也没有自己的医药工业体系赖生产这些药物。这样，就把对于发展中国家和发达国家的健康需求都有重要意义的药物专美于发达国家。这无异于将发展中国家当作提高发达国家抵抗疾病能力的工具。这种不合理的体制必须加以改变。上述诸多伦理规范均要求发起人在发展中国家进行人体试验之前，必须就试验结果如何造福于试验接受国的人民作出计划和安排。这种计划和安排，必须通过发起人与接受国有关当局、机构、组织之间的充分协商来确定和落实。

构建人类命运共同体与人类环境权保障

◇ 唐颖侠[*]

摘要：人类命运共同体的理念蕴含着丰富的历史、哲学、文化底蕴与东方政治智慧，对国际人权体系的完善具有重要意义。该理念以全人类作为共同体建构的主体，具有最广泛的包容性和普遍的适用性；该理念倡导各国在国际关系中坚持主权平等、合作共赢、和平包容，与人权保护中的平等非歧视原则同根同源、互为表里；该理念中的整体性意识与人权保护的整体性观念相辅相成；该理念体现了可持续发展的人权观。保障人类环境权是人类命运共同体中的绿色维度。中国特色生态文明建设的根本目的和最终结果是为人民创造良好的生产生活环境，环境权是生态文明建设的出发点与归宿。

关键词：人类命运共同体；人类环境权；生态文明建设；人权保障

一、"人类命运共同体"：从理念到国际人权话语

"人类命运共同体"的理念从提出到成为国际人权话语体系的重要组成部分，仅仅历时数年时间。这一集聚中华文明智慧的中国方案得到了众多国家和联合国的普遍认同，一方面反映了当前国际社会在逆全球化和非传统安全困境下既有国际机制面临的深刻危机，另一方面也体现了命运共同体作为全球治理的理念在国际社会形成了高度的共识。

---

[*] 唐颖侠，南开大学人权研究中心副主任，南开大学法学院副教授，中国人权研究会理事。

（一）人类命运共同体理念的形成过程

1. 萌芽与确立阶段

早在2010年5月和2011年9月，中方分别在第二轮中美战略与经济对话和关于促进中欧合作的论述中，就提出了"命运共同体"的思想。[1] 2011年，《中国的和平发展》白皮书明确指出："不同制度、不同类型、不同发展阶段的国家相互依存、利益交融，形成'你中有我、我中有你'的命运共同体。"[2] 这可以看作命运共同体理念的萌芽。2012年中共十八大报告中提出，"尊重和维护各国人民自主选择社会制度和发展道路的权利，相互借鉴，取长补短，推动人类文明进步。合作共赢，就是要倡导人类命运共同体意识，在追求本国利益时兼顾他国合理关切，在谋求本国发展中促进各国共同发展，建立更加平等均衡的新型全球发展伙伴关系，同舟共济，权责共担，增进人类共同利益。"这是命运共同体的概念首次出现在党的重要文件中，代表了该理念在党内形成共识并成为治国理政的指导思想。

2. 成为指导外交实践的新理念

2013年3月，习近平主席在莫斯科国际关系学院发表重要演讲，其中提到"这个世界，各国相互联系、相互依存的程度空前加深，人类生活在同一个地球村里，生活在历史和现实交汇的同一个时空里，越来越成为你中有我、我中有你的命运共同体"，[3] 首次向世界传递对人类文明走向的中国判断。此后四年间，习近平主席几十次谈到"命运共同体"，从国与国的命运共同体、区域内命运共同体，到人类命运共同体这一超越民族国家和意识形态的"全球治理"新观念，表达了中国追求和平发展的愿望，体现了中国与各国合作共赢的理念。习近平主席对命运共同体的不断阐释，把握人类利益和价值的相关性，在国与国关系中寻找最大公约数。[4] 2015年9月，在纪念联合国成立70周年的联大一般

---

[1] 石建勋："习近平几十次谈到'命运共同体'，这个理念缘何重要"，《上观新闻》2017年3月3日，http://www.jfdaily.com/news/detail?id=46188。

[2] "国务院新闻办发表《中国的和平发展》白皮书"，中国政府网：http://www.gov.cn/jrzg/2011-09/06/content_1941204.htm，2011年9月6日。

[3] "国家主席习近平在莫斯科国际关系学院的演讲"，中国政府网：http://www.gov.cn/ldhd/2013-03/24/content_2360829.htm，2013年03月24日。

[4] 石建勋："习近平几十次谈到'命运共同体'，这个理念缘何重要"，《上观新闻》2017年3月3日，http://www.jfdaily.com/news/detail?id=46188。

性辩论中，习近平主席发表《携手构建合作共赢新伙伴，同心打造人类命运共同体》的重要讲话，将建立合作共赢新型国际关系与打造命运共同体紧密相连，提出了"五位一体"布局和路径：政治上，要建立平等相待、互商互谅的伙伴关系。安全上，要营造公道正义、共建共享的安全格局。经济上，要谋求开放创新、包容互惠的发展前景，打造兼顾效率和公平的规范格局。文化上，要促进和而不同、兼收并蓄的文明交流。生态上，要构筑尊崇自然、绿色发展的生态体系。这篇重要讲话将十八大以来的中国外交新理念融入一炉，使推动建立人类命运共同体的理念更加体系化：将新型大国关系与新型国际关系，新型义利观，协商治理，共同、综合、合作、可持续安全的新观念，绿色、低碳、循环、可持续发展新理念等植入"五位一体"，使其有机融合，生成体系。[5]2017年1月中旬习近平主席在联合国日内瓦总部发表的演讲，更加深入阐述了共同构建人类命运共同体这一时代命题。他指出，构建人类命运共同体，要从伙伴关系、安全格局、经济发展、文明交流、生态建设等方面作出努力，建设持久和平的世界、普遍安全的世界、共同繁荣的世界、开放包容的世界、清洁美丽的世界。[6]

3. 载入联合国决议

2017年2月13日，联合国社会发展委员会第55届会议协商一致通过"非洲发展新伙伴关系的社会层面"决议，呼吁国际社会本着合作共赢和构建人类命运共同体的精神，加强对非洲经济社会发展的支持。这是联合国决议首次写入"构建人类命运共同体"理念。[7]联合国安理会在3月17日以15票赞成一致通过关于阿富汗问题的第2344号决议，呼吁国际社会凝聚援助阿富汗共识，通过"一带一路"建设等加强区域经济合作，敦促各方为"一带一路"建设提供安全保障环境、加强发展政策战略对接、推进互联互通务实合作等。决议强调，应本着合作共赢精神推进地区合作，以有效促进阿富汗及地区安全、稳定和发展，构建人类命运共同体。[8]

---

5 陈须隆："人类命运共同体理论在习近平外交思想中的地位和意义"，《当代世界》2016年7月刊。
6 "习近平主席在联合国日内瓦总部的演讲"，新华网：http://news.xinhuanet.com/world/2017-01/19/c_1120340081.htm，2017年1月19日。
7 "'构建人类命运共同体'首次写入联合国决议"，新华网：http://news.xinhuanet.com/world/2017-02/12/c_129476297.htm，2017年2月12日。
8 "安理会决议呼吁各国构建人类命运共同体"，人民网：http://world.people.com.cn/n1/2017/0318/c1002-29153368.html，2017年3月18日。

4.构成国际人权话语体系的重要组成部分

2017年3月1日,中国在人权理事会第34次会议代表140国发表题为"促进和保护人权,共建人类命运共同体"的联合声明,宣介人类命运共同体重大理念及其对推动国际人权事业发展的重要意义,引起广泛共鸣。人类命运共同体包含的主权平等、对话协商、合作共赢、交流互鉴、绿色发展等理念深入人心,受到各方认同和支持。[9] 3月23日,联合国人权理事会第34次会议通过了关于"经济、社会、文化权利"和"粮食权"两个决议,明确表示要以"构建人类命运共同体"为目标,着手解决面临的许多紧迫的问题。[10] 至此,构建人类命运共同体理念载入联合国人权理事会决议,成为国际人权话语体系的重要组成部分。

(二)"人类命运共同体"理念对国际人权机制的启示

人类命运共同体的理念蕴含着丰富的历史、哲学、文化底蕴与东方政治智慧,对国际人权体系的完善具有重要意义。

首先,该理念以全人类作为共同体建构的主体,具有最广泛的包容性和普遍的适用性。它阐释了"人类从哪里来、现在在哪里、将到哪里去"这一人类发展的重要命题,试图对事关人类前途命运的重大问题提供中国方案,为人类社会发展进步描绘蓝图。它不仅超越了国家利益的狭隘范畴,也突破了区域性集团的封闭局限,是建立在全球主义基础上的治理理念。这一宏大格局以全人类利益为体念,归根结底仍是以人为基点,着眼于人权的实现。

其次,该理念倡导各国在国际关系中坚持主权平等、合作共赢、和平包容,与人权保护中的平等非歧视原则同根同源、互为表里。正如《联合国宪章》序言中说,为保护人类和尊重人权,需要"力行容恕,彼此以善邻之道,和睦相处"。《世界人权宣言》第1条明确规定,"人人生而自由,在尊严和权利上一律平等。他们赋有理性和良心,并应以兄弟关系的精神相对待。"第2条将《联合国宪章》中的平等与非歧视原则细化为:"人人有资格享有本宣言所载

---

[9] "中国代表140个国家发表关于促进和保护人权、共建人类命运共同体的联合声明",外交部网站:http://www.fmprc.gov.cn/web/zwbd_673032/wshd_673034/t1442506.shtml,2017年3月2日。
[10] "人类命运共同体重大理念首次载入联合国人权理事会决议",中国人权网:http://www.humanrights.cn/html/2017/2_0324/26541.html,2017年3月24日。

的一切权利和自由，不分种族、肤色、性别、语言、宗教、政治或其他见解、国籍或社会出身、财产、出生或其他身份等任何区别。"主权平等不仅是当代国际关系最重要的准则，也是国际人权法遵循的基本原则。各国相互尊重主权，才能够正视差异，通过对话协商的方式解决在人权保护方面存在的分歧，通过多边主义和国际合作实现互利共赢、包容并蓄。维护和平是保护人权的前提基础，人权得到保障和实现也是和平发展的目的所在。

第三，该理念中的整体性意识与人权保护的整体性观念相辅相成。构建人类命运共同体是一个整体性的布局，简言之，即政治多极、经济均衡、文化多样、安全互信、环境可续[11]。人权的保护同样应秉承整体性观念，正如1993年《维也纳宣言和行动纲领》强调的，"一切人权均为普遍、不可分割、相互依存、相互联系。国际社会必须站在同样地位上、用同样重视的眼光，以公平、平等的态度全面看待人权。固然，民族特性和地域特征的意义以及不同的历史、文化和宗教背景都必须要考虑，但是各个国家，不论其政治、经济和文化体系如何，都有义务促进和保护一切人权和基本自由"。经济、社会、文化权利与公民权利和政治权利同样重要，个人权利与集体权利并驾齐驱，人权中权利与义务相互统一。

第四，该理念体现了可持续发展的人权观。构建人类命运共同体的五个方面，即伙伴关系、安全格局、经济发展、文明交流、生态建设，贯穿着可持续发展的理念。联合国《2030可持续发展议程》中设立的17个可持续发展目标和169个具体目标，旨在让所有人享有人权，实现性别平等，增强所有妇女和女童的权能。它们是整体的、不可分割的，并兼顾了可持续发展的三个方面：经济、社会和环境。习近平主席在联合国发展峰会上讲到，"发展的最终目的是为了人民。在消除贫困、保障民生的同时，要维护社会公平正义，保证人人享有发展机遇、享有发展成果。要努力实现经济、社会、环境协调发展，实现人与社会、人与自然和谐相处。"[12]

---

[11] 曲星："人类命运共同体的价值基础"，《求是》2013年第4期。
[12] "习近平在联合国发展峰会上的讲话"，新华网：http://news.xinhuanet.com/world/2015-09/27/c_1116687809.htm，2015年9月27日。

二、人类环境权保障：人类命运共同体中的绿色维度

习近平主席在联合国日内瓦总部发表的演讲中称，"构建人类命运共同体，要坚持绿色低碳，建设一个清洁美丽的世界。人与自然共生共存，伤害自然最终将伤及人类。空气、水、土壤、蓝天等自然资源用之不觉、失之难续。工业化创造了前所未有的物质财富，也产生了难以弥补的生态创伤。我们不能吃祖宗饭、断子孙路，用破坏性方式搞发展。绿水青山就是金山银山。我们应该遵循天人合一、道法自然的理念，寻求永续发展之路。我们要倡导绿色、低碳、循环、可持续的生产生活方式，平衡推进2030年可持续发展议程，不断开拓生产发展、生活富裕、生态良好的文明发展道路。"[13] 这段话阐释了人与自然和谐相处，不损害后代人利益的可持续发展观。发展的目的是为了人类生活福祉，保障人类环境权是人类命运共同体中的绿色维度。

即使环境权至今仍是一个众说纷纭、边界模糊的概念，至少从程序的角度，保障公民环境权益得到了国际社会和多数国家的法律和规范性文件的认可。[14] 程序性环境权是指环境信息知情权、环境决策参与权、环境损害请求权和环境监督权等程序性权利，是保障环境权实现的基础。环境知情权，是指公众依法享有获取、知悉环境信息的权利，它是知情权在环境保护领域里的具体体现，更是公众参与环境保护的前提条件、客观要求和基础环节。健全的环境信息公开制度是公众全面、准确地获悉与环境决策有关的信息的前提和保证，并且为公众参与环境决策提供有效的途径，该项权利在公众应对和处理突发性的环境污染事件时尤为重要。环境参与权，是指一个社会的环境政策和环境法应该通过民主程序来制定，允许、鼓励和保障公众参与环境管理，对政府管理行为作出评价和选择，是环境民主原则的体现。公众参与能有效弥补市场调节和国家干预的不足。公众参与环境保护的具体途径有：参与环境立法、环境监督管理活动、环境保护公益活动以及环境影响评价活动等。此外，赋予公众环境救济权和环境监督权，也是保障公众实体环境权利实现的必要条件。

---

13 "习近平主席在联合国日内瓦总部的演讲：共同构建人类命运共同体"，新华网：http://news.xinhuanet.com/world/2017-01/19/c_1120340081.htm，2017年1月19日。
14 不同的学术争议，详见唐颖侠："国际法视野下的环境与人权"，载《科技、环境与人权》，中国人权研究会编，五洲传播出版社2013年版。

《世界人权宣言》中的一些条款已经对程序性环境权利有所涉及，《公民权利和政治权利国际公约》确认了一般性的程序权利，比如表达自由权、公平审判权、获得信息权与公共事务参与权等。1972年斯德哥尔摩《人类环境宣言》第一原则指出，"人类环境的两个方面，即天然和人为的两个方面，对于人类的幸福和对于享受基本人权，甚至生存权利本身，都是必不可少的。人类有权在一种能够过尊严和福利的生活环境中，享有自由、平等和充足的生活条件的基本权利，并且负有保护和改善这一代和将来的世世代代的环境的庄严责任。"该原则的特点是把环境与人类尊严联系起来，但遗憾的是并没有清楚地承认环境权的概念。1989年《海牙环境宣言》在大气污染与人权之间建立起联系，承认"有尊严地生活在全球环境中的权利，并对当代和子孙后代承担责任"。1990年，联合国人权委员会通过决议（1990/14），强调保全维持生命的生命系统对于促进人权具有重要的意义。同年，联大决议（44/224）要求作出报告，以界定环境退化到何时将破坏健康、福利、发展前景和威胁生命在地球上存活的标准。联大决议45/94《有必要为个体的福利确保一个健康的环境》宣称，人人被赋予权利在一个为健康和福利而令人满意的环境中生活。该决议重申了《世界人权宣言》和《经济、文化和社会权利国际公约》中的相关权利，提出"一个更加良好和健康的环境有助于全面享有各种人权"，并强调"环境退化将破坏生命的基础"。尽管该决议强调环境退化和享有人权的关系，它并没有明确采纳环境权的概念。

《里约宣言》第十项原则提出，"环境议题最好得到有关各方公民的参与。在国家一级，每个人应有适当的途径获得有关公共机构掌握的环境问题的信息，其中包括关于他们的社区内有害物质和活动的信息，而且每个人应有机会参加决策过程。各国应广泛地提供信息，从而促进和鼓励公众的了解和参与。"该原则将程序权利与环境问题联系起来，但遗憾的是并未明确地把它们确立为人权。1998年的《奥胡斯公约》清楚地承认了程序性环境权。

1994年《关于人权与环境宣言草案》试图在环境损害与人权侵犯之间建立起因果关系，该宣言包括序言和五个组成部分，重申了所有人权之间的相互依赖与不可分割。这是第一份详细阐明环境权的具体标准和内容的国际文件，不过，它还没有被联合国大会接受，也远未体现在具有法律意义的成文国际公约中。有很多学者认为通过在国际条约和国内法中不断完善程序性环境权的方法比建构实质意义上的环境权更为现实可取,因为这样可以回避如何界定一个"健康的"环境的难题,而且更容易在政治意愿上争取各国的普遍接受并得到法院的强制执行。

由此可见,尽管国际法中对环境权的概念与标准尚存争议,但环境与人权之间具有密切的关系,已被多项国际法律文件所确认和重申。构建人类命运共同体的理念中将绿色发展作为一个维度确立下来,深刻揭示了环境、发展和人权之间的密切关系,对于人类环境权的保障具有重要意义。

三、人类环境权保障的中国实践

中国对环境权的保障是将生态文明建设作为国家重要战略组成部分,通过相关政策和法律保障逐步推进的。

(一)生态文明建设是中国人权事业建设的重要组成部分

生态文明是人类对传统文明形态特别是工业文明进行深刻反思的结果。我国的生态文明建设从提出到确立为人权事业建设的重要组成部分,是一个理论与实践不断探索的渐进过程。

党的十六大报告将生态和谐理念上升到文明的战略高度,初步奠定了生态文明建设的思想基础。随后,胡锦涛同志在2005年中央人口资源环境工作座谈会上提出了"生态文明",并指出我国当前环境工作的重点之一是"完善促进生态建设的法律和政策体系,制定全国生态保护规划,在全社会大力进行生态文明教育"。党的十七大首次将"生态文明"的概念写入党代会报告。党的十七届四中全会又把生态文明建设提升到与经济建设、政治建设、社会建设、文化建设并列的战略高度,形成了中国特色社会主义事业"五位一体"的总体布局。"十二五"规划纲要明确把"绿色发展,建设资源节约型、环境友好型社会"、"提高生态文明水平"作为我国"十二五"时期的重要战略任务。十八大报告指出,建设生态文明,是关系人民福祉、关乎民族未来的长远大计。面对资源约束趋紧、环境污染严重、生态系统退化的严峻形势,必须树立尊重自然、顺应自然、保护自然的生态文明理念，把生态文明建设放在突出地位，融入经济建设、政治建设、文化建设、社会建设各方面和全过程，努力建设美丽中国，实现中华民族永续发展。

2015年5月公布的《关于加快推进生态文明建设的意见》明确了生态文明建设的总体要求和目标愿景，可以看作指导我国全面开展生态文明建设的顶层设计文件。同年9月国务院印发的《生态文明体制改革总体方案》被视为生态文明各领域改革的纲领性文件，具体阐明了我国生态文明体制改革的指导思想、理念、原则、目标、实施保障等重要内容。而随后公布的"十三五"规划的十个目标中，加强生态文明建设首度被写入五年规划，这一方面表明加强生态文明建设的重要性，另一方面也标志着生态文明建设从制度制定到实施阶段的过渡和转变。

（二）环境权是生态文明建设的出发点与归宿

中国特色生态文明建设的根本目的和最终结果是为人民创造良好生产生活环境。为人民创造良好生产生活环境是生态文明建设的前提与基础，生态文明建设取得的成果也应体现在为人民创造良好生产生活环境上。因此，环境权是生态文明建设的出发点与归宿。[15]

首先，生态文明建设要求政府保障公民的环境权利的实现。生态文明建设从概念形成到逐步发展为"五位一体"之一的国家重要战略的过程，深刻反映了中国政府保护公民环境权的决心与责任。自2009年第一部《国家人权行动计划》将环境权利确定为基本人权之一，到2012年6月11日公布的《国家人权行动计划（2012—2015年）》明确环境权利为一项重要的基本人权，政府对公民环境权的重视程度得到了很大提高。2016年9月公布的《国家人权行动计划（2016—2020年）》又为保障公民的环境权利设立了更高的标准，要求"普遍提升人民生活水平和质量；健全公共服务体系，提升服务均等化水平；全力实施脱贫攻坚，实现现行标准下的贫困人口全部脱贫；有效保护产权；总体改善生态环境质量；努力使发展机会更加公平，发展成果更加均等地惠及全

---

[15] 唐颖侠："生态文明建设中公民环境权益保护的进展"，载李君如、常健主编：《中国人权事业发展报告（人权蓝皮书）》，社会科学文献出版社2014年版。

民，使全体人民在共建共享发展中有更多获得感"，并进一步详细论述通过切实落实环境保护法和大气污染防治法，完善环境公益诉讼等配套制度；坚持不懈治理大气污染；强化水污染防治；制定实施土壤污染防治行动计划；加强危险废物污染防治；加强海洋资源环境保护；推动能源结构优化升级；推进生态建设；完善环境监察体制机制等措施，以"实行最严格的环境保护制度，形成政府、企业、公众共治的环境治理体系，着力解决大气、水、土壤等突出环境问题，实现环境质量总体改善"。

其次，公民环境权利的实现要求政府切实落实环境保护责任。政府环境保护责任是指法律规定的政府在环境保护方面的义务和权力以及因政府违反上述义务和权力的法律规定而承担的法律后果。[16]落实政府环境保护责任，首先要依法确立政府的环境责任。新《环境保护法》着重加强了政府的环保责任，明确将责任主体由"环境保护监督管理人员"拓展为"地方各级人民政府、环境保护主管部门和其他环保监管职责部门"；并扩充了政府环境责任条款，构建了内容丰富、监督全面、措施严厉的政府环境责任制度[17]。其次，严格的制约监督机制是落实政府责任的有效保障。新环境法形成了人大监督、行政监督、司法监督和公众监督四个层次的政府环境行为监督制约体系，努力实现"地方各级人民政府对本行政区域的环境质量负责"这一目标。同时，一些创新性条款，例如旨在使政府将环境保护纳入地方经济发展决策范畴的"行政限批"制度；为克服环保执法中地方保护主义而设立的"越级处罚"权；以及地方环保负责人"引咎辞职"等行政处分、行政问责制度等，均能在实践中为规范和落实政府环保责任提供新思路、新方法。除此之外，在中国特色社会主义制度之下加强立法创新，将地方党委纳入法制的框架之下予以规范，让地方党委变成一个责任党委，建立党政同责、齐抓共管的责任框架，也能为公民环境权的实现提供有效保证[18]。

建设生态文明是全面建成小康社会的一项新要求、新任务，是实现中华民族永续发展，走向社会主义生态文明新时代的根本保障。中国特色生态文明建

---

16 蔡守秋："论政府环境责任的缺陷与健全"，《河北法学》2008年第3期。
17 唐薇："新《环保法》对政府环境责任规定的突破及落实建议"，《环境保护》2015年第1期。
18 常纪文："新《环境保护法》：史上最严但实施最难"，《环境保护》2014年第10期。

设的根本目的和最终结果是为人民创造良好的生产生活环境，环境权是生态文明建设的出发点与归宿。

（三）中国在应对气候变化方面的贡献

中国在构建全球应对气候变化的国际新秩序方面，可谓功不可没。中国在国际气候谈判舞台上成为多边气候规则的积极倡导者和制定者，并在国内通过立法和政策积极行动以落实承诺，彰显了负责任大国的软实力和大气度。

首先，作为《联合国气候变化框架公约》（以下简称《公约》）首批缔约方和政府间气候变化委员会（IPCC）发起国之一，中国政府一直积极参与和推动着气候变化的国际谈判和《公约》进程。在每一次缔约方大会上，中国一直坚持《公约》所倡导的"共同但有区别原则"，强调发达国家在工业化进程中积累的历史排放和发展中国家面临的经济发展的客观需求。在巴黎气候大会上，中国既坚守了原则，又灵活斡旋。在中国的外交努力下，《巴黎协定》最终坚持和重申了"共同但有区别"原则，有力维护了发展中国家的利益。同时，中国本着务实的精神，力主采取根据各自国情作出减排承诺的"国家自主决定贡献"模式，避免了京都机制下强制减排义务分配带来的尖锐矛盾，最终促成了各方都能接受的减排方案，为《巴黎协定》的顺利通过和签署奠定了基础。

在双边气候外交中，中国在各个气候利益集团之间穿针走线，游刃有余。一方面，主动积极地与澳大利亚、英国、美国、法国等国家进行对话谈判，并发布双边联合声明，争取最大限度地谋求共识，减少分歧。其中，自2014年至2016年，中美两国三次发布气候变化联合声明，并承诺同时签署《巴黎协定》，在各国面前起到了良好的表率作用。另一方面，启动中国气候变化南南合作基金，通过南南合作，帮助和协同其他发展中国家一道共同解决应对气候变化的资金问题。

其次，早在2007年中国政府即制定了《应对气候变化国家方案》，自2008年起每年公布《中国应对气候变化的政策与行动》，公开透明地向世人展示中国的每一步努力。此后，陆续颁布一系列应对气候变化的国家政策，并于2015年向政府间气候变化委员会提交了中国国家自主决定贡献文件。此外，在其他的国家政策文件中也纳入了应对气候变化的内容，如国家"十三五"规划纲要中提出了"单位 GDP 能源消耗年均累计下降 15%，单位 GDP 二氧化碳排放年均累计下降 18%"的目标。中国积极建立应对气候变化的排放权交易市场机制，目前已经在全国范围内设立了七个排放权交易试点，力争建立全国性排放权交易市场，通过市场机制，引导私营部门和社会资本共同应对气候变化。

中国把生态文明建设作为国家发展的重要战略，并一直把应对气候变化作为环境权保护的重要指标。中国政府在发布的三期《国家人权行动计划》中都规定了环境权利保护的内容，并在首期行动计划中明确提及"落实《应对气候变化国家方案》，减缓温室气体排放"。这表明，中国政府不仅仅基于国家利益的考量，而且把应对气候变化作为人权保护的立足点和归宿。

（四）中国环境权司法保障的进展

中国环境保护相关法律的修订以及司法体制和环境资源审判领域的一系列新举措，将更好地保障公民环境权利逐步得到实现，更快地推动中国迈向生态文明新道路。各地人民法院积极探索设立环保法庭，最高人民法院设立环境资源审判庭，环境审判更加专业化；环境公益诉讼制度不断完善，环境公益诉讼日益规范；最高人民法院发布典型案例和司法解释，指引地方环境审判，提高环境权司法保障水平。中国在公民环境权的司法保障方面不断取得突出进展，公民环境诉权的实现更加便利。

首先，在司法体制方面，全国各地人民法院率先在环境资源司法专门化方面进行了积极探索。据初步统计，自 2007 年贵州清镇市人民法院正式成立了我国第一家生态保护法庭以来，截至 2014 年 7 月，已有 16 个省（区、市）设立了 134 个环境保护法庭、合议庭或者巡回法庭，依法审判了一批有影响的环境资源类案件。[19] 2014 年，最高人民法院首次内设专门的环境资源审判庭，成为推动环境司法专门化的重要举措，为环境资源审判提供了可靠的审判组织保障，也为生态文明建设提供了有力的司法保障。同时，在最高人民法院发布的《关于全面加强环境资源审判工作为推进生态文明建设提供有力司法保障的意见》中分别对各地高级法院、中级法院和案件较多的基层法院设立专门的环境

---

[19] "最高人民法院设立环境资源审判庭"，最高人民法院网：http://www.court.gov.cn/zixun-xiangqing-6512.html。

资源审判庭或合议庭提出了不同程度的要求，这有助于推动审判机构和队伍的专业化建设，从而更好地保障公民环境诉权的实现。探索环境资源刑事、民事、行政案件归口审理（即"三审合一"）和建立与行政区划适当分离的环境资源案件管辖制度，一方面有利于优化环境审判资源，另一方面可以避免地方保护主义的危害。[20]

其次，环境公益诉讼快速发展。环境公益诉讼具有确立和救济公民环境权、监督制约行政权力、补充强化环境政策的独特价值和功能。[21]2012年，我国在新修订的《民事诉讼法》中增加了第55条"公益诉讼"的概念和相关规定："对污染环境、侵害众多消费者合法权益等损害社会公共利益的行为，法律规定的机关和有关组织可以向人民法院提起诉讼。"至此，环境公益诉讼法定化。2014年修订的《环境保护法》又对环境公益诉讼的原告资格进行了规定。虽然环境公益诉讼的提起有法可依，但作为一种特殊的诉讼形式，实践中环境公益诉讼的原告资格范围、诉讼类型、适用程序等仍然缺乏具体规定。在此情况下，2014年底通过的《最高人民法院关于审理环境民事公益诉讼案件适用法律若干问题的解释》明确了环境民事公益诉讼程序、受理条件、原告资格、办理程序、赔偿责任方式等内容。据此，维护社会公共利益且从事环境保护公益活动的，五年内未因从事业务活动违反法律、法规的规定受过行政、刑事处罚的，在设区的市级以上人民政府民政部门登记的社会团体、民办非企业单位以及基金会等，都可作为原告参与环境公益诉讼。2015年12月18日，由北京市朝阳区自然之友环境研究所、福建省绿家园环境友好中心提起的环境公益诉讼案——南平生态破坏案在福建省高级人民法院作出终审判决。法院对一审认定的事实予以确认，驳回上诉，维持原判。造成毁林行为的四名被告最多须支付包括生态环境修复费用等在内的共计250万元补偿。这是环保法修订施行后首例由社会组织提起的环境民事公益诉讼案件，不仅公益诉讼主体的条件相对规范，更明确了环境侵权人的环境修复责任和生态环境服务功能损失的赔偿责任，提高了破坏生态行为的违法成本，体现了保护生态环境的价值理念，凸显了司法在生态环境保护中的重要作用。该判决对今后环境民事公益诉讼案件的

---

20 唐颖侠："通过环境法治开启环境权益保护新篇章"，《人民日报》2016年6月9日。
21 杜万华："当前环境资源审判的重点和难点问题"，《法律适用》2016年第2期。

审理具有很好的评价、指引和示范作用。[22]

此外，根据《人民法院审理人民检察院提起公益诉讼案件试点工作实施办法》，检察机关在没有适格主体提起诉讼或适格主体不提起诉讼的情况下，可作为原告提起环境民事公益诉讼。目前，我国首起由检察机关提起的环境民事诉讼案件——徐州市人民检察院诉徐州市鸿顺造纸有限公司环境污染案已作出终审宣判。在该案中，徐州市人民检察院认为鸿顺造纸公司应承担其违法排污行为造成的环境修复责任，在向符合提起民事公益诉讼主体资格的三家环保社会组织发出督促起诉意见书均无果后，经层报最高人民检察院，直接以公益诉讼人的身份对涉事公司提起了民事索赔诉讼。徐州市中级人民法院在一审中当庭判决被告鸿顺造纸公司赔偿生态环境修复费用及生态环境受到损害至恢复期间服务功能损失共计105.82万元。[23] 由此可见，赋予人民检察院公益诉讼案件起诉权能对畅通诉讼渠道、拓宽诉讼主体起到积极作用，能有效弥补某些环保社会组织公益诉讼能力的不足，对于保障我国公民的环境权而言意义重大。虽然检察机关作为环境公益诉讼的适格主体已有试点和具体的实施方案，但还缺少典型性的案例指导，而且试点区域范围还有待进一步推广。

第三，环境资源审判职能得到切实加强。严惩污染环境、破坏资源刑事犯罪，畅通环境民事案件审判，保障环境行政案件当事人的诉权行使，加大环境案件执法力度。[24] 近年来，最高人民法院加大了环境资源案件信息公开力度，及时发布典型案例，此举既向全社会宣示了司法机关着力保障公民环境权利的决心，又为各地环境资源审判提供了范例，为环境污染受害者提供了更加有力的保障。2013年，最高人民法院公布了四起环境污染犯罪典型案例；2014年7月公布了九起环境资源审判典型案例；2014年12月公布了人民法院环境保护行政案件十大案例，体现了人民法院在维护行政机关环境保护监管行为的同时，注重对其行政执法行为的监督。此后，最高人民法院在2015年又发布了十起环境侵权典型案例，其中包括三起环境民事公益诉讼案件和七起涉及大气、土壤、

---

22 "最高法院12月29日发布环境侵权典型案例"，最高人民法院网：http://www.court.gov.cn/zixun-xiangqing-16396.html。
23 "首例检察机关提起环境公益民事诉讼案宣判"，《法制日报》：http://epaper.legaldaily.com.cn/fzrb/content/20160412/Articel08002GN.htm。
24 唐颖侠："通过环境法治开启环境权益保护新篇章"，《人民日报》2016年6月9日。

水、噪声污染的环境污染责任纠纷案,公众的环境参与权和环境救济权得到了进一步的保障。在这十起案件中,人民法院正确把握举证证明责任分配;充分发挥司法与行政执法协调联动作用;示范运用行政文书解决环境侵权案件举证难问题;参考专家意见合理确定环境损害数额,委托专业机构制作生态环境修复方案,发挥技术专家和专业机构的辅助与支持作用;向社会公布修复方案,听取公众意见,保障公民对环境修复工作的有效参与;引入第三方治理模式,通过市场化运作,完善执行手段;积极促成调解,推动形成环境资源纠纷多元化解决机制。

2016年底,最高人民法院再出重拳,公布了八起环境污染犯罪典型案例。这些案例主要涉及违法排放和处置废水、废气、废渣,对生态环境、人类健康和社会发展造成了严重影响。自《中华人民共和国刑法修正案(八)》将"重大环境污染事故罪"调整为"污染环境罪"以及2013年6月19日最高人民法院、最高人民检察院出台《关于办理环境污染刑事案件适用法律若干问题的解释》以来,全国法院加大了对污染环境犯罪的打击力度,明确将惩治环境犯罪作为环境资源审判庭的审判工作重点,充分体现和发挥了人民法院依法惩治污染环境犯罪、促进生态文明建设和经济社会健康发展的职能。2016年12月26日,最高人民法院、最高人民检察院再次联合发布《关于办理环境污染刑事案件适用法律若干问题的解释》[25],并于2017年1月1日起正式施行。作为2013年司法解释的升级版,新司法解释不仅针对新型环境污染犯罪作出相应规定,还细化完善了很多内容,例如将"严重污染环境"的具体情形由14项扩充为18项,突出对非法处置危险废物犯罪的惩处,明确环境保护主管部门及其所属监测机构在行政执法过程中收集的监测数据在刑事诉讼中可以作为证据使用等。司法解释的完善使得规定更加清晰明确,也更易得到执行。

构建人类命运共同体是富含中国文明和智慧的新思想、新路径,将对全球治理产生深远影响。其中,绿色发展观反映了人类与自然命运与共的和谐发展理念,对于环境权保障有重要意义。

---

[25]《最高人民法院、最高人民检察院关于办理环境污染刑事案件适用法律若干问题的解释》,最高人民法院网:http://www.court.gov.cn/fabu-xiangqing-33781.html。

中东的发展权利和实现发展权利的障碍

◇ Reem Sheikh Qasem[*]

摘要：发展权利是最重要的集体权利之一，它经历了一系列历史演变。要切实促进中东地区的发展权利，各参与方的角色必须相互整合。中国已经成功地解决了世界一大部分人口的贫困问题，中国的经济发展经验可以成为学习的好榜样。

关键词：中东；发展权利；可持续发展

无论是在国际还是国家层面，发展权利被认为是政治家、法律人士和政策制定者头脑中所考虑的最为重要的集体权利之一。1986年12月4日，联合国安理会在《发展权利宣言》中将其定义为：发展权利是一项不可剥夺的人权，因为凭借该权利，每个人及所有人都有权参与、促进和享受经济、社会、文化和政治发展，在此过程中，所有的人权和基本自由得到充分的实现。[1]

在讨论发展权利这一概念的历史演变中，我们发现这一概念随着时间不断演变。最初，这一概念主要指的是经济发展，使得发展过程只是纯粹的经济过程，而非在所有的政治、社会和文化领域的全面化过程。所以，发展权利的传统概念的主要目标是通过优化这些国家的可供使用的资源，实现最佳的经济发展，促进世界各国的经济增长。

---

[*] Reem Sheikh QASEM，荷兰乌特勒支大学博士候选人。
[1] See Article 1 of the UN Declaration on the Right to Development, 41/128, 1986.

经济发展也让发达国家有责任在财政和技术上帮助发展中国家提升经济，使人民福祉达到更高水平。随着时间的推移，发展权利的概念有所演变，出现了"人文发展"的口号：将人放在发展过程的核心位置，其倡导人应成为经济、社会、文化和政治层面的所有发展过程的主要参与者，也应该成为1986年《发展权利宣言》所确保的发展过程结果的主要受益者。

到现代，出现了"可持续发展"的口号，这种发展方式需要在不损害或者危害后代满足其自身需要的情况下满足当代的需要。[2] 换句话说，可持续发展需要各国限制其开发自然资源的能力，在当代和后代的需要之间形成一种平衡。

至于中东的发展权利，首先需要注意的是，在考察中东的性质后，我们清楚中东在正受累于其涵盖范围的不稳定情况：有些地图显示，中东的范围往东延伸到伊朗，往西延伸到埃及，往北延伸到土耳其，往南延伸到也门和阿曼；同时，其他地图认为中东除了包括土耳其和伊朗以外，还包括所有的阿拉伯国家。这种差异和不稳定是因为事实上中东是一个宽泛的概念，其首先是一种政治性质的区分。

尽管中东因为石油和矿物等自然资源成为世界上最富裕的区域之一，尽管中东占据世界心脏的战略地位，它仍然遭遇严重的问题，未能在区域内激活发展权利。这种失败的背后有很多原因，其中最重要的原因包括缺少对发展权利概念的实质性认知和知识，缺少良好的治理能力，自由危机持续不断，发展过程中缺乏女性的参与等。其中，首先是缺乏对发展权利的认识。非常引人注目的是，中东国家缺少对发展权利的有效执行，特别是"人文发展"。更糟糕的是，在大多数中东国家，贫困严重，腐败肆虐。依据"透明国际"2016年的报告，许多中东国家在世界最腐败的国家榜单中名列前茅，包括叙利亚、也门、伊拉克、苏丹和利比亚。[3] 同时，依据世界银行2016年公布的报告，也门、叙利亚、苏丹在世界最贫困国家榜中位于前列。中东发展进程失败的第二大原因是存在某些独裁政权和非民主治理体系，严重影响了维护所有人权和基本自由的可能性。这类治理体系的存在对众多自由危机的出现发挥了关键作用，最终导致多

---

[2] UN Documents Gathering, a body of global agreements, *Our Common Future*, Chapter 2: Towards Sustainable Development, p. 1, 1987.

[3] See Transparency International, Corruption Perceptions Index, 2016.

个中东国家出现数场革命和内战。总体来说，每一场战争的出现，都伴随着对人权和基本自由的侵犯。

关于妇女在促进中东发展权利中的作用，尽管妇女参与各方面的生活出现重大改善以及在和男性共同增强人权和自由上扮演重要角色，但在中东地区，妇女在政治、经济和文化生活各领域，特别是在担任重要职务和参与决策上继续展现出显著的弱势，给发展权利的有效实现带来负面影响。发展权利主要关注的是这样的一种需要，无论其性别，每个个体都能参与到发展进程的各个领域。

在快速考察中东发展权利的现实后，一个可能出现的问题是：如何在中东促进发展权利？要回答这个问题并不容易，因为在中东未能实现有效发展的背后有众多原因。但是总体而言，尝试减少这些原因的负面影响，有助于在中东促进发展权利。这一区域的主要行动者是各参与方，它们都在促进中东的发展权利上扮演重要角色，如果我们想切实促进中东地区的发展权利，这些参与方的角色必须相互整合，而不能分化。首先是发达国家有责任协助发展中国家促进人权和基本自由，主要是通过交流经验和向发展中国家提供技术援助，而非只是财政援助。比如说，中国的经济发展经验可以成为学习的好榜样，因为中国已经成功地解决了世界一大部分人口的贫困问题。第二是发展中国家（中东国家）必须尽可能采取更多的行动，制定有效的国家发展政策，提升女性在社会、政治、经济和文化生活等不同领域的角色。其中一个重要的角色是人权组织，其负责监督各个国家的人权问题，帮助国际社会向任何人权和自由的侵犯者问责。最后，媒体也有责任增强尊重人权的意识，并且曝光任何针对有效实践发展权利的侵害行为。

构建人类命运共同体和实现发展权：非洲角度的一些思考

◇ Serges Djoyou Kamga[*]

摘要： 本文旨在分析"构建人类命运共同体"的内涵，并探索其在实现非洲发展权中的潜力。为了达到这个目的，本文对呼吁建立一个没有歧视、没有主宰他人、通过国与国之间共赢合作维持平等的世界"命运共同体"进行了评估。本文还透过非洲"乌班图"（ubuntu，人道待人）哲学以及《非洲人权与民族权宪章》审视了这一概念。文中指出，"构建人类命运共同体"在非洲反响强烈，因为非洲"乌班图"哲学指导下的社群主义生活方式强调考虑每个人的人性并将人类看作最高价值的必要性。文中表明构建人类命运共同体对于实现发展权发挥了根本性作用，因为非洲在历史上曾遭受奴隶制、殖民主义和帝国主义的压迫，在后殖民时代又深受全球贸易和金融不平等的困扰。文中发现，构建人类命运共同体将大大增加实现非洲发展权的可能性。

关键词： 人类命运共同体；非洲；"乌班图"哲学；发展权；非洲人权与民族权宪章

一、前言

二战之后，战胜国按照各国平等的原则建立了新的世界秩序。正如《联合国宪章》以及其他国际文件中所记录的，各国平等的观点是联合国的支柱。然

---

[*] Serges Djoyou Kamga，南非大学塔博·姆贝基非洲领导力研究所副教授。

而，一些西方国家置这一承诺于不顾，在本应主导推动以平等、和谐和共同发展为特征的全球公平时，开始实施基于自身利益而非共同利益的政策。在这方面，霸权思想压制了建立以相互尊重为规则的国家关系。相反，这些思想将世界变成了一个危险地带，在这里，强国可以摧毁弱国，阻碍其发展。在这一背景下，习近平主席通过强调构建人类命运共同体[1]，探索了一条建立各方均能受益的国际关系的道路，或者说构建一个以公平为特征的世界秩序，在这里，任何地方的人性尊严都有相同的价值，人类作为一个总体而存在。

本文旨在说明"构建人类命运共同体"的理念在非洲反响强烈，将在实现非洲发展权过程中发挥基础性作用。为了达到这个目的，包括前言在内，本文分为六大部分。第二部分简要说明了"构建人类命运共同体"的概念。第三部分审视了它与非洲的相关性。第四部分探讨了"构建人类命运共同体"对非洲人民的重要程度。第五部分描述了它为什么对于实现非洲发展权不可或缺。第六部分即最后一部分进行了总结。

二、"构建人类命运共同体"概念：简要分析

习近平主席提出的"构建人类命运共同体"概念反映了儒家哲学对于和谐的呼吁，强调了在建设美好世界过程中寻找个人幸福的必要性[2]。以这个古老亚洲智慧为立足点，习近平主席强调了团结一致构建一个没有性别、种族、文化、宗教以及其他地位歧视的世界，在这里人人平等。他呼吁建立一个以相互尊重为规则、以尊重主权和民族自决为基础、以合作共赢为特征的世界，在这里，一个国家的伤痛将会成为大家共同的伤痛。这就强调了要建立一个以共同追求相互利益而非独立寻找个人利益为规则的全球社区。

命运共同体将进一步强调各国间的相互依存，让大家在追求人类幸福的过程中建立和谐关系，从而解决全球安全问题。这样的共同体对于这一代人和未来几代人的生存都必不可少。换句话说，"人类命运共同体"在实现众所周知的可持续发展过程中发挥了基础性作用。用习近平主席的话来说，要想实现这

---

[1] 中国国家主席习近平 2017 年 1 月 18 日在联合国日内瓦总部发表的演讲，题为"共同构建人类命运共同体"。
[2] 朱颖："人类命运共同体下的多元人权观"，《人权》2017 年第 2 期。

样的共同体，就需要从"伙伴关系、安全格局、经济发展、文明交流、生态建设等方面作出努力"[3]。这些因素对于人类的生存和实现发展权这一当代最重要的人权发挥了至关重要的作用[4]。

三、构建人类命运共同体：与非洲的相关性

这对于非洲来说是一个好消息。事实上，非洲的人权体系体现在"乌班图"（ubuntu，人道待人）的哲学里，这是一种社群主义的生活方式，人民相互关心，或者说"一个人的存在是因为大家的存在"[5]。尽管非洲大陆充满多样性，各国社会中共同存在的黄金法则就是随处可见的"乌班图"哲学[6]。简单来说，引用Mogkoro的话，"乌班图"是一种"生活哲学，它在根本意义上代表了人格、人性、人心和道德；它是一种集体团结的比喻，描述了团结在资源贫乏社区中的核心作用，在这里，人们需要相互依靠以生存下去"[7]。

非洲人民将人道待人的概念编入了法典，在其主要公约也就是《非洲人权和民族权宪章》中明确了人民的权利或集体的权利。在这个文件中，"人权"指的是个体权利，而"民族权"则指的是群体或集体权利，后者可以理解为全球人类共同体的权利。宪章对于人道待人哲学的运用同习近平主席强调的"人类命运共同体"基本一致，都呼吁建立一个没有霸权、国与国之间平等相待的世界。

---

3 中国国家主席习近平2017年1月18日在联合国日内瓦总部发表的演讲，题为"共同构建人类命运共同体"。
4 M. Bedjaoui, "The difficult advance of human rights towards universality in a pluralistic world," proceedings at the colloqium organised by the Council of Europe in co-operation with the International Institute of Human Rights, Strasbourg, 1989.4.17-19, 32-47. However, people like J. Donnelly are of the view that Development should not be linked to human rights, see J. Donnelly, "In search of the unicorn: The jurisprudence and politics of the right to development," 1985 *California Western International Law Journal* 473. But the emerging view is that the RTD is definitely a human right. On this, see S. A. Djoyou Kamga and C. Manga Fombad, "A Critical Review of the Jurisprudence of the African Commission on the Right to Development," *Journal of African Law*, Volume 57 / Issue 0 (2013), 196-214.
5 For more on "Ubuntu," see Desmond Tutu, *No Future without Forgiveness* (New York, N.Y.: Doubleday, 2000). Lovemore Mbigi and Jenny Maree, *Ubuntu: The Spirit of African Transformation Management, Johannesburg* (1995), 1-7.
6 Ben Chigara, "The Humwe principle: A social-ordering grundnorm for Zimbabwe and Africa?" in Robert Home (ed.), *Essays in Land Law*, PULP, Pretoria (2012), 113-133.
7 Yvone Mokgoro, "Ubuntu and the Law in South Africa," Paper delivered at the first Colloquium Constitution and Law held at Potchefstroom on 31 October 1997. http://www.puk.ac.za/opencms/export/PUK/html/fakulteite/regte/per/issues/98v1mokg.pdf (last accessed on 28 October 2017).

事实上，建立一个人类相互依存的世界或者"构建人类命运共同体"对于实现发展权至关重要。考虑到这一点以及非洲历史上深受奴隶贸易、帝国主义以及独立后不公平的贸易规则和其他歧视机制所害。非洲人民在宪章第二十二条中提出了发展权的诉求。

四、为什么构建人类命运共同体对于非洲人民来说至关重要？

从远古时期开始，非洲就深受外来压迫所害。最先给非洲大陆带来灾难的是奴隶贸易，当时人被当作牲口一样出售。接着，随着人口被跨洋贩卖，传统和文化被破坏，作为人类社会最重要建制的家庭被打破。总之，由于遭受了残忍和非人道的待遇，人类的尊严被大肆践踏。[8]

继奴隶贸易之后，非洲又要面对前奴隶制创造者们强加给他们的帝国主义和殖民主义压迫。这又是一个悲伤的时期，非洲的资源被掠夺，暴力、盗窃和各种罪行频发。在殖民时期，非洲人失去了自己的身份，被定义为野蛮人，同时也丧失了文化和语言[9]。他们不仅被殖民统治，在精神层面也受到殖民主义的打击，遭到轻视，自信心被摧毁[10]。

在摆脱殖民主义后，全球的发展并没有让非洲的情况得到好转。相反，在贸易领域，由关贸总协定和世界贸易组织设计的贸易规则都服务于西方利益，并不公平，对非洲大陆的压迫仍在继续[11]。类似的是，在国际货币基金组织和世界银行中，有发言权的都是经济巨头，也没有人为非洲说话。非洲国家深受沉重债务和其他金融安排的困扰，长期处于贫困状态[12]。

---

8 C. Williams, *The Destruction of Black Civilization: Great Issues of a Race from 4500 B.C. to 2000 A.D.* (Third World Press 1974); Toyin Falola, "Africa and Slavery in a Global Context," The UNESCO Slavery route Project, available at: http://www.unesco.org/fileadmin/MULTIMEDIA/HQ/CLT/images/Falola_Eng.pdf, p. 3 (access 28 April 2017).

9 W. Rodney, *How Europe Underdeveloped Africa* (London and Tanzanian Publishing House 1973), available at: http://www.blackherbals.com/walter_rodney.pdf (accessed 28 October 2017).

10 Ngũgĩ wa Thiong'o, *Something Torn and New: An African Renaissance* (Basic Civitas Books 2009).

11 See Serges Djoyou Kamga, "The World Trade Orgnization: For which world? Whose trade? And whose organisation?" in Kwandiwe Kondlo (ed.), *Perspectives on thought leadership for Africa's renewal*, Pretoria: AISA (2014), pp. 237-253.

12 Chris N. Okeke, "The Debt Burden: An African Perspective," *The International Lawyer*, Vol. 35, No. 4 (2001), 1489-1505; "Africa's Hidden Government Debt Burden," African Liberty.org, July 20, 2017, available at: http://www.africanliberty.org/africas-hidden-government-debt-burden/ (accessed 28 October 2017).

在这些机制的主导和压迫下,非洲已经被变为《经济学人》在2000年5月11日所称的"没有希望的大陆"[13]或者世界上最穷的地方。这就清楚地说明了为什么构建人类命运共同体、实现共赢和责任共担是非洲发展的唯一希望。事实上,非洲独立60多年来,世界格局并没有推动非洲发展,因此,在"构建人类命运共同体"的目标下,改变现有的体制承载了非洲人民的希望。

五、构建人类命运共同体对于非洲实现发展权的重要意义

前面已经说明了非洲正冲在争取全球层面认可其发展权的前线,接下来,我们将探讨在"人类命运共同体"模式下如何实现发展权。

1. 非洲国家对于实现发展权的呼吁

如前文所述,非洲深受不公平的国际秩序困扰,因此,非洲国家只能选择呼吁将发展权作为一种人权得到认可。在这方面,非洲国家加入了77个发展中国家组成的七十七国集团[14],他们通过该集团提出发展是一种人权。1967年,七十七国集团在阿尔及尔召开第一次会议时,时任塞内加尔外长Dodou Tiam就强调,"第三世界应享有发展权。"[15]1972年,Keba M'baye 在法国斯特拉斯堡发表就职演讲时将这个观点推向了学术界。他明确指出发展权是一种人权[16]。在这些工作的基础上,1981年通过的《非洲人权和民族权宪章》中就明确提出要认识和保护发展权,它清楚地宣示发展权从以下方面来说都是一种人权:

(1)一切民族在适当顾及本身的自由和个性并且平等分享人类共同遗产的条件下,均享有经济、社会和文化的发展权。

(2)各国均有义务单独或集体保证发展权利的行使[17]。

这里,应该注意"人类共同遗产"的表述方式。这证明了"人类命运共同

---

13 The Economist on the 11th of May 2000 described Africa the "hopeless Continent."
14 See Serges Djoyou Kamga, "The G77 and the Transformation of Global Relations for a Just World Challenges and Opportunities," *Africa Insight* (2016), Vol. 46(1), pp. 71-88.
15 L. Meillan, "Le Droit au Développement et les Nations Unies: Quelques Réflexions," *Droit en Quart Monde* (2003) 14.
16 Keba M'baye, "Le droit au développement comme un droit de l'homme," 5 *Revue des droits l'homme* (1972), 505-534.
17 Art 22, my emphasis.

体"也是非洲人民强调的人类观点。

在《非洲人权和民族权宪章》提出发展权后,尤其是中国加入77国集团后,国际社会对于发展权的关注度大大提升。事实上,是中国利用其影响力推动了对于发展权的认可。在中国和其他发展中国家的共同努力下,联合国在1986年发布了《发展权利宣言》[18]。不过,早就写入《非洲人权和民族权宪章》的发展权至今仍然等待着被转化为非洲人民更美好的生活,他们仍然面对着被称为"殖民主义"的国际权力结构希望在后殖民时代继续压迫非洲所带来的挑战[19]。"人类命运共同体"就是打破这种殖民主义的道路,因为它可以为实现发展权营造一个建设性的环境。

2. "人类命运共同体"和非洲发展权成就

"人类命运共同体"很可能会促进发展权的实现,原因如下:

它提倡各国之间实现真正平等,没有超级大国,各国在共赢的基础上实现合作。这就意味着非洲在合作中不再是被人骑的马。这种方法也帮助非洲提高了在领土和资源领域的自我决定权。采用这种方法后,非洲就有机会决定或者至少参与决定其原材料价格。因为跟合作方处于平等的地位,非洲也不再被排除在全球贸易讨论之外。

此外,"人类命运共同体"还与推进国际事务多边主义的需要相呼应,这也将增强对发展权的呼吁。这样,所有各方都可以参与决策。这将迈出重要一步,让联合国大会更有影响力,安理会更有代表性。因此,对于非洲国家和其他贫困国家来说,世界巨头不考虑他们自己的意见而决定其未来的情况将不复存在。虽然实现这个目标并不容易,但我们亟须将这一话题摆上讨论议程,正如习近平主席所做的,从而实现更加互联互通的世界。

有人会说非洲的不发达状况是由其领导人的腐败造成的[20],但也可以说这种腐败得到了一些国家的支持,因为他们为洗钱提供了避风港,或者说让自己

---

18 Adopted by the UN General Assembly in Resolution 41/128 of 1986-12-04.
19 Sabelo Ndolovu-Gatsheni, *Coloniality of Power in Postcolonial Africa-Myths of Decolonization* (Dakar: CODESRIA, 2013).
20 Whitlaw Tanyanyiwa Mugwiji, "Poor leadership at the centre of Africa's under-development," NewsDay, October 18, 2016, https://www.newsday.co.zw/2016/10/poor-leadership-centre-africas-development/ (accessed 28 October 2017); Awojobi, Oladayo Nathaniel, "Corruption and Underdevelopment in Africa: A Discourse Approach," *International Journal of Economics, Commerce and Management*, Vol. II, Issue 10 (2014), 1-14.

的银行向偷来的资金开放,以此来支持自己的经济[21]。在"人类命运共同体"中,人类是最重要的,避风港不会接收偷来的资金,因为他们不愿意成为剥夺穷人资源的帮凶。这种情况极有可能会出现,因为这样的共同体基于道德价值存在,强调去做正确的事情,而不考虑个体利益。

最后,"人类命运共同体"的核心是相互尊重。这就要求各国相互之间尊重对方的价值和文化。从这个角度看,没有哪个文化是野蛮的,需要西方文明来改造。换句话说,不会将有些人认定为野蛮人,进行驯化和控制,然后再偷窃他们的资源。事实上,尊重彼此的文化将增强人权话语,并提升实现发展的机会。

总之,在全球范围内贯彻习近平主席"构建人类命运共同体"的理念,将肯定能让世界变得对所有人来说更美好,实现以人格尊严为基础的发展权也将成为现实。

六、结语

本文旨在探讨"人类命运共同体"概念,以及这一概念对于实现在非洲人权体系中具有约束作用的发展权有何帮助。

首先,我们发现"人类命运共同体"倡导建立一个没有歧视且以相互尊重、合作共赢和多边主义为特征的世界,从而巩固当代以及子孙后代的人权。

其次,我们发现"人类命运共同体"为非洲社会带来了福音,因为在这里,和睦共处或者说社群主义生活方式已经融入了人们的日常行为中。这种相互关心已经上升为非洲"人道待人"哲学,并在《非洲人权和民族权宪章》中固化到了人权或集体权之中。同样,人类的概念也在《非洲人权和民族权宪章》第22条中得到强调,使用的表述是人类遗产。这些都表明,虽然"人类命运共同体"在亚洲提出,它离非洲的哲学并不遥远。

第三,我们还发现这一概念对于非洲人很有吸引力,因为它尝试改变过去非正义的现象,如奴隶贸易、殖民主义以及当前世贸组织协定中的不公平贸易

---

21 See ADB/OECD, *Denying Safe haven to the corrupt and the proceeds of corruption*, ADB/OECD (2006).

规则。

最后，我们发现"人类命运共同体"模式将促进非洲发展权的实现，因为它能够让各国在世界舞台上平起平坐，实现合作共赢，确保开放包容的发展，让所有参与者在自己的产品和资源商业化方面都有话语权。此外，它有利于营造一个诚信行为战胜个人私利的环境，因此能在限制洗钱以及非法使非洲资金流向西方银行方面发挥重要作用。总之，"人类命运共同体"营造的环境必将改善南方国家人民的生活，推动非洲发展权的实现。用中国常驻联合国日内瓦办事处特命全权大使马朝旭的话来说，"构建人类命运共同体将推动公平正义的国际治理体系的建立，促进人权事业的发展"。[22]

---

[22] "Chinese diplomat highlights 'community of shared future for mankind' in promoting human rights," Xinhua, June 15, 2017, available at: http://en.people.cn/n3/2017/0615/c90000-9228797.html (accessed 28 October 2017).

构建人类命运共同体：国际人权体系的归宿

◇ Tom Zwart[*]

摘要：本文将提出以下观点："命运共同体"概念对于人权领域是一场及时雨，可能会让当前停滞不前的体系恢复活力。国际人权体系正经历一个困难时期，这一概念将以改革的方式拯救国际人权体系。其核心观点就是，在各国政治、经济和社会系统相互交织的全球化世界中，各国的利益已经密不可分，这就要求各国建立相互依存、团结与和谐的关系。将这一概念引入人权领域会带来五大影响：在国际人权体系中，各国之间将建立尊重与平等基础上的合作伙伴关系；国际人权体系中的文化将相互鼓励和支持；可以提出不同的观点；"命运共同体"的观点将在南方国家的支持下得到推广；在人权体系中，社会组织和文化将发挥更加重要的作用。

关键词：人类命运共同体；国际人权体系；发展权；南方国家

一、前言

根据社会经济、政治和文化上的差异，包括欧洲、北美各国和澳大利亚在内的北方国家通常与包括亚洲、非洲、中东和拉丁美洲各国在内的南方国家划清界限。在我的展示过程中，将采用上述术语。

在本文中，我认为"命运共同体"概念对于人权领域是一场及时雨，可能

---

[*] Tom Zwart，跨文化人权中心主任，荷兰阿姆斯特丹自由大学教授。

会让当前停滞不前的体系恢复活力。

接下来，我会对这个概念的含义进行诠释。最后，我要尝试描绘将这个概念引入人权领域将造成的影响。

二、拯救国际人权体系的及时干预

国际人权体系正经历一个困难时期，很多国家都没有按时向人权公约办事处提交应有的报告。还有一些国家甚至对于提交报告一事置若罔闻。

联合国人权事务高级专员办事处试图将这些表述为管理问题，可以通过更加有效地协调不同流程来解决。然而，这些推迟报告乃至不报告的行为体现了南方国家对于国际人权体系不满的事实。他们不愿意将自己有限的资源用于不能带来任何回报的流程中。尽管他们在文化和社会体制的帮助下成功地履行了应尽义务，他们还常常遭到有关法律和执法问题的指责。

习近平主席在达沃斯向世界提出了"命运共同体"的概念，随后中国外交部长王毅指出维护人权也是构建命运共同体的一部分，这些都适逢其时。尽管我的自由派朋友可能会有不同意见，我欢迎习近平主席和王毅部长希望通过改革来拯救国际人权体系的努力。

三、"命运共同体"意味着什么？

虽然国际观察人士们可能是在习近平主席达沃斯演讲时第一次听说"命运共同体"这一概念，事实上，他自2013年来已经在中国多次谈到这个话题。习近平主席在2015年博鳌亚洲论坛上强调"在追求自身利益时兼顾他方利益，在寻求自身发展时促进共同发展"。在我看来，这就是"命运共同体"概念的核心内容。它强调，在各国政治、经济和社会系统相互交织的全球化世界中，各国的利益已经密不可分，这将产生三个影响：

首先，这意味着没有国家可以在自身发展时不考虑其他国家的利益，这就是相互依存。

其次，一个国家想要发展，就必须帮助其他国家共同发展，这就是团结一致。

再次，它呼吁不同文明之间通过对话寻找共识，搁置争议，发挥各自优势，这就是和谐共处。

四、它将给人权领域带来什么实际影响？

如果将"构建人类命运共同体"概念纳入国际人权体系，可能会带来以下影响：

（1）国际人权体系内各国之间将建立相互尊重和平等基础上的伙伴关系，而不是以前按照所谓表现好坏来区分的层次结构。不再允许一些国家利用人权问题作为"特洛伊木马"来掩盖他们的文明使命。

（2）国际人权体系将盛行相互鼓励和支持的文化而非批评和谴责。对抗斗争将被和谐共处所取代。在大会期间，各国将互相交流好的做法，而不是抨击他人的不足。大家关注的焦点也将放在倾听和自我提升上。

（3）大家将可以公平地发表不同意见，而不是鼓吹某一种观点。自由现代主义将不再是《世界人权宣言》推崇的唯一方法。

体系内各成员将重建《世界人权宣言》的根基。这个文件本应该成为一个"大帐篷"，将全球各种观点和传统纳入进来，包括儒家思想、伊斯兰教和马克思主义等。这样，大家将更加关注与权利相辅相成的责任、人权的完整性以及实施文件的背景。

（4）中国很可能将同南方国家合作推广"命运共同体"概念。这样，将把在人权问题上持相同观点的国家聚集起来。在这方面，金砖国家和"一带一路"论坛将发挥更加重要的作用。

（5）法律作为实现人权唯一手段的垄断将被终结。在人权体系中，社会组织和文化将发挥更加重要的作用。这也符合习近平主席的观点。他曾在多个场合呼吁，中国人民要更多依靠文化自信，珍惜自己的价值观念——这包括中国的文化传统以及革命成就。

这将给所谓的人权接收方法提供更大的空间，这一方法将文化和传统看作是人权保护的构建模块。接收方法包括两个阶段：在磨合阶段，要通过人类学研究确认符合国际人权责任要求的文化传统和价值。如果这类文化传统还不充分,就需要进一步强化。这些将要在推广阶段完成,借助的应该是土生土长的方法,而不是欧洲中心论的舶来品。因为国际法和国际人权条约都允许各国以自己认为适当的方式履行人权义务,依靠与这些义务相符的文化和价值完全合法。跨文化人权中心的众多学者们都十分愿意协助中国在国际人权体系中塑造命运共同体。

五、构建人类命运共同体对实现发展权的影响

习近平主席提出了构建人类命运共同体的倡议,以消除当前全球治理体系缺乏代表性和包容性带来的影响。我认为,习近平主席所传递信息的核心在于权力不应同智慧混为一谈。二战以来,北方国家主导了全球治理体系。在此期间,他们仅仅依赖于自己的知识和见解。手握权力利剑的北方国家从未努力与南方国家接触,更谈不上让他们加入全球治理体系。这就造成了两个后果:

第一,他们并没有让全球治理体系得益于在亚非拉国家南方文明基础上建立起的知识和智慧。在这个意义上,构建人类命运共同体则基于所有人民和社会的智慧和知识,特别是也包括南方国家。

第二,北方国家让人们觉得南方国家只能够发挥配角作用,就像电影中的临时演员一样。这就使得南方国家往往持保留态度也不愿意加入。在此意义上,构建人类命运共同体更加重视南方国家,让他们成为全球治理体系的真正主人。

综合考虑这两个因素,在人权领域就意味着要更加重视那些过去由南方国家提出但常常被忽略的问题。这些问题包括:

(1)发展权的重要性;

(2)主权和不受干涉应得到尊重;

(3)权利和义务是相辅相成的;

(4)人权应在政治、文化和社会背景内得到落实。

所有这些立场是完全符合国际人权法要求的。

跨文化人权中心正在起草一个关于人权问题的南方观点综合文件。在这个文件中,上述观点将被联系在一起,构成解决人权问题的"南方方法"。这一举措并不仅是为了支持构建人类命运共同体,还有利于推动实现发展权。

在中国看来，发展权至关重要。北方国家常常反对这样一个事实，也就是中国赋予发展权极高的地位。在这些北方国家看来，一个国家不应该将权利进行等级排序，也就是认定一些比其他的更重要。北方国家似乎担心，如果中国将像发展权这样的经济权利放在优先地位，就可能降低公民权利和政治权利的地位，如言论自由。

很显然，北方国家也有重点关注的权利，即言论自由。

然而，北方国家对于中国将发展权放在首要地位的批评毫无依据。《世界人权宣言》及其后续文件明确指出，所有人权源自人格尊严，这是人权的基础。人格尊严的内涵也视具体情况而定，在不同的地区可能会有不同的意义。在南方国家，有尊严的生活指的是餐者有其食、居者有其屋以及良好的卫生条件。这些都是发展权的核心要素。

通过强调发展权的重要性，中国正在肯定人格尊严作为人权的基础地位，并在国际人权法范围内坚定地进行维护。